NEWS

国外新闻人
实用操作教程

HEADLINE WRITING

标题写作
从入门到精通

［印度］苏内尔·萨克塞纳（Sunil Saxena） 著

周黎明 译

中国人民大学出版社

·北京·

谨以本书献给我的母亲沙伊·萨克塞纳（Shail Saxena）

致　谢

没有新印度快报集团董事长兼总经理马诺伊·库马尔·松塔利亚（Manoj Kumar Sonthalia）先生的支持，本书是不可能得以出版的。《新印度快报》也许是印度唯一一家鼓励员工从事这种写作的媒体出版公司。

我还要向松塔利亚先生表示感谢，感谢他允许我使用《新印度快报》所发表的新闻报道。这些报道用于标题写作的练习部分，并均以享有盛名的印度快报新闻社（Express News Service，ENS）的名义使用。

我同样要向印度联合新闻社（United News of India，UNI）[①] 的总经理 M. K. 劳尔（M. K. Laul）先生表示感谢，感谢他允许我在标题练习部分使用印度联合新闻社的报道。所有这些报道均以印度联合新闻社的名义使用。

印度报业托拉斯（The Press Trust of India，PTI）[②] 同样也表现宽宏。特稿新闻社（Special Services）副主编维贾伊·S·萨特卡尔（Vijay S. Satokar）先生非常爽快地允许我使用由他的机构创作的报道。所有这些报道均以印度报业托拉斯的名义使用。

我还要向《印度周刊》（Week）的责任主编 T. R. 戈帕拉克里希南（T. R. Gopalakrishnan）先生表示感谢。他毫不犹豫地允许我使用《印度周刊》发表的采访。这些采访均以《印度周刊》的名义使用。

---

① 印度联合新闻社为印度第二大通讯社，是印度报业同仁合股企业。1959 年筹建，1961 年 3 月开始播发新闻。在全印度 100 多个城市设有分社，在 20 多个国家派驻记者。

② 印度报业托拉斯为印度最大的半官方通讯社，成立于 1947 年，后兼并印度联合新闻社和路透社印度分社，于 1949 年 2 月开业。在印度有 100 多个分社，另有 9 个海外分社。有员工 1 600 多人，其中记者 400 多人。该社同新华社等 100 多家外国新闻通讯社签有互用新闻稿协议。

本书还使用了印度亚洲新闻社（Indo-Asian News Service，IANS)[①] 创作的几则报道或特稿。为此，我要向 K. P. K. 库蒂（K. P. K. Kutty）先生表示深深的谢意，他总是在工作中鼓励我。所有这些报道均以印度亚洲新闻社的名义使用。

最后，但仍很重要的是，我要向玛诺拉玛新闻学院院长 K. T. 奥曼教授为本书撰写序言表示感谢。奥曼教授是这个国家最优秀的新闻学教育家之一，他的文字对我来说意义重大。

本书还附带了大量取自印度不同报纸的事例。这些事例以公平和不带偏见的方式，用来解释标题写作技巧。这些事例并不是要反映报纸的质量，只是从阐释技巧的角度随机举例。

[①] 印度亚洲新闻社创建于 1986 年，目前是印度第一家多语言（英语、印地语、古吉拉地语、阿拉伯语）的有线新闻社，主要报道印度、南亚和世界其他地区的新闻，并有偿向印度、南亚、中东和国外其他地区的一些报刊和网站提供信息，其新闻稿订户约 110 家。此外，该社还在德里、阿哈迈德、贾兰德出版 6 种少数民族语言报纸。

序 言

作为一名有着几年教学经验的新闻学教师，我时常感到奇怪的是，为什么在一个有着 100 多年英文报纸传统的国度里，我却不得不依赖英美作者著述的新闻学教科书。虽然他们的著作有效地解释了如何创作一个优秀导语、怎样恰如其分地进行编辑以及如何撰写一个具有表现力的标题，但是，这些图书的语境不可避免地带有西方化的内容，而且，这些作者谈论令印度人感到陌生和不合时宜的内容，同样屡见不鲜。

令我高兴的是，苏内尔·萨克塞纳，一位在印度一些最享有盛名的报刊长期从事令人羡慕的新闻职业的从业人员，用一部关于标题写作的最实用著作填补了上述空白。

印度最早的报纸在头版上没有标题，头版全部用于刊登广告，而报纸的内页标题，只是宣布报道的主题而已。因此，按照传统写作风格撰写一则有关伊拉克战争报道的标题——关于联军攻克巴格达——也许会用"巴格达陷落"，紧接着是"联军获得胜利"和"萨达姆仍然在逃"。

萨克塞纳的这本书将向您讲授，如果吸引读者是标题的目标的话，标题就应该用"巴格达陷落"，接下来为"联军进驻城市"和"萨达姆·侯赛因逃离敌人罗网"，这样的标题就是成功的标题。

这是萨克塞纳做得最出色的地方——将他在不平凡的职业生涯过程中获得的知识，传授给打算了解标题写作奥秘的初学者。

相信读者在学完萨克塞纳这本精心创作、深入浅出的著作后，会有一种轻松感，标题写作没有奥秘可言。虽然标题写作被认为是文字编辑所面临的一项最困难的工作，但是，在萨克塞纳的指导与诠释下，再加上做到最好的决心，文字编辑一定能够达到某种能力水平，使标题为任何报纸编辑部添彩。

Headline Writing

萨克塞纳以一种非常易于阅读的风格，在本书的词汇表中解释了标题术语——标题的语言。这个被编辑部专心研究稿件栏目的助理编辑经常使用的词汇表，包括了源自英美报纸的词汇，涵盖了在印度最实用的词汇，助理编辑将它们搭配使用。

在萨克塞纳的著作中，最有用的一点，显然是他将标题分解为基本要素，并阐述怎样将这些要素组合起来，以创作有效的标题。在本书的一章中，他描述了标题的种类和方法——肩题、副标题、小标题以及助理编辑用于标题的其他术语。

在本书的另一章中，作者解释了撰写特稿标题的艺术。通过突出特稿标题是标题写作中最具创造性的形式，萨克塞纳将此作为一个论点，强调了助理编辑需要在创造性方面付出最大的努力。

此外，萨克塞纳还提供了一个标题写作的可行与禁忌表，标题写作的初学者掌握和遵循这个可行与禁忌表，就能够把标题写作任务完成好。标题写作的可行与禁忌，并不是作为原则提出的——因为标题写作不存在金科玉律——而多为有益的提示，是在不同职业生涯中长期积累的结果。在新闻学方面，他有两年新闻学教师的短暂经历，这理所当然地有助于他掌握上述技能，虽然他是在写一本书，但是，他更是以一名教师的身份，向渴望获得标题写作知识的学生，讲述标题写作的基本要求、推敲同义词和反义词时的沮丧，以及拟出优秀标题带来的极大愉悦感。

萨克塞纳并没有忽视新闻记者在电子媒介方面的工作任务。作者专辟一章篇幅，讲述撰写在线报道标题的技能。这一章尤其具有指导意义，因为这些内容是作者在管理印度一家全国性报纸《新印度快报》（*New Indian Express*）在线版的几年时间里积累的经验。

玛诺拉玛新闻学院（Manorama School of Communication）院长、教授
K. T. 奥曼（K. T. Oommen）于果塔延（Kottayam）[1]

---

① 果塔延，地名，在印度西南部喀拉拉邦（Kerala）地区。（本书页下注若无说明，均为译者注）

前　言

标题能够检验编辑部最优秀从业人员的技能。有一些受到人们尊敬的标题作者，他们的标题瞬间写就；但是，也有数不胜数的标题作者，他们为撰写标题绞尽脑汁。我并不是责怪他们。标题有一种令人不快的特性，它们并不是在需要时，就会立刻闪现在脑海里。文字编辑也时常为找到一个优秀的标题而处于严峻的压力之下，但标题要么太长，要么太短，不易符合所分配的篇幅。

标题写作对于经验最为丰富的文字写作专业人士而言，可能也是一件使人感到极其痛苦的事情。对于初学乍练的文字新手来说，拟标题简直就是中国清朝时期的酷刑。标题作者陷入困境的一个原因在于，他们只能通过反复试验和出错去学习标题写作的技能；印度目前还没有讲授标题写作的教科书。目前编辑类图书最多也就专辟一两章的篇幅讲述标题写作内容。

像所有初学标题写作的人一样，我同样为写出"优秀的"标题抓耳挠腮，冥思苦想，受尽折磨——常常无功而返。随着时光更迭，我学到了资深编辑撰写标题采取的一些坦途捷径，即反复使用标准动词，因为这些动词占用篇幅较少，能够适用于各种语境。

然而，这只是一种有限的解决方法。两年短暂的教学经历，使我有机会以毫无敌意的态度去审视标题。随后，我认识到我们不应该把标题视为含义模糊的线索。如果人们能够理解一个简单的事实——所有的标题均需要一个名词和一个主动动词，标题就能够比较容易地撰写出来了。

这对于一个看到自己写的几个"最优秀的"标题遭拒而感到颜面扫地的人来说，无疑是一个重大的发现。随后，我进行了比较深入的挖掘，找出了一代又一代标题作者所传承的一些"标题技巧"。此外,我还发现了其他一些能够揭开标题写作神秘面纱的"闪光的金子"。

　　这本书就是这些努力的成果。本书把标题写作视为可以从课堂老师那里或从事报纸编辑的个人自身努力中学到的一种技能。此外,本书还为教师提供了大量练习,以帮助新闻专业学生掌握标题写作的技能。

　　这就是本书的写作目的。至于这个创作成果成功与否,只有您能够加以评说了。

　　祝您好运!

苏内尔·萨克塞纳

缩略语表

BJP，Bharatiya Janata Party 人民党

BSP，Bahujan Samaj Party 社会民主党

CBI，Central Bureau of Investigation 中央调查局

CPI（M），Communist Party of India（Marxist）印度共产党（马克思主义）

DGP，Director General of Police 警察总署署长

EBC，Economically Backward Class 经济落后阶层

ENS，Express News Service 印度快报新闻社

FDI，Foreign Direct Investment 外商直接投资

IHF，Indian Hockey Federation 印度曲棍球联合会

NASSCOM，National Association of Software and Service Companies 全国软件和服务行业协会

NCERT，National Council of Educational Research and Training 全国教育研究与培训委员会

NDA，National Democratic Alliance 全国民主联盟

NDTV，New Delhi Television Limited 新德里电视有限公司

NGO，Non-governmental Organization 非政府组织

POTA，Prevention of Terrorism Act《反恐行动法》

PTI，Press Trust of India 印度报业托拉斯

UNI，United News of India 印度联合新闻社

UPA，United Progressive Alliance 团结进步联盟

VAT，Value Added Tax 增值税

15

目录

第 1 章

标题及其功能

标题在其大部分基本形式中，均可以被描述为以大号粗体字母排印的 新闻报道名称。然而，这只是一个极为基本的定义。一个优秀的标题是用不到 12 个词，总结记者所讲述的 100 个词、250 个词甚至 500 个词内容的标题。这些为数不多的词语，在以大号字母特排字体放置在新闻报道上面时，就起到了指导读者理解和检索的作用。

优秀的文字编辑会花费相当多的时间来撰写标题。他们不仅认识到呆板、乏味的标题会打消读者阅读优秀新闻作品的欲望，还体会到令人拍案称绝的标题，是可以通过在新闻院校刻苦学习以及在报纸编辑部截稿期限的压力下努力工作得以掌握的技能。新技术和报纸现代化只是增加了这种压力。现在，人们不仅希望标题作者撰写出极富创造性、想象力甚至评论性的标题，他们还希望标题作者呈现出丰富多彩的标题。

尽管这些压力过去就存在，但压力十分有限。最大的限制在于特排字体的可选择性，即用来撰写标题的字体选择性。报纸不得不在有限的几种字体中选择，经常仅用一种字体作为标题字体。这些被铸成铅字并装在木制印版上的字体不太可能发生变动。有时，在报纸缺少高质量字体的情况下，由于字体的可选择性受到限制，就不得不使用过于常见的字体。

□ 印度独立前使用的标题

在 20 世纪上半叶，印度报纸在报道上方插入一个狭窄的栏，采用小点数字体来撰写标题。标题排印为大号特排字体，大部分就会局限在版面的上半部分。《印度斯坦时报》（*Hindustan Times*）1924 年 10 月 9 日的头版（见图 1—1）就是一个很好的事例。这个版面首先以全大写的头号大标题宣布圣雄甘地已经停止绝食的消息。在版面上，还有两个其他特排标题，再次靠近版面的上方。这个版面的其余部分是大块的灰色块。一个类似的

18

图 1—1　《印度斯坦时报》1924 年 10 月 9 日的头版。这个版面看上去像灰色的文字块，因为多栏标题被局限在版面的上半部分。

特排标题，可以在《印度教徒报》（*Hindu*）1947年8月15日的头版（见图1—2）上看到。

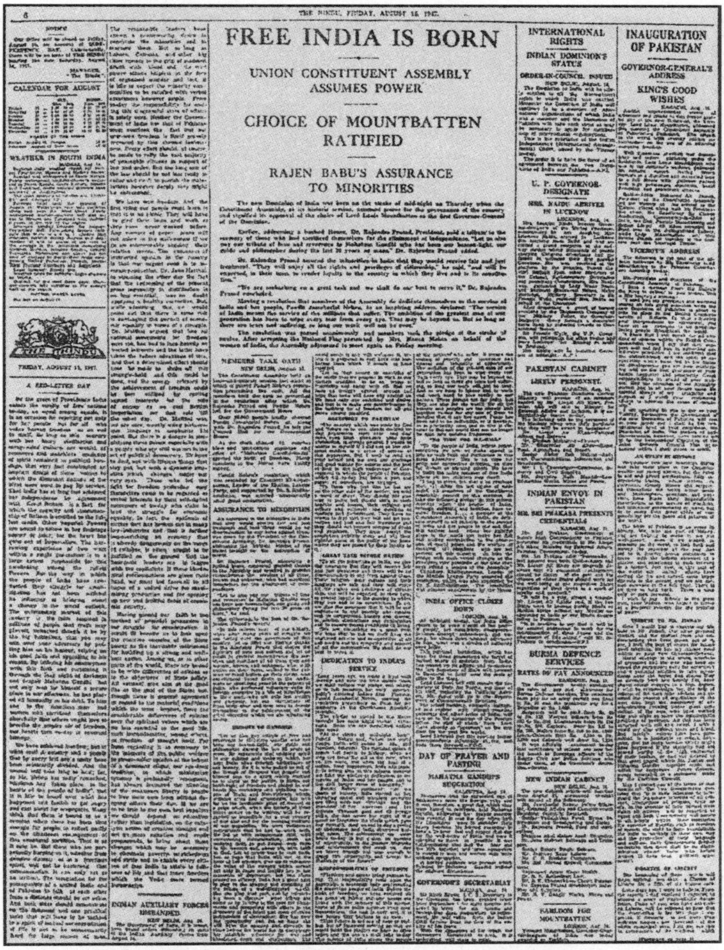

FREE INDIA IS BORN

UNION CONSTITUENT ASSEMBLY ASSUMES POWER

CHOICE OF MOUNTBATTEN RATIFIED

RAJEN BABU'S ASSURANCE TO MINORITIES

INTERNATIONAL RIGHTS

INDIAN DOMINION'S STATUS

INAUGURATION OF PAKISTAN

GOVERNOR-GENERAL'S ADDRESS

KING'S GOOD WISHES

图1—2　《印度教徒报》头版宣布自由印度的诞生。报纸使用了横跨版面的标题，打破了正文的灰色块。标题采用小点数字体，目的显然是要容纳尽可能多的信息。

在这个时期的印度报纸上，还可以发现另一个有趣之处，就是报纸采取了标题组（decks）的做法。标题不再是一个单一的成分，而是由几个标题组构成，每个标题组与另一个标题组由一条细破折号分开。这种做法可以在《印度教徒报》1947 年 8 月 15 日的主标题上看到：

主标题： 自由印度诞生

第 1 层标题组： 联合立宪会议掌权

第 2 层标题组： 蒙巴顿（MOUNTBATTEN）的选择得到批准

第 3 层标题组： 拉金·巴布（RAJEN BABU）向少数派做出保证

20　　《印度教徒报》并不是唯一采取多层标题组的报纸。1948 年 1 月 31 日的《印度时报》（*Times of India*）（见图 1—3）使用了 4 层标题组，发布圣雄甘地遇刺的消息：

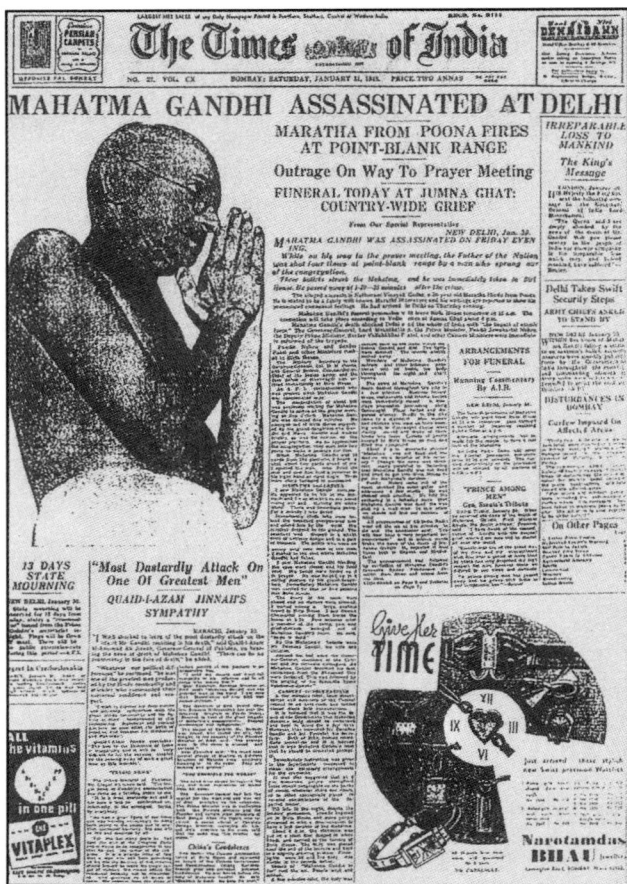

图 1—3　《印度时报》宣布圣雄甘地遇刺的消息。多层标题组排印的标题成为这个版面的主要特色之一。

头号大标题和主标题组：圣雄甘地在德里（Delhi）[1] 遇刺身亡

第1层标题组：圣雄在浦那（Poona）被枪弹短射程击中

第2层标题组：暴行发生在去往祈祷会的路上

第3层标题组：葬礼今天在亚穆纳河（Jumna）[2] 畔石梯举行，举国上下陷入悲痛

然而，与《印度教徒报》不同的是，《印度时报》为了提供对比，使 21 用了全大写和大小写字体混合排印的标题组。

标题组的使用并非局限于当天的头版新闻或重要报道。《印度时报》也在版面比靠下的部分以多栏标题方式使用标题组（见图1—4）。《邮报》（Mail）在单栏和多栏背景上同样使用了标题组（见图1—5）。

□ 印度独立[3]后使用的标题（1951—1980） 23

标题组在印度独立后开始废止使用。最初先是将标题组不再用作单栏标题。后来，编辑开始从多栏标题减少标题组的使用，并将标题组仅限用于诸如战争、地震、暗杀、编制预算或竞选结果等重要事件或新闻突发性事件。即使在这个时期，标题组也仅被用作刊登在版面上方的标题，尤其用作报纸通栏大字标题的支撑。

我们必须记住，这是一个时期的现状。这个时期的新闻业死气沉沉，几乎没有任何创新。热金属印刷系统不允许主编去体验各种标题风格。另外，热金属印刷系统也缺少特排字体，报纸比较喜欢统一使用一种字体。

---

① 德里是印度中北部城市和直辖区（包括德里和新德里，以德里门为界）。它是印度第三大城市，人口仅次于加尔各答和孟买。

② 又译朱木拿河，是印度北部的一条河流。发源于喜马拉雅山脉，向东南流出约1 400千米，在阿拉哈巴德汇入恒河。

③ 1947年6月，英国把印度分为印度和巴基斯坦两个自治领。同年8月15日，印巴分治，印度独立。8月15日被印度定为独立日。1950年1月26日，印度签署宪法，宣布成立共和国。1月26日被印度定为共和日，即国庆日。

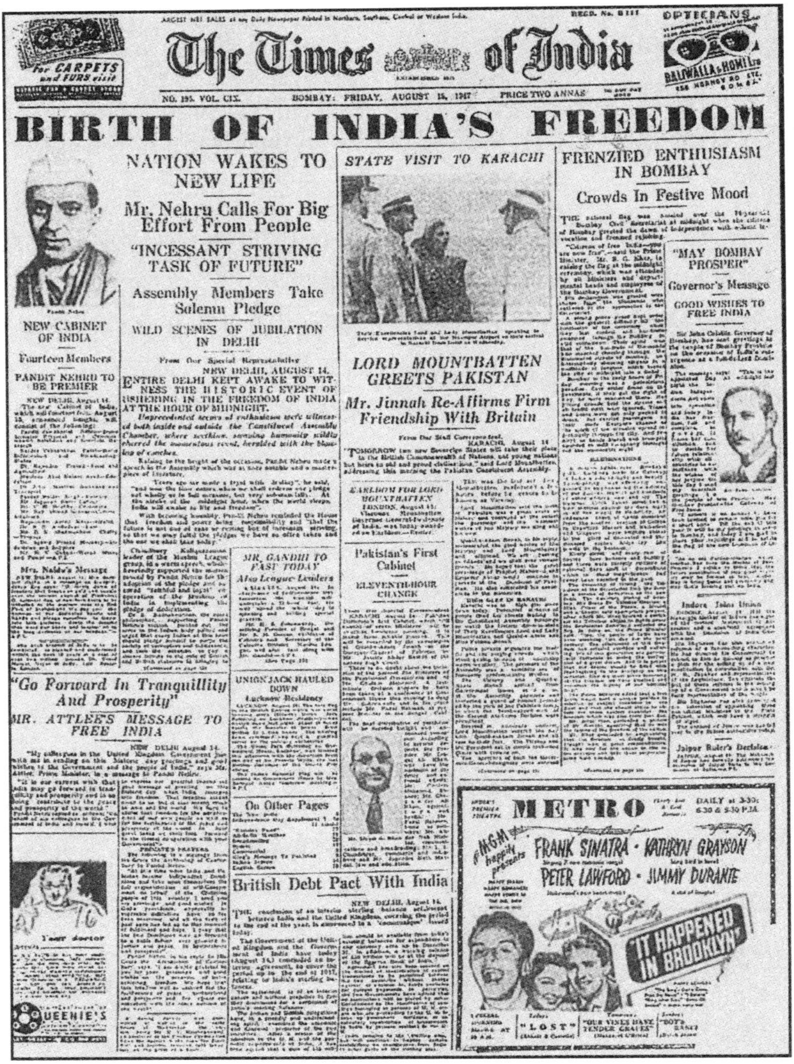

The Times of India

NO. 195. VOL. CIX. BOMBAY: FRIDAY, AUGUST 15, 1947 PRICE TWO ANNAS

BIRTH OF INDIA'S FREEDOM

NATION WAKES TO NEW LIFE

Mr. Nehru Calls For Big Effort From People

"INCESSANT STRIVING TASK OF FUTURE"

Assembly Members Take Solemn Pledge

WILD SCENES OF JUBILATION IN DELHI

NEW CABINET OF INDIA

Fourteen Members

PANDIT NEHRU TO BE PREMIER

STATE VISIT TO KARACHI

LORD MOUNTBATTEN GREETS PAKISTAN

Mr. Jinnah Re-Affirms Firm Friendship With Britain

FRENZIED ENTHUSIASM IN BOMBAY

Crowds In Festive Mood

"MAY BOMBAY PROSPER"

Governor's Message

GOOD WISHES TO FREE INDIA

"Go Forward In Tranquillity And Prosperity"

MR. ATTLEE'S MESSAGE TO FREE INDIA

MR. GANDHI TO FAST TODAY

Pakistan's First Cabinet

ELEVENTH-HOUR CHANGE

UNION JACK HAULED DOWN

On Other Pages

British Debt Pact With India

METRO

FRANK SINATRA · KATHRYN GRAYSON

PETER LAWFORD · JIMMY DURANTE

IT HAPPENED IN BROOKLYN

图 1—4 《印度时报》头版宣布印度独立的消息。这是一个杂乱的头版，因为它既使用了图片，也使用了多栏标题。该版具有特色之处是以单栏和多栏标题的形式，使用了标题组。

22

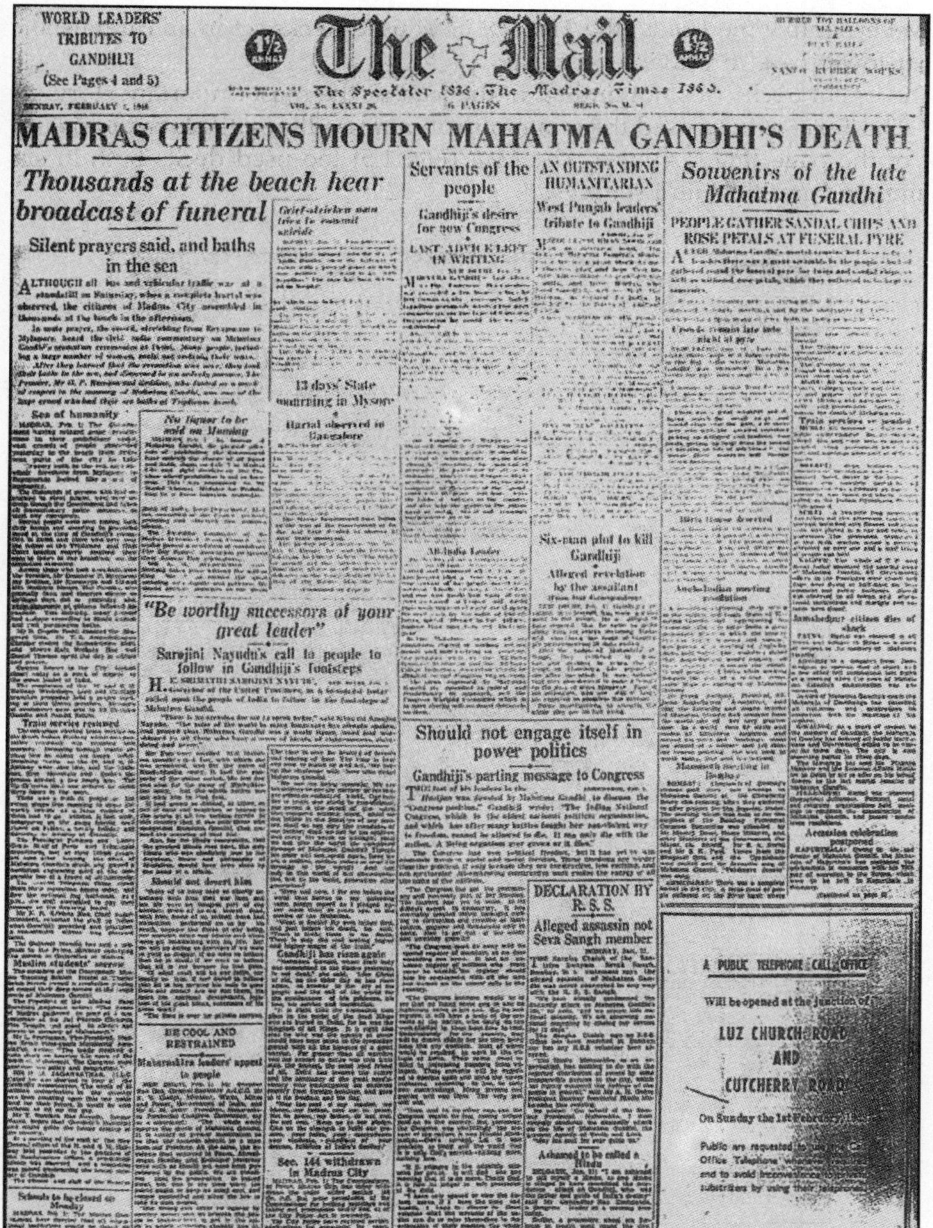
WORLD LEADERS' TRIBUTES TO GANDHIJI (See Pages 4 and 5)

The Mail

The Spectator 1836. The Madras Times 1865.

6 PAGES

MADRAS CITIZENS MOURN MAHATMA GANDHI'S DEATH

Thousands at the beach hear broadcast of funeral

Silent prayers said, and baths in the sea

Sea of humanity

Servants of the people

Gandhiji's desire for new Congress

LAST ADVICE LEFT IN WRITING

AN OUTSTANDING HUMANITARIAN

West Punjab leaders' tribute to Gandhiji

Souvenirs of the late Mahatma Gandhi

PEOPLE GATHER SANDAL CHIPS AND ROSE PETALS AT FUNERAL PYRE

13 days' State mourning in Mysore

Hartal observed in Bangalore

No liquor to be sold on Monday

Six-man plot to kill Gandhiji

Alleged revelation by the assailant

"Be worthy successors of your great leader"

Sarojini Nayudu's call to people to follow in Gandhiji's footsteps

Train service resumed

Should not engage itself in power politics

Gandhiji's parting message to Congress

Should not desert him

DECLARATION BY R. S. S.

Alleged assassin not Seva Sangh member

BE COOL AND RESTRAINED

Maharashtra leaders' appeal to people

Sec. 144 withdrawn in Madras City

Schools to be closed on Monday

Accession celebration postponed

A PUBLIC TELEPHONE CALL OFFICE

Will be opened at the junction of

LUZ CHURCH ROAD

AND

CUTCHERRY ROAD

On Sunday the 1st February

图 1—5　在 1975 年停止出版的《邮报》为了提供对比，曾使用标题组。

□ 桌面印刷时代（20世纪80年代以来）

桌面印刷系统的出现和组合式排版的发展，对标题写作和显示方式产生了深刻的影响。主要表现在消除了新闻版的混乱局面，首先取消了多层标题组，取而代之的是，在主标题的上方，用小点数字体排印单行字肩或肩题（参见第5章）。

另一个发展是出现了副标题（strapline），并成为标题的重要组成部分。这一变化由《印度快报》（*Indian Express*）在20世纪90年代下半叶引入，这种做法随后被其他主要报纸像《印度时报》和《印度斯坦时报》所采纳。副标题用来突出主标题可能涉及不到的重要观点。

然而，还有一个有趣的发展是在标题上使用了色彩。杂志率先采取了这一做法，后来，报纸也开始用色彩排印标题。《印度斯坦时报》向前迈出了一大步，通过在标题内使用颜色来突出选择的词语，倡导了一种新潮流。

上述发展并不是新技术导致的唯一变革。另外一项发展是以反转形式排印标题；这一发展使主编可以在黑色背景下使用白色字母（见图1—6）。随着技术的发展，报纸开始使用色彩屏（colour screens）显示标题；我们可以预见到这些变革仍会继续，毕竟技术为报纸主编的工具箱增添了更多的工具。

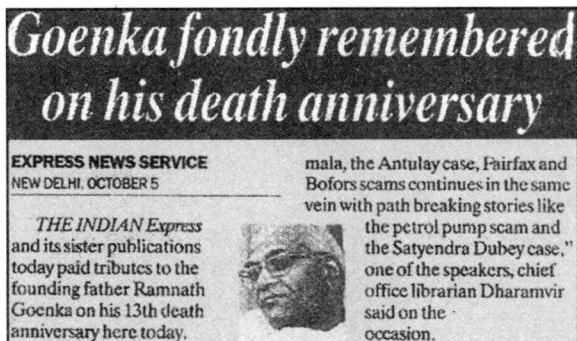

图1—6 《印度快报》使用反转形式的一个标题。在黑色背景下使用白色字母。

有些早期的标题风格为了引起人们的关注，还重新采取了原来的报纸标题风格。《亚洲世纪报》（*Asian Age*）在其2004年10月19日的报纸上，采用了标题组的形式宣布击毙维拉潘（Veerappan，一个臭名昭著的檀香木走私犯）的事件。实际上，这种标题风格已经相当长时间不再使用了（见图1—7）。

| Veerappan, 3 aides shot dead in Tamil Nadu | Bandit was tricked into ambulance that was actually police vehicle driven by disguised constable | STF personnel played undercover agents |

AN EYE FOR MANY EYES

图1—7 《亚洲世纪报》使用多层标题组作为字肩的一个标题。

□ 标题的功能

编辑工具也许会发生变化，从而使各位主编变得更加激进，但是，有一点却保持不变，这就是标题的作用。从传统意义上讲，标题履行了6项功能，在未来，它们还将继续履行这些功能。下面我们对这6项功能进行讨论。

为新闻编索引

在报纸版面上，3个吸引眼球的新闻要素分别是图片、图形和标题。在这3个新闻要素中，图片和图形从视觉上描述报道，而标题则在文字上讲述报道。标题文字也许不多，却是一种有价值的索引。标题把读者带入他们感兴趣的报道，增添他们阅读的乐趣，节省他们翻阅不同版面的时间。这就是人们把标题比作灯塔的原因，它们在大量灰色文字块中，为读者阅读提供了指引。

凸显新闻价值

标题有助于读者判断一则新闻报道的相对重要性。这并不太容易做到，因为读者在仅仅看一眼标题就可以判断报道的真正重要性方面没有经过正规的训练。这种判断大多取决于标题作者对这种意识的长期挖掘。

25   我们有 4 个导航工具，帮助读者形成这种意识。它们是：

标题的宽度

第一个工具是标题宽度，也就是说，用于撰写标题的栏数。它取决于 3 个因素。

报道的篇幅

报道的篇幅直接与报道的新闻价值成正比。一则只有一两个段落的新闻报道，显然在报业公司看来不会有太大的新闻价值。这类报道只会用一栏呈现出来，比如两名中国工程师在巴基斯坦遭到绑架的事件（见图 1—8）。这则报道对印度读者来说，没有太大的新闻价值，被分配到两个段落。为了强化这则讯息，标题以小点数字排印。相比而言，用横跨两栏以上的篇幅显示的报道，显然就比较重要了（见图 1—9）。

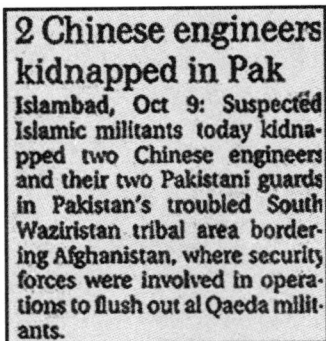

2 Chinese engineers kidnapped in Pak

Islambad, Oct 9: Suspected Islamic militants today kidnapped two Chinese engineers and their two Pakistani guards in Pakistan's troubled South Waziristan tribal area bordering Afghanistan, where security forces were involved in operations to flush out al Qaeda militants.

图 1—8　两名中国工程师在巴基斯坦遭绑架事件的报道，对印度读者来说，它没有太大的新闻价值。故以小点数字排印一个单栏标题，用来报道该事件。

报道的位置

最重要的新闻报道一般安排在版面的上方（见图 1—10）。不太重要的 26 报道则位于版面的中间和版面的下半部分。这一原则唯一的例外，就是生活报道（anchor），生活报道是位于头版底部的软报道（soft story）。读者也许不会注意到生活报道的价值，但是，生活报道在大多数报纸中，被指定为最优先考虑的一则报道（见图 1—11）。生活报道主要起着两种作用：一是它有助于用一个多栏信息条目来确定头版的底部；二是因为它是头版的唯一一则软报道——其余全部都是硬新闻报道，所以，它提供了一种多样性。

Service tax target fixed at Rs 1,650 cr

EXPRESS NEWS SERVICE

Chennai, Oct 9: The Commissionerate of Service Tax, Chennai, is targeting an increase of nearly Rs 1,000 crore in revenue mobilisation during the current financial year, Chief Commissioner of Central Excise J Sridharan said today. Addressing the media, Sridharan said from Rs 680 crore during the last financial year, the Commissionerate was looking at generating Rs 1,650 crore during the current year. The current collection figures (up to September) stands at Rs 408 crore, he said.

Pointing out that the strategy towards achieving this target was a two tier one, Sridharan said: "As the first

step the Chennai Commissionerate, which includes Chennai, Chennai Zone III and Pondicherry, would work towards the disposal of all adjudication cases pending wherein only the technicalities are involved with the waiver of penalty. "The second measure aims to bring those service providers into the service tax assessees in the earlier years by providing an opportunity to register now without any questions being asked about their past liability and without penalising them for the delay," he explained.

According to him, with the addition of 12 new services to the list of services liable for tax with effect from

Sunday, the Commissionerate would organise camps at various locations in the city to enable service providers falling under these newly-mentioned categories to get themselves registered." These camps would also provide an opportunity for on the spot adjudication of cases of technical nature involving only penalty up to November 30, 2004," he said.

The addition of 12 new services which include business exhibition services, airport services, transport of goods by air, survey and exploration of minerals, opinion poll services, intellectual property services, forward contract services and outdoor canteen services, among others, now takes the total of taxable servi-

ces to 71. The camps would be held at the following locations: On October 11 and 28 the venues would be Nungambakkam, and Nandanam, on October 14 at Parrys, T Nagar, Anna Nagar and Adyar, on October 18 at Tiruvottiyur, Egmore, Mylapore and Porur, on October 20 at Parrys, Anna Nagar, Egmore, Nanganallur, on October 26 at Tiruvottiyur, Mylapore, T Nagar and Velacherry.

Officials at the Commissionerate also added that any service provider was free to approach any of the camps irrespective of the jurisdiction for appropriate guidance. For further information contact - Ph: 24331177, 24330066 (Extn: 671), 24330066 (extn: 111) or kalakchennai@rn.nic.in.

图1—9 报纸为这一则报道分配了横跨4栏8英寸的空间。显然，报纸认为这则新闻报道对于其读者较为重要。

British hostage is beheaded

Reuters

Baghdad, Oct 8: British hostage Ken Bigley was beheaded near Baghdad on Thursday afternoon, disgruntled sources in the rebel-held town of Fallujah said on Friday.

Abu Dhabi television, quoting "informed" sources in Iraq, had said earlier that the militant group led by al-Qaeda ally Abu Musab al-Zarqawi had killed Bigley.

Told on a foreign office said it was aware of the reports.

"We cannot corroborate the reports ... We are at close touch with Mr Bigley's family ... it's a difficult time," a foreign office spokesman told Reuters in London.

The insurgent sources said Bigley was killed in the town of Latifiya, about 35 km (22 miles) southwest of the Iraqi capital.

They declined to say how they had got their information. Britain's Sky Television, quoting British Government sources, also said Bigley had been killed.

The 62-year-old engineer

was kidnapped in Baghdad on Sept 16 by the Tawhid and Jihad group which has beheaded two American hostages who were seized along with the Briton.

Militants have launched a spate of kidnappings as part of attempts to undermine the United States-led coalition ahead of January elections.

"We have learned from our trusted sources in the Iraqi capital that the kidnappers of Ken both Bigley have killed him," an Abu Dhabi news caster said.

The kidnappers had demanded United States-led forces in Iraq release women prisoners in Iraqi jails to spare Bigley's life.

Washington says it holds only two women in Iraq, both US weapons scientists from the days of Saddam Hussein.

The British say they are not holding any women.

Asked to comment on the reports, Bigley's brother Paul told Reuters in London: "I have heard nothing at all. I have been optimistic and remain optimistic. I am putting this news to rest too."

Two other blasts also occur-

Blasts in Egyptian resorts; 31 killed

Jerusalem, Oct 8: At least 31 people were killed and over 120 injured in three bomb explosions that ripped through a crowded hotel and a beach resort in Egypt's Sinai peninsula in attacks which neighbouring Israel said bore the hallmarks of al Qaeda.

Two bombs exploded one after another at the busy Israeli-owned Hilton Taba, a favourite holiday destination for Israelis, in the Egyptian resort town of Taba late Thursday night, killing at least 31 people vacationing at the close of a Jewish holiday. In and defence forces at the scene, the devastating twin blasts according to sources, a car laden with explosives crashed into the lobby of the hotel and exploded, bringing down a 10-storey structure, while a suicide bomber blew himself up seconds later near the hotel entrance.

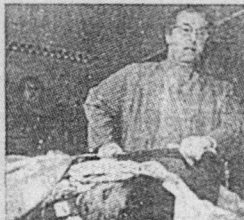

An Israeli child who was injured in a bomb blast in the Egyptian Red Sea resort of Taba is wheeled into a hospital in the Israeli city of Be'er Sheva on Friday - AP/PTI

STILL ROVING

Mars vehicles sniff out water

By JOHN NOBLE WILFORD

New York, Oct 8: Kyung has sniffed out, in a blast now on the end of their mission, that may be found. NASA said on Thursday its vehicles would keep exploring, looking for different clues of water at two locations.

> 'In addition to evidence of water-altered bedrock the Rover Opportunity had come across flat rocks covered in cracks'

10 killed in US strike on Fallujah

Fallujah, Oct 8: Ten people were killed in a US air raid on the Iraqi rebel-held city of Fallujah west of Baghdad before dawn Friday, a hospital official said.

"We have received 16 dead and 16 wounded," doctor Khamis led Mohammed Hawer of Fallujah's general hospital told AFP. "The US army said in a statement that it had hit a "safe house" of rebel leader Abu Musab al-Zarqawi during a meeting of militants.

"Multinational forces have struck on Abu Musab al-Zarqawi "safe house in northwest Fallujah on the morning of October 8 and a 'credible intelligence sources confirmed. Zarqawi

South Asian concerns find voice in Tokyo

By JIM THOMAS PHILIP

Tokyo, Oct 8: The setting was Tokyo, but for once South Asia came together, literally.

After three days of prolonged debates and compelling arguments, delegates from the SAARC countries passed a resolution that called upon the region to stand up and be crunched on the global stage.

The resolution noted that a compelling vision of peace, prosperity and freedom in the region would not be realised unless the seven member nations work together to create a future filled with opportunities, including the movement of ideas and people across South Asia.

The entry, though, was not forgotten. "It is sad that delegates from SAARC countries

of all the participants which included students, journalists, public officials, researchers, scientists, academics and professors.

Initiated by the Ministry of Foreign Affairs of Japan (MOFA), the 39 participants of South Asia were joined by 45 delegates from the host countries to Japan.

Reforms in the United Nations took the centrestage of the Japan-South Asia Forum

Interestingly, reforms in the United Nations took the centrestage of the Japan-South Asia Forum.

The policy Marda from MOFA said that was essential

note through its actions a firm stance aimed towards an independent foreign policy before it could be taken as a serious contender for a permanent war. It reminded Deep to Fukno, an Indian delegate from Delhi, one will consider Japan an ally only when it feels that Tokyo's foreign policy is independent from that of the US.

Both sides agreed that immediate steps must be taken in an religious sharing and over parceling of sea lanes to continue as legitimate for governmental and trade aerotraficking.

The debate over charon ensure saw the Japanese community contend that the nuclear arm had not served as a deterrent in South Asia. While South Asia disagreed calling for a reality check. The Indian contingent contended that Japan should wield a nuclear South Asia and that the first step towards disarmament involved cooperation in forwarding its giant transfer routes for the toxics technology, addressing the issue of small arms and presenting an army face in the subcontinent.

The resolution also looked

图1—10 新闻版上半部分安排了当天最重要的报道。所有标题以大点数字排印出来。

27

'Hinglish' will become 'pukka' language

London, Oct. 17: 'Hinglish', the variety of English spoken in India, may soon become the most common spoken form of the language, as the number of Indian speakers exceeds that in the UK and the US, a leading British expert has said.

Professor David Crystal, the author of more than 50 books on English, says 350 million Indians speak it as a second language in India, exceeding the number of native English speakers in Britain and America.

Professor Crystal argues that the growing popularity of Indian culture around the world, including Bollywood movies, means that Hinglish will soon become more widely spoken outside the continent.

'Certain phrases are coit (thief), desi (local), dicky (boot), gora (white person), jungli (uncouth), lakh (100,000), lumpen (thug), topical (spectacles), prepone (bring forward), stepney (spare tyre) and would-be (fiancé or fiancée).

Indian experts in writing computer software also means that Hinglish will spread via the internet, said Crystal, Honorary Professor of Linguistics at the University of Wales.

TIME-PASS WITH FIANCEE

and send e-mails, the phrases and words they use to describe their lives will be picked up by others on the internet,' he said.

'Hinglish' contains many words and phrases that Britons or Americans might not easily understand, the 'Sunday Times' said in a report.

Some are archaic relics of the Raj, such as 'pukka'.

Others were newly coined, such as 'time-pass,' an activity that is not

new verb.

Those whose jobs are outsourced to India are said to have been 'Bangalored.'

Even the largest international companies have been forced to bow before the power of Hinglish. Ford sells the Ikon by calling it the 'josh car' — josh is Hindi for exciting and powerful.

English has long enjoyed a special status in India because of the country's colonial history.

'Indians are yet to realise the need to make English teaching fun and so most of the present day teachers continue in their structured and orthodox ways which they have inherited from colonial times,' says Crystal.

It is still the language of the Government, the elite and the media.

图1—11 在头版底部，一则作为生活报道刊登出来的软报道。

报道的相对重要性

报道的相对重要性并不是一个简单的尺度。在判断报道的相对重要性时，即使经验最为丰富的新闻工作者也会感到力不从心。这是因为根据报道的重要性和篇幅进行判断，一篇新闻报道也许适合一种多栏显示方式，但是，它仍然有可能作为一个向下延伸的单栏刊登出来，因为其他报道重要得多，需要比较好地显示出来。只有特别具有判断力的读者才能够理解这一点（参见第 2 章）。

标题的点数

点数在凸显新闻报道的重要性方面，与标题的宽度同等重要。读者也许不了解"点制"（point）这一术语，它可追溯到热金属印刷时代。那时使用的最大点数为 72 点，最小点数为 1 点。为了便于印刷工人排版操作，1 点（point）被定义为 1 个点（dot），相当于 1/72 英寸。按照这个标准，72 点为最高的点数，相当于 1 英寸。今天，计算机已经可以以更大的点数排印字体。

在选择点数方面要考虑的因素很多。其中，首要的决定因素是标题的宽度。如果新闻报道刊登在一个单栏里，标题点数就会比较小。特别是，如果单栏标题的点数要比多栏标题的点数大的话，大标题点数就会大得刺眼。报纸设计在选择标题点数方面，需要一个固定的比例。如果一个单栏标题以 28 点，而一个 3 栏标题以 14 点写出来的话，就会出现比例失调的现象（见图1—12）。

Sensex
sheds
73 points
Single column/Times New Roman/28 points

Budget increases tax limit
Three column/Times New Roman/14 points

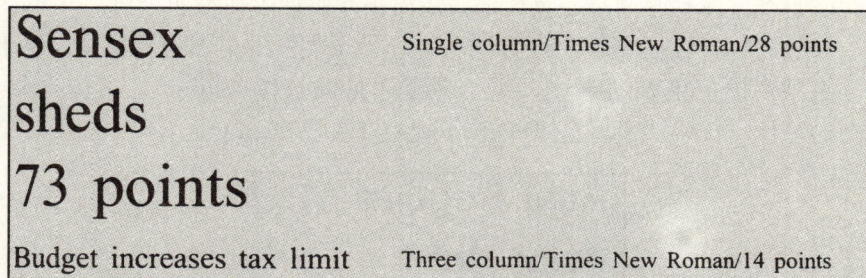

图 1—12 如果一个单栏标题以 28 点，而一个 3 栏标题以 14 点写出来的话，就会出现比例失调的现象。

第二个决定因素是报道的重要性。新闻部可以决定将两则新闻报道作 28 为一个单栏条目刊登出来，但是，这种做法可以通过不同点数排印的标题强调两则新闻报道各自的价值。例如，一份德里报纸使用了 20 点的标题报道 4 名士兵在一起克什米尔自杀性袭击中丧生，而对于发布凶手被捕消息的标题，却选择了 14 点（见图1—13）。

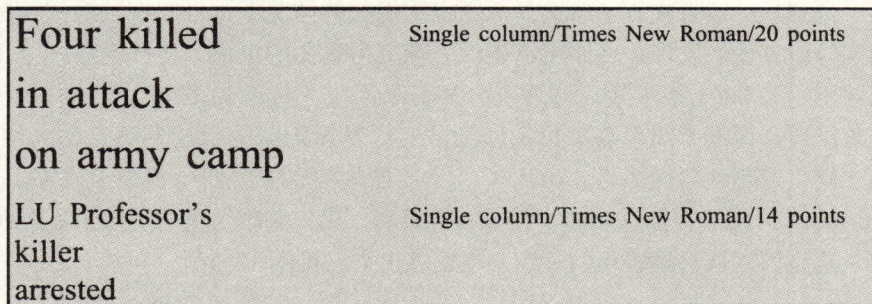

Four killed
in attack
on army camp
Single column/Times New Roman/20 points

LU Professor's
killer
arrested
Single column/Times New Roman/14 points

图 1—13 两则不同点数的单栏新闻报道标题。显然，报纸认为第一则报道比较重要。

读者在作出价值判断方面会使用相同的尺度。他们意识到报道标题字体的点数直接与报道的重要性成正比。

标题的字重

在揭示标题字重的重要性之前，重要的是，要理解什么是"字重"（weight）。字重取决于字体"黑"的程度。字体越黑，说明其越重要。桌面印刷系统已经在每个工作站上使相同的字体具有不同的字重。在热金属时代，每个字体都必须小心翼翼地铸造出来，然后运往报业公司。

一般而言，根据字重，我们将字体分为 4 类——虽然有些印刷工人根据字重制作出了更多的字体。这 4 种字体是细长体（light）、正体（normal）、黑体（bold）和超黑体（ultrabold）（见图 1—14）。

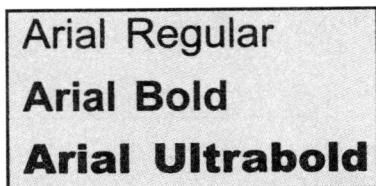

Arial Regular
Arial Bold
Arial Ultrabold

图 1—14　3 种以不同字重排印的阿里亚尔（Arial）字体标题。3 种标题字体全部排印为 16 点，但是，只有阿里亚尔超黑体由于其加重黑度而凸显出来。

然而，为了避免在报纸版面出现混乱，美术编辑坚持限制字重的选择。这就是为什么印度报纸通常只喜欢采用正体和黑体格式。正体用于大多数标题，而黑体则用于需要特殊显示的标题；后者能比前者更迅速地吸引读者的眼球。

同样地，读者在不了解选择标题字重想法的情况下，也能够判断报道的新闻价值。他们发现，黑体用于表示一则更为重要的报道。让我们看一下下面两则有关 2004 年国际板球理事会杯赛（ICC① Cup）的报道。第一则报道是软报道，详细介绍了有关抢购印度队对巴基斯坦队的板球赛球票的风波；第二则报道是硬新闻报道，给出了一个残酷的消息，沙西·坦德卡（Sachin Tendulkar）无法参加这个享有盛誉的锦标赛。第二则报道具有更多的新闻价值，这也可以从选择较粗的标题字体反映出来（见图 1—15）。

标题的风格

这是另一个有助读者判断报道新闻价值的小技巧。两种最常用的标题风格是正体和斜体。正体一般也被称为罗马字体，由垂直的字母组成。而斜体则是由倾斜的或有坡度的字母构成。

标题作者为了引起读者对轻松或有趣报道的关注而使用斜体（见图 1—16）。斜体的另一个优势是在版面上提供对比。然而，斜体还是应该

————————————

① International Cricket Council 的缩写。

有选择地使用；过度地使用斜体会使读者摸不着头脑，使用对比字母的优势也会丧失。

Big rush for Indo-Pak match	Single Column, Times New Roman, Regular, 14 points
Tendulkar to miss ICC Cup	Single Column, Times New Roman, Bold, 14 points

图1—15　显然，第二个报道要比第一个报道具有更高的新闻价值。

ESPN takes cablemen on a costly ride	Regular
Poodles have a busy day	*Italics*

图1—16　标题作者通过选择斜体字体，传递出贵妇犬报道的轻松情绪。

上述4种导航工具——宽度、点数、字重和风格——在使用时，要格外小心，而且要保持一致，因为它们会成为读者在判断报道新闻价值方面最重要的指南。读者也许不了解这些导航工具的技巧，但是，他们却理解标题所传达的讯息含义。

描述报道情绪

标题通过使用适当的形容词或副词来反映诸如气愤、快乐或悲伤等情绪。2003年，印度时任总理阿塔尔·比哈里·瓦杰帕伊（Atal Behari Vaj-payee）在联合国发表言辞犀利的讲话，驳斥巴基斯坦时任总统佩尔韦兹·穆沙拉夫（Pervez Musharraf）的发言。《印度时报》敏锐地在标题中捕捉到瓦杰帕伊的气愤情绪（见图1—17）。读者只要看一眼标题，就能够理解瓦杰帕伊讲话的含义。

另一个反映报道作者愤怒情绪的标题，是一个与2004年国际板球理事会冠军杯赛（ICC Champions Cup）有关的标题，报道反映了美国和孟加拉国争夺世界上最优秀板球运动国家称号的局面。这些比赛实在成为一边倒和可预测结果的比赛，板球锦标赛失去了其应有的光彩和刺激。标题作者通过对刚刚涉足板球运动的国家使用"开玩笑的人"（jokers）一词，捕捉到报道的情绪（见图 1—18）。

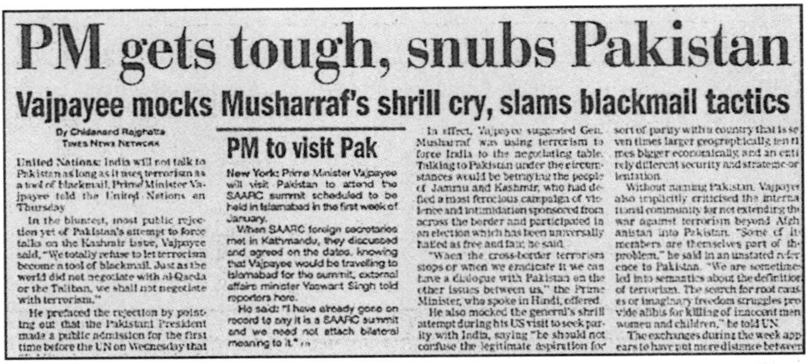
PM gets tough, snubs Pakistan

Vajpayee mocks Musharraf's shrill cry, slams blackmail tactics

By Chidanand Rajghatta
Times News Network

United Nations: India will not talk to Pakistan as long as it uses terrorism as a tool of blackmail, Prime Minister Vajpayee told the United Nations on Thursday.

In the bluntest, most public rejection yet of Pakistan's attempt to force talks on the Kashmir issue, Vajpayee said, "We totally refuse to let terrorism become a tool of blackmail. Just as the world did not negotiate with al-Qaeda or the Taliban, we shall not negotiate with terrorism."

He prefaced the rejection by pointing out that the Pakistani President made a public admission for the first time before the UN on Wednesday that

PM to visit Pak

New York: Prime Minister Vajpayee will visit Pakistan to attend the SAARC summit scheduled to be held in Islamabad in the first week of January.

When SAARC foreign secretaries met in Kathmandu, they discussed and agreed on the dates, knowing that Vajpayee would be traveling to Islamabad for the summit, external affairs minister Yaswant Singh told reporters here.

He said: "I have already gone on record to say it is a SAARC summit and we need not attach bilateral meaning to it."

In effect, Vajpayee suggested Gen. Musharraf was using terrorism to force India to the negotiating table. Talking to Pakistan under the circumstances would be betraying the people of Jammu and Kashmir, who had defied a most ferocious campaign of violence and intimidation sponsored from across the border and participated in an election which has been universally hailed as free and fair, he said.

"When the cross-border terrorism stops or when we eradicate it we can have a dialogue with Pakistan on the other issues between us," the Prime Minister, who spoke in Hindi, offered.

He also mocked the general's shrill attempt during his US visit to seek parity with India, saying "he should not confuse the legitimate aspiration for sort of parity with a country that is seven times larger geographically, ten times bigger economically and an entirely different security and strategic orientation.

Without naming Pakistan, Vajpayee also implicitly criticised the international community for not extending the war against terrorism beyond Afghanistan into Pakistan. "Some of its members are themselves part of the problem," he said in an unstated reference to Pakistan. "We are sometimes led into semantics about the definition of terrorism. The search for root causes or imaginary freedom struggles provide alibis for killing of innocent men, women and children," he told UN.

The exchanges during the week appears to have put more distance between

图 1—17　动词结构“强硬”（tough）、“嘲弄”（mocks）和“猛烈抨击”（slam）捕捉到报道的情绪。

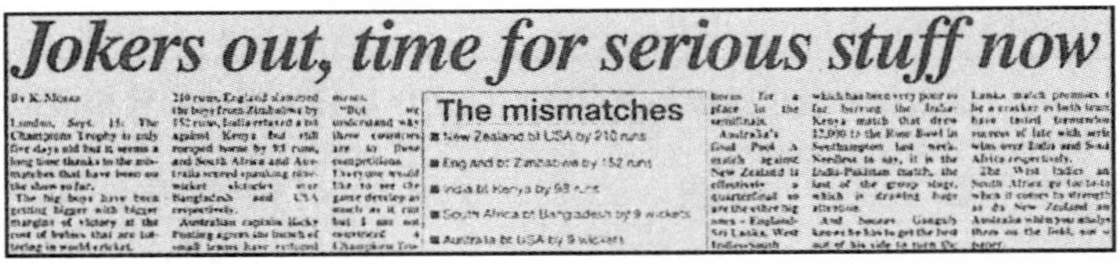
Jokers out, time for serious stuff now

The mismatches
■ New Zealand bt USA by 210 runs
■ England bt Zimbabwe by 152 runs
■ India bt Kenya by 98 runs
■ South Africa bt Bangladesh by 9 wickets
■ Australia bt USA by 9 wickets

图 1—18　评论虽然苛刻，但它却反映了作者对这个第一次涉足国际板球理事会冠军杯赛国家看法的情绪。

31　设定报纸语气

标题是报纸政策的第一个指示器。小报一般喜欢使用黑体、大点数排印标题（见图 1—19），而主流报纸则愿意表现出某种保守的形象，使用较小的点数和较为平静的语气（见图 1—20）。

相对而言，主流报纸标题具有一种比较沉重的语气。

几家销量大的小报，如《正午报》（*Mid-Day*）在头版（cover page）使用了大点数排印的标题（见图 1—21），而在内页，使用了较小和正常点数排印的标题。大点数标题有助于报纸吸引经常往返于孟买①和德里的旅客的眼球。

① 孟买是印度的第一大城市和马哈拉施特拉邦（Maharashtra）的首府，面积约 438 平方千米，人口约 1 840 万。它位于印度西部，濒临阿拉伯海，为一天然良港，被称为印度的“西部门户”。孟买不仅是印度工商业中心、金融中心，西部铁路、航空枢纽，也是印度重要的海军基地。

Arrested
Godman's evil days are over;
Court takes it upon itself
to clip tantrik's wings

图 1—19　一家德里小报宣布逮捕一名有政治背景的密教师所使用的标题。

Tantrik arrested in Delhi,
sent to judicial custody

图 1—20　一家德里主流报纸报道密教师被逮捕的标题，语气和表现方式均比较平和和保守。

32

Mid Day
Mumbai on the move
25 Years
Free Coke
for every reader!

Sir, I have AIDS

The World Bank says the Indian government is utterly blind to the dangers of AIDS. There are 50 lakh HIV+ people in India (second highest in the world). Reporter IQBAL ANSARI went to Mantralaya pretending to be an AIDS patient. To find out how he was treated, turn to PAGE 8

Today, most of our ex-students travel Business Class.
CAT 2004
Global
ims Learning Centre
www.imsindia.com

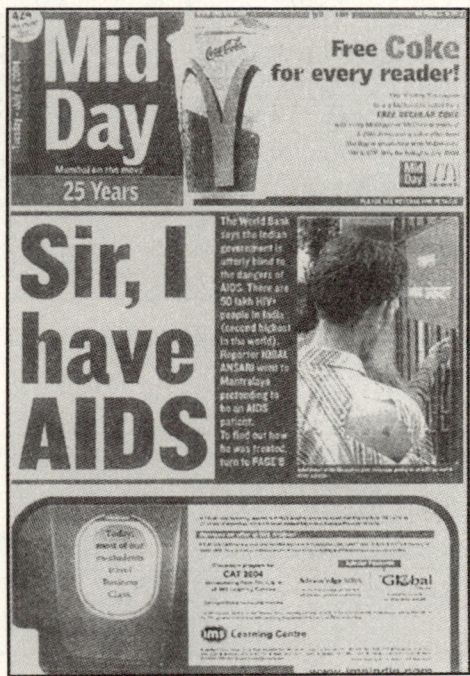

图 1—21　《正午报》的一个头版。

突出版面

标题在凸显报纸方面构成了一种重要的视觉工具。标题能突出版面（typographical relief），使版面看上去更加生动和引人注目，有时甚至在没有新闻照片的情况下也是如此（见图 1—22）。这就是主编们和现在的美术编辑为标题找出字体付出巨大努力的原因。

标题也被用来提供版面的对比。为了增加版面的视觉吸引力，黑体标题被用来衬托细长体标题排印（见图 1—23 和图 1—24）。

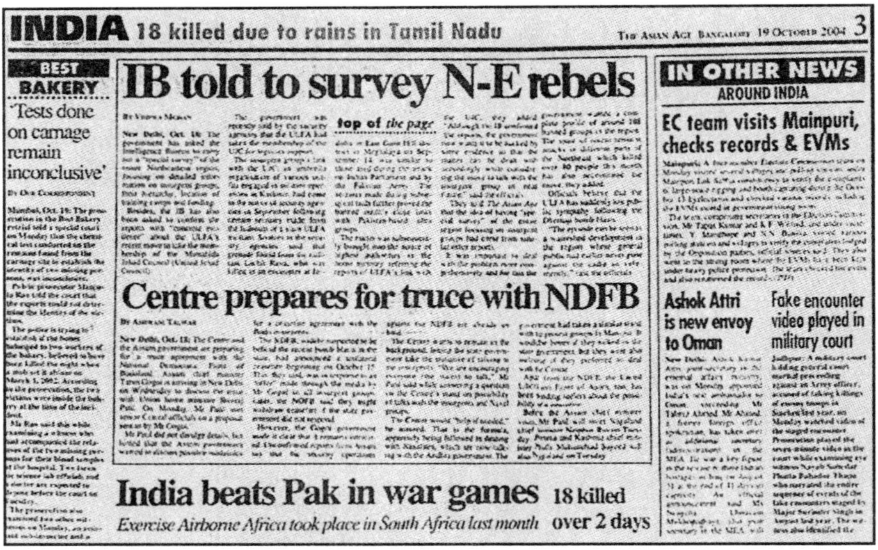

INDIA 18 killed due to rains in Tamil Nadu — THE ASIAN AGE BANGALORE 19 OCTOBER 2004 — 3

BEST BAKERY

'Tests done on carnage remain inconclusive'

IB told to survey N-E rebels

top of the page

Centre prepares for truce with NDFB

India beats Pak in war games

Exercise Airborne Africa took place in South Africa last month

18 killed over 2 days

IN OTHER NEWS — AROUND INDIA

EC team visits Mainpuri, checks records & EVMs

Ashok Attri is new envoy to Oman

Fake encounter video played in military court

图 1—22　标题突出了这个版面。虽然报纸没有使用新闻照片，但还是根据排印的大点数标题来提供对比。

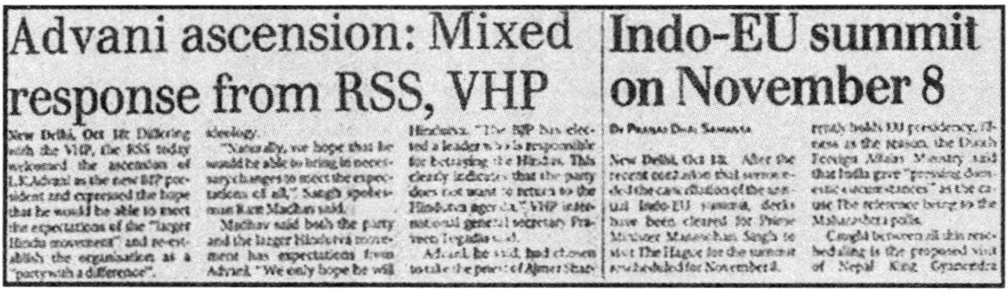

Advani ascension: Mixed response from RSS, VHP

Indo-EU summit on November 8

图 1—23　为了在报纸内页提供对比，黑体标题被放置在细长体标题旁边。

表明特征

标题为报纸提供了一个明显的特征。读者会逐渐习惯他们经常阅读的日报标题所使用的字体和大小。这就是报纸不轻易对标题进行尝试的原因：以免报纸的特征在读者的脑海里消失。报纸在标题写作方面使用了标准字体和点数，并坚持遵循这些原则。

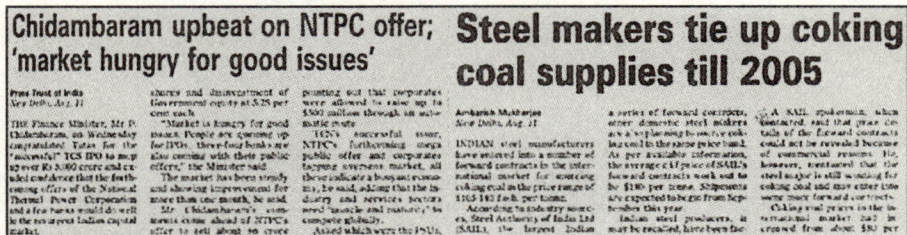

图 1—24　《商业前线报》（*Business Line*）并排刊登多栏的新闻报道，不同的字体确保了读者不会把标题合读在一起。同样地，在版面上采用的字体风格也提供了对比。

《新印度快报》为使报纸看起来更加轻松和充满活力，在 2004 年 9 月 1 日改变了标题和正文字体。报纸设计变化的任务委托给了一位知名的美术编辑，经过报业公司优秀主编和经理们的多次磋商后贯彻、执行。这次变化令人耳目一新。然而，一定还会有一些读者在得到当天一份重新设计的报纸时顿感失望。设计变化显而易见，并能够从《新印度快报》钦奈①版的头版很容易地注意到正文和标题字体变化前（见图 1—25）后（见图 1—26）的差别。

□ 一般标题术语

报业公司形成了自己的标题专业术语。有些术语在报业公司之间通用；但是，像"字肩"（shoulder）或"副标题"这样的术语，在不同的报业公司可以有不同的含义。但宽泛地讲，下列专业术语用作表示与标题有

---

① 钦奈（Chennai）是印度的第四大城市和泰米尔纳德邦（Tamil Nadu）的首府，面积约 128 平方千米，人口约 1 000 万。它位于印度南部，东临孟加拉湾，是印度最大的人工港口，也是印度海上、空中、铁路和公路的交通枢纽，被称为印度的"南部门户"。

34

图 1—25　正文和标题字体变化前的头版。

关的不同术语：

通栏标题/通栏大字标题

通栏标题/通栏大字标题（banner/streamer）是一种刊登在头版上方、跨越全部 8 栏的标题。它用于报道重大的事件，并以大号、黑体字母排印。通栏标题也被称为通栏大字标题。当维拉潘（一个臭名昭著的檀香木走私

35

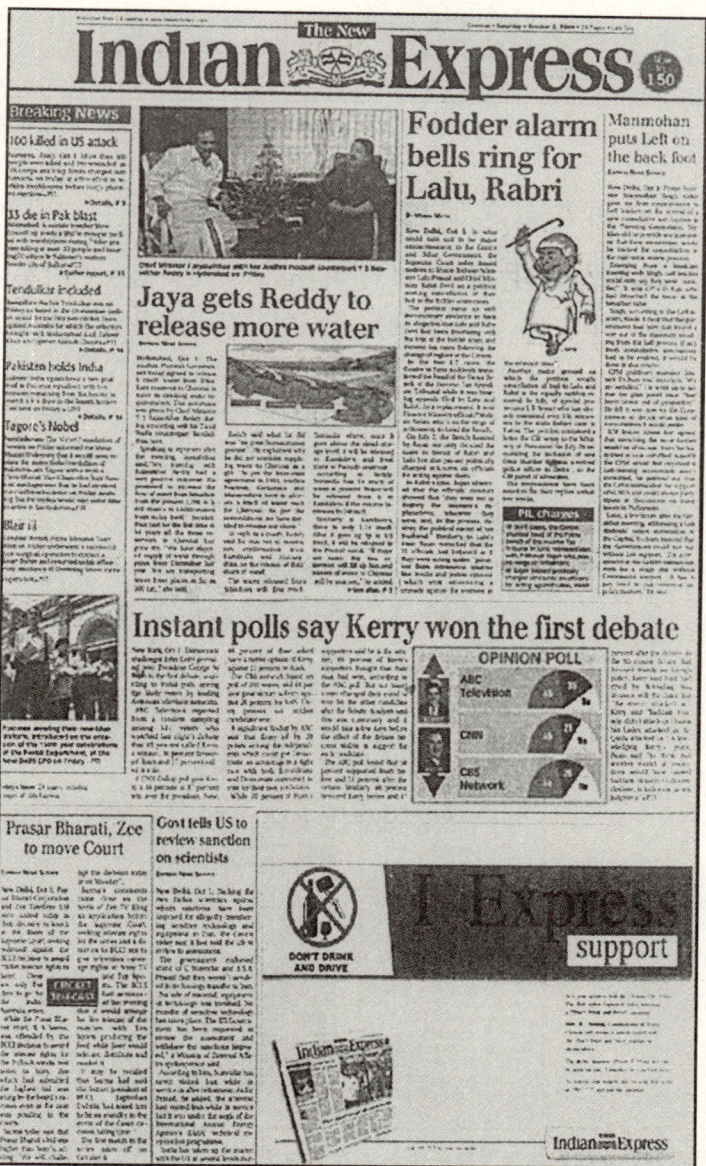

图 1—26　正文和标题字体变化后的头版。

犯，杀死 150 多人的森林土匪）被特遣部队击毙时，《新印度快报》使用了
一个通栏标题宣布击毙维拉潘的消息（见图 1—27）。

VEERAPPAN FALLS TO STF'S BULLETS

Brigand bites the dust at Papparapatti village in Dharmapuri district ■ STF chief Vijaykumar leads from the front

图 1—27 《新印度快报》使用了一个通栏标题宣布击毙维拉潘的消息。

36 第一个单词和专有名词首字母大写

第一个单词和专有名词首字母大写（downstyle）是一个大写体系，其中，标题的第一个字母、专有名词首字母和首字母缩略词，均排印为大写字母（见图 1—28）。这是印度标题写作实践中最流行的形式。

相比之下，有些报纸今天已经开始在标题中采用每个单词的第一个字母大写的形式。没有特定的术语用来说明这种标题写作形式。然而，这并非一个有益的实践做法，因为大写字母占用的篇幅较多（见图 1—28 所使用的副标题）。

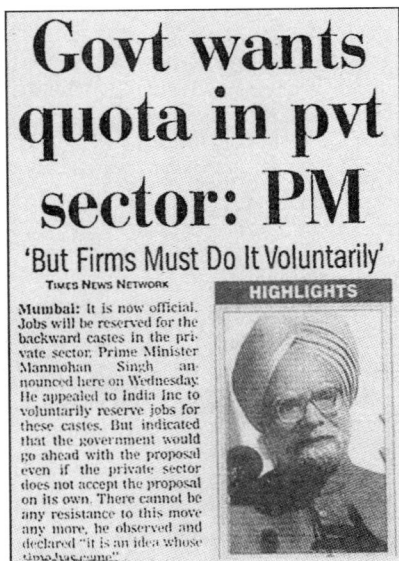

Govt wants quota in pvt sector: PM

'But Firms Must Do It Voluntarily'

TIMES NEWS NETWORK

Mumbai: It is now official. Jobs will be reserved for the backward castes in the private sector, Prime Minister Manmohan Singh announced here on Wednesday. He appealed to India Inc to voluntarily reserve jobs for these castes. But indicated that the government would go ahead with the proposal even if the private sector does not accept the proposal on its own. There cannot be any resistance to this move any more, he observed and declared "it is an idea whose time has come."

HIGHLIGHTS

图 1—28 主标题使用了第一个单词和专有名词首字母大写的方式来表示。标题的第一个字母和首字母缩略词 PM① 均为大写字母，其余字母均为小写字母。相比之下，在副标题中，每个单词的第一个字母均为大写字母。

---

① PM 为 Prime Minister 的首字母缩写。

标题也可以以所有字母全大写的形式排印。这种标题风格尤其受到《亚洲世纪报》的喜爱（见图1—29）。

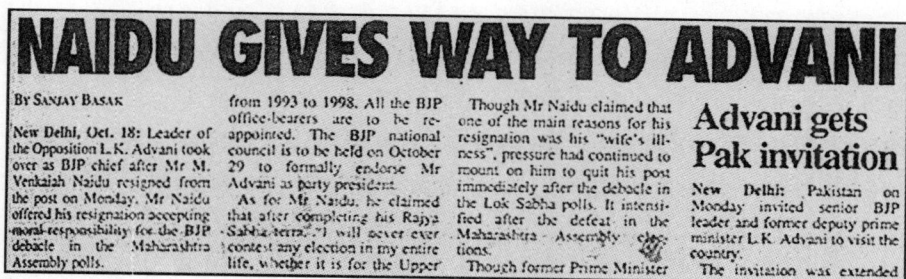

图1—29　《亚洲世纪报》以所有字母全大写方式排印的一个标题。

字体

字体（font）是一组字重/风格特定的完整字符/字母。字体包括以大小写表示字母表所有的字母、数字和标点符号。

标题宽度

标题的宽度表示刊登标题所横跨的栏数。

标题字重

字重取决于字体的黑度。标题越黑，字重越大（见图1—14）。

斜体

这些稍稍倾斜的字体，有衬线字体（serifs）和无衬线字体（sans serifs）两种。斜体的线条有粗细之分或者一致，但是，它们的典型特征仍在于其字母的倾斜（见图1—16）。报纸用斜体排印标题展示了一则轻松或非严肃的报道。研制斜体字体的荣誉，要归功于阿尔达斯·马努蒂尔乌斯（Aldus Manutius）①。

———————————

① 阿尔达斯·马努蒂尔乌斯（Aldus Manutius，1450—1515），意大利学者和印刷商。约1498年，他在威尼斯创立阿尔定（Aldine）出版社，出版希腊文和拉丁文的古典著作。

字距

　　字距（kern）是一种表示构成单词的字符之间疏密间隔的术语。字距也可以定义为正文的水平缩放比。字距调整（kerning）在节约使用篇幅时是一种有用的工具。过多的字距调整会扭曲字体，使字体失去其价值或效用（见图1—30）。这就是字距调整被认为最适合特稿标题或杂志文章标题的原因，为了反映报道的语气，字体可以进行相应的字距调整。

38

15 pilgrims from Tamil Nadu die as bus falls into gorge
Times New Roman, 14 points, upper-lower no kerning.

15 pilgrims from Tamil Nadu die as bus falls into gorge
Spacing between letters condensed by 1 point.

15 pilgrims from Tamil Nadu die as bus falls into gorge
Spacing between letters expanded by 1 point.

15 pilgrims from Tamil Nadu
die as bus falls into gorge
Horizontal scaling 200%.

15 pilgrims from Tamil Nadu die as bus falls into gorge
Horizontal scaling 50%.

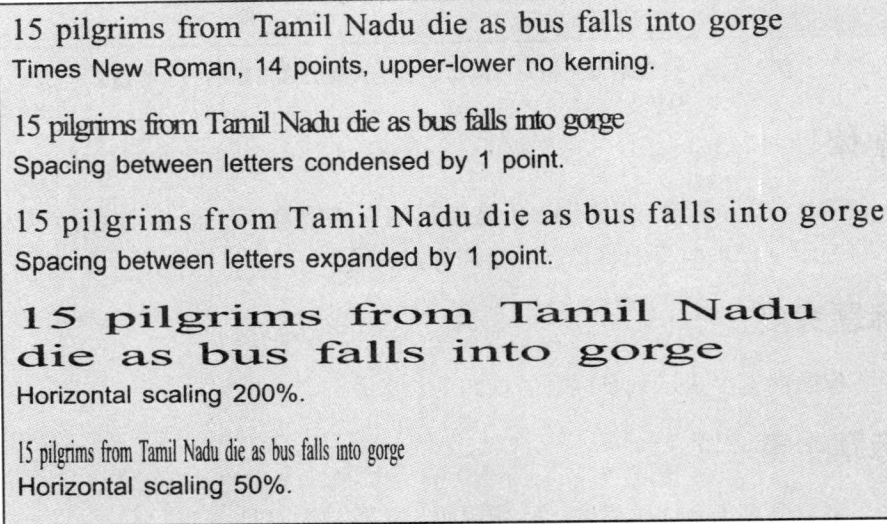

图1—30　标题能够通过挤压或拉开字词调整字距。这是以《泰晤士报》新罗马字体、14点、大小写表示的标题用不同字距调整方法的事例。

肩题/字肩

　　肩题/字肩（kicker/shoulder）是在主标题上方写出的标题（见图1—31）。肩题/字肩排印的点数要比主标题的点数小。肩题/字肩最初是用来表示一则新闻报道的主题，但现在，它主要用来突出主标题没有涵盖的新闻点。在有些报业公司，肩题也被称为字肩。

NUTRITION IN SCHOOLS / HOMEMADE FOOD LOSING OUT

It's media that decides what your child eats

By Our Staff Reporter

CHENNAI, OCT. 13. Children are 'picky' eaters and difficult to please. But there are ways to get around that if parents and teachers apply their mind.

week as schoolteachers, nutritionists and consumer activists debated the nutrition status of children in private and State-funded schools.

Taste, image and a preference for brand names take prec-

quality of drinking water in seven schools was suspect because of the water shortage in the city. Though school curricula stressed natural, healthy food, insufficient funds and indifferent menus led to children refus-

图 1—31　为了在标题中提供更多的信息，《印度教徒报》使用了肩题／字肩。

点制

点制（point）是一种用来表示铅字大小的测量单位。点制是由皮埃尔·富尼埃（Pierre Fournier）于 1837 年设计的，而且，点制在今天仍在沿用，只是稍微做了修改。1 点等于 1/72 英寸或 0.0138 英寸。

点数

点数是字体的高度。

反转

在反转（reverse）排版字体中，字母为白色，而背景则是灰色或黑色（见图 1—26）。今天，我们可以用各种色彩来排版字母；为了使字体突出，我们也可以改变背景的色彩。

反转字肩／副标题

反转字肩/副标题（reverse shoulder/strapline）是在主标题下面写出的标题，其点数要比主标题的点数小。反转字肩或副标题一般用来突出一个新的观点，还可以用来补充说明主标题。在有些报业公司，反转字肩也被称为副标题（见图 1—32）。

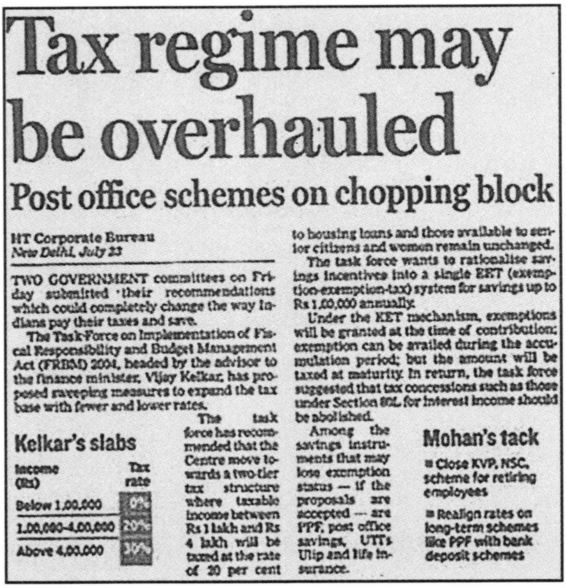

Tax regime may be overhauled

Post office schemes on chopping block

HT Corporate Bureau
New Delhi, July 23

TWO GOVERNMENT committees on Friday submitted their recommendations which could completely change the way Indians pay their taxes and save.

The Task Force on Implementation of Fiscal Responsibility and Budget Management Act (FRBM) 2004, headed by the advisor to the finance minister, Vijay Kelkar, has proposed sweeping measures to expand the tax base with fewer and lower rates.

The task force has recommended that the Centre move towards a two-tier tax structure where taxable income between Rs 1 lakh and Rs 4 lakh will be taxed at the rate of 20 per cent

to housing loans and those available to senior citizens and women remain unchanged.

The task force wants to rationalise savings incentives into a single EET (exemption-exemption-tax) system for savings up to Rs 1,00,000 annually.

Under the EET mechanism, exemptions will be granted at the time of contribution; exemption can be availed during the accumulation period; but the amount will be taxed at maturity. In return, the task force suggested that tax concessions such as those under Section 80L for interest income should be abolished.

Among the savings instruments that may lose exemption status — if the proposals are accepted — are PPF, post office savings, UTI's Ulip and life insurance.

Kelkar's slabs

Income (Rs)	Tax rate
Below 1,00,000	0%
1,00,000-4,00,000	20%
Above 4,00,000	30%

Mohan's tack

- Close KVP, NSC, scheme for retiring employees
- Realign rates on long-term schemes like PPF with bank deposit schemes

图 1—32　一个在《印度斯坦时报》主标题下使用的副标题或反转字肩。

40 罗马字体

罗马字体是线条有粗细之分，具有被称为衬线的细小的装饰笔画的直立字体。研制罗马字体的荣誉要归功于法国人尼古拉斯·让桑（Nicholas Jensen），他于15世纪在意大利工作时研制了罗马字体。

固定标题

固定标题（standing heads）是并非每天都变化的标题。固定标题用作像天气、城市日记等那样的固定信息，也被称为保留标题（stet heads）（见图1—33）。

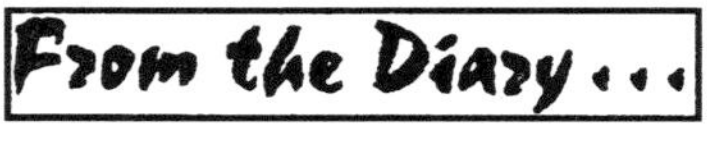

图 1—33　《印度教徒报》使用的一个固定或保留标题“从每日记事开始……”。

小标题

小标题（sub-head）是一种由一两个词语构成的标题，为了打破固定栏千篇一律的字体而安插在段落的最前面。小标题也可以写为信息标题（headline for items），像城市新闻一样串连起来。小标题一般与正文的点数相同，以黑体显示。

大幅广告标题

在一个版面上并排刊登的两个标题具有相同的点数和宽度时，就会产生大幅广告标题（tombstone），它也被称为凸状标题（bumped headline）（见图 1—34）。大多数编辑避免在报纸版面上使用大幅广告标题，因为它们易与周围标题合读在一起。然而，有些报业公司并不在意这一点，它们通过使用不同风格的字体来削弱大幅广告标题的互相影响（见图 1—35）。

图 1—34　《亚洲世纪报》以相同点数和相同数量标题组排列的两个单栏标题。这是一个典型的大幅广告标题事例，我们应该加以避免。

无衬线字体

无衬线字体是一种笔画宽度相同的字体。无衬线字体不以细小的装饰性线条收笔。无衬线字体鲜明的特征，使其适合用于标题。

Indian envoy takes charge

Washington: India's Ambassador to US Ronendra Sen, who arrived in Washington D.C. over the weekend, has formally taken over charge at the Indian embassy. Mr Sen went to the Indian chancery and met with other embassy officials on Monday. His first public

Sudan pushes refugees back

Geneva: Sudanese authorities are forcing traumatised refugees to return to unsafe villages in the troubled Darfur region where they face fresh attacks by Arab militias, the United Nations said on Tuesday. "We have interviewed people in hospital who tell us

图 1—35　为版面提供对比，并分隔开并排刊登在《亚洲世纪报》上的黑体标题和细长体标题。

衬线字体

衬线字体在主要笔画收笔时使用了装饰性线条，以使其更加优美。衬线字体由于提供了连贯性视觉效果而适合用作正文的背景。

章节重点

标题的 6 项作用

1. 为新闻编索引。

2. 凸显新闻价值。

3. 描述报道情绪。

4. 设定报纸语气。

5. 突出版面。

6. 表明特征。

用于凸显新闻价值的工具

1. 标题的宽度。

2. 标题的点数。

3. 标题的字重。

4. 标题的风格。

用于确定栏宽的工具

42

1. 报道的篇幅。

2. 报道的位置。

3. 报道的相对重要性。

如何选择标题的字重

1. 正式报道要使用标准字体，标准字体也被称为罗马字体。

2. 每个非常重要的报道都要使用黑体。

3. 软报道要使用细长体。

4. 在一个版面上，不要使用零散的字重。

描述报道情绪

1. 要使用适当的动词、形容词或副词。

2. 轻松的报道要使用斜体。

3. 重要的报道要使用黑体。

用来确定点数的参数

1. 标题的宽度。

2. 报道的重要性。

3. 报道的相对重要性。

如何确定标题的字体

1. 正式的新闻报道要使用罗马字体或正体。

2. 轻松的报道使用倾斜字体或斜体。

标题如何创建报纸的特征

1. 主流报纸采用保守的点数撰写标题。

2. 小报采用大号、令人吃惊的标题。

3. 激进的报纸使用强烈的动词评论问题。

作为一种设计工具的标题

1. 通过分隔大块正文来突出版面。

2. 通过黑体和细长体版面来提供对比。

标题练习

练习 1

请仔细阅读当天的报纸，根据下列要求选择 5 则新闻报道。

(1) 具有 1 个标题组的单栏标题①。

(2) 具有 2 个标题组的单栏标题。

(3) 具有 3 个或 4 个标题组的单栏标题。

(4) 以斜体撰写的单栏标题。

(5) 以黑体撰写的单栏标题。

仔细检查每个标题，找出标题在报纸版面上所起的作用。然后，使用下列格式列出标题的特征：

(1) 完整地写出标题。

(2) 格式：单栏，2 个标题组/单栏，3 个标题组/单栏，4 个标题组。

(3) 位置：版面的上半部分/版面的下半部分/栏的上方。

(4) 点数：小点数/大点数。

(5) 报道的篇幅：1 个段落/2 个段落/3 个段落/4 个段落/5 个段落或更多的段落。

(6) 字重：细长体/黑体/罗马字体。

(7) 风格：正体/斜体。

(8) 情绪：严肃的情绪/轻松的情绪。

(9) 语气：保守的语气/气愤的语气/轻浮的语气。

---

① 在这个语境下，标题组表示行数。因此，有 3 个标题组的单栏标题就有 3 行。——原书注

练习 2

请仔细阅读上个星期的报纸，找出下列描述报道情绪的标题：

（1）通过词语反映情绪。

（2）通过字体风格反映情绪。

练习 3

请仔细阅读上个星期的大报和小报报纸，找出反映出版物语气的标题。可以使用下列标准来判断出版物的语气：

（1）点数。

（2）词语的选择。

（3）标题的显示。

练习 4

44

请仔细阅读一个星期的报纸，找出用来在版面上提供对比的标题。

练习 5

请仔细阅读上个星期的报纸，根据下列要求选择 8 则新闻报道。

（1）标题横跨 1 栏的 2 则报道。

（2）标题横跨 2 栏的 2 则报道。

（3）标题横跨 3 栏，但只有 1 个标题组的 1 则报道。

（4）标题横跨 3 栏，但有 2 个标题组的 1 则报道。

（5）用作 1 个主要事件的 1 则报道。

使用一个指定的格式，列出每个标题所起的作用。此外，使用每种作用所列出的要点得出结论，给出你的理由。

（1）凸显新闻价值。

　　宽度

　　报道的篇幅

　　报道的位置

　　报道的相对重要性

　　点数

小点数

大点数

字重

罗马字体

黑体

细长体

风格

正体

斜体

（2）描述报道情绪。

词语的使用

字体风格的选择

（3）设定报纸语气。

点数

标题风格

（4）突出版面。

对比：细长体/黑体/斜体

分隔的报道：细长体/黑体

第 2 章

如何撰写标题

标题写作是一项技能，就像其他需要刻苦学习的技能一样。套用一句 *45* 老话来说，标题写作是 99％的汗水加上 1％的灵感的结果。标题写作的最佳方法是按部就班，仔细定义每个参数，减少不确定性，从而获得一个优秀的、精心雕琢的标题。

□ 第 1 步：找出新闻点

标题作者首先必须确定一个支撑报道的新闻点。这并不是一项非常困难的任务，因为 90％的新闻报道都是按照倒金字塔（inverted pyramid）的格式写出来的。在这种格式中，记者在最重要的新闻点之上构建新闻导语。而其余的新闻点，则按照重要性降序排列。因此，标题作者不必为撰写标题而深入挖掘。在 10 则报道中，有 9 个新闻点就出现在导语段落本身。

下面给出的两个导语，就是构建在新闻点之上的导语。第一个导语突出了一起人们担心有 20 人被淹死的翻船悲剧；而第二个导语则讲述了印巴外长之间举行的一次会谈。

第二个导语提供了两个新闻点，标题可以根据这两个新闻点来撰写。第一个新闻点直截了当，宣布两国外长举行会谈；第二个新闻点突出了会谈很可能出现的问题。针对这个导语，两个标题中比较好的是第二个标题，因为它告知读者在会谈中很可能发生的情况。

导语 1

江布尔（JAUNPUR）（印度联合新闻社）：今天早晨，一艘运送信徒的船只在金德沃格（Chandwak）警察的围追下，于戈默蒂河（Gomti）翻船，人们担心至少有 20 人被淹死。

标题：

北方邦（UP①）船难恐造成 20 人丧生

导语 2

46　伊斯兰堡（ISLAMABAD）（印度亚洲新闻社）：印度外长 K·纳特瓦尔·辛格（K. Natwar Singh）和巴基斯坦外长胡尔希德·迈赫穆德·卡苏里（Khurshid Mehmood Kasuri）星期三将在此举行会谈，讨论包括克什米尔问题在内的双边和平进程。

标题：

纳特瓦尔·辛格、卡苏里星期三举行会谈

印巴外长星期三举行会谈

纳特瓦尔、卡苏里讨论克什米尔、双边问题

然而，有些报道，尤其是特稿或分析性报道，新闻点可能深藏在报道之中。在这种情况下，标题作者必须仔细阅读报道，找出新闻点。

□ 第 2 步：确定表现方式

新闻标题的表现方式取决于下列 3 个因素：

（1）重要性

（2）与版面其他报道相比的相对重要性

（3）篇幅

前两个因素交织在一起，由标题作者作出评估。例如，有这样一则报

---

① Uttar Pradesh 的缩写。

道，在勒克瑙（Lucknow）翻船事件中，有20人丧生。一张勒克瑙出版的报纸肯定会刊登这则报道，并作为当天的主要报道，因为它是当地的一起悲剧事件。然而，这则报道可能不会成为一张新德里出版的报纸的主要报道，因为也许还有其他全国性事件竞争主要报道的版面。但是，由于勒克瑙是这个邦①的首府，这则报道也可能在头版以多栏方式出现。

然而，一张钦奈出版的报纸就不会像勒克瑙或德里报纸那样优先考虑刊载这起悲剧事件。该报最多只会将这则报道作为一个单栏报道刊登出来。甚至这个单栏报道的表现方式，也要取决于版面上这则勒克瑙报道与其他报道相比较之下的重要性。

让我们假设发生翻船事件的当天，正值北方邦政府被解散。那么，这起翻船事件还会作为一则主要报道出现在勒克瑙报纸上面吗？不会。主要报道将会是北方邦政府被解散，因为其影响更为重大。这则翻船报道也许会在其头版比较靠下的位置上，以多栏方式出现。德里的报纸则会把这则翻船报道缩减为一个单栏报道，而钦奈的报纸则会把这则报道推至内页版上。这就是所谓根据新闻报道的相对重要性来决定报道的表现方式。

在确定表现方式的过程中，标题作者不能够忽视报道的篇幅。如果一张德里报纸驻勒克瑙记者站对这起翻船悲剧事件只提交两段内容，这张德里报纸就不会为这则报道提供一个多栏的表现方式。这则报道只能以单栏表现方式刊登出来，因为它缺少扩展为2栏、3栏或4栏的足够细节。因此，撰写标题的第二个步骤是要确定标题的表现方式——报道所横跨的栏数。

□ 第3步：确定点数和风格

标题的点数和风格取决于下列3个因素：

（1）栏宽

（2）设计的需要

（3）报道的性质

显而易见，小点数一般被用于撰写单栏标题，大点数被用于撰写多栏

47

---

① 指北方邦。

标题。最大的点数则用于主要报道的标题。

有时，大点数也可被用于单栏标题，尤其当报道刊登在版面的上方时。这种标题一般是出于设计的需要，使整个版面看上去舒服一些。

字体风格（typestyle）取决于报道的性质。黑体被用于硬新闻的标题，而细长体或斜体则被用于非常规的报道。

美术编辑与主编共同商量标题的字体或字样。这样会确保标题点数及字体的一致性，优秀的报业公司坚持要求新闻部忠实地遵循这一指导方针。

这种标题风格指南（见图2—1）的重要性怎么强调也不为过。尤其在当今的工作环境下，我们可以通过桌面印刷使用大量字体、点数和字体风格来撰写标题。同时还可能出现调整标题字距，拉开或挤压标题。这些变化破坏了新闻版面的统一性，在任何优秀的编辑部都必须禁止。

Headline style guide	
Type face	Times New Roman
Type style	Roman, Bold, Italics
Point sizes	
Single column	14, 16, 18
Double column	28, 32, 36
Three columns and above: Single line	32, 36, 40
Three columns and above: Double line	32
Lead	48
Anchor	36
Shoulder/Kicker	14
Reverse shoulder/Strapline	20

图2—1　标题风格的样图

48　　　根据报道的重要性和报栏的表现形式，标题作者要选择某个点数和风格，具体由美术编辑来设计。

□ 第4步：确定标题组或标题行的数量

标题作者在撰写标题和确定标题组的数量之前，还需要考虑一些因素。标题组或标题行的数量主要取决于两个因素：（1）报道的篇幅；（2）设计的需要。

　　报业公司一般不赞成用一种多层表现方式表示 3 栏及 3 栏以上报道的标题，因为对于一则 4 栏报道来说，双层标题就显得过于沉重。在一个 5 栏或 5 栏以上报道中，这种表现方式肯定不会好看。这就是双栏表现方式广泛用于双层标题，且很少超过这个栏数的原因。

　　单栏的标准做法是，只要报道不是很短，就使用 3 层标题组。只有在报道非常重要或标题被用作一种设计工具时，才使用 4 层标题组。

□ 第 5 步：找出关键词

　　传统的新闻导语围绕着 5 个 "W"[①] 和 1 个 "H"[②] 构建起来。由于标题无法全部使用这 6 个因素——也没有足够的篇幅这样做——标题使用最重要的 W 来表达报道的精髓。这些被选择的 "W" 被称为关键词，一般包括一个主语和主语所采取的动作，主语用名词来表示，而这些动作则由动词或动词词组表示出来。为了增加标题的价值，其他词性的词语也被引入。

　　让我们找出下列导语的关键词：

　　勒克瑙（印度亚洲新闻社）：虽然听起来让人无法相信，但是，成百上千的北方邦的男人却一直是只需花上 5 000 卢比，就可以随意买个媳妇回家。而北方邦南部贾劳恩（Jalaun）地区的男人比马哈拉施特拉邦（Maharashtra）那格浦尔（Nagpur）的男人好不到哪儿去，在那格浦尔，贫困交加的父母为点钱，就愿意把女儿拱手相让。

　　在上面导语中，5 个 W 和 1 个 H 是：

　　谁：北方邦的男人

　　什么：买媳妇

　　何地：那格浦尔

　　如何：支付 5 000 卢比

　　何时：随时

---

①　也称新闻五要素（who、what、where、when、why）。

②　指 how。

为什么：容易

因此，这则报道的关键词是：

北方邦的男人

买媳妇

那格浦尔

支付 5 000 卢比

随时

容易

□ 第 6 步：写出第一个标题

找出了关键词后，标题作者就需要确定哪些 W 是最重要的关键词。第一个 W 显然是谁（who）；没有这个 W，标题就是不完整的。因此，在上面的事例中，用作标题的第一个关键词，是"北方邦的男人"。第二个 W，是他们干什么。这个 W 的答案耸人听闻：他们买媳妇。因此，下一个关键词是"买媳妇"。第三个 W 给出买媳妇的城市名称——"那格浦尔"。第四个重要的 W 是价格。这些 W 归纳了主要信息。如果按照前 4 个 W 进行调整，这个标题就会是：

北方邦的男人从那格浦尔买媳妇花 5 000 卢比

□ 第 7 步：推敲标题

在写出粗略的标题后，应该第一个优先考虑的是，修改标题的句法或句子结构。在这个标题中，媳妇的价格出现在结尾处；它应该移到前面，放在名词"媳妇"旁边。

北方邦的男人从那格浦尔花 5 000 卢比买媳妇

名词"男人"太含糊，它应该变成一个具体的名词。既然报道是谈论婚姻的价格，因此，我们可以用"新郎官"或"光棍"来代替"男人"。

北方邦的新郎官从那格浦尔花 5 000 卢比买媳妇

北方邦的光棍从那格浦尔花 5 000 卢比买媳妇

□ 多重新闻点导语标题

当新闻导语由多个新闻点组成时，撰写标题就会出现困难。在下列由德新社（DPA）① 从新加坡发出的报道中，存在 2 个主要新闻点。第一个主要新闻点是，一名新加坡雇主没有支付 40 名印度工人 3～6 个月的工资；第二个主要新闻点是印度工人的反应——他们要求新加坡公司为他们上班提供食物，直至雇主偿还他们应得的工资。两个新闻点都很重要。

□ 新闻导语

新加坡（德新社）：据星期一新闻报道称，40 名来自印度的外国工人要求得到 6 个月未被支付的工资，他们四处上门寻找工作以换取食物。这些工人睡在一个破烂不堪的店铺里，在没有得到属于他们的钱的情况下，他们拒绝返乡回家。

在这个导语中，5 个 W 和 1 个 H 是：

谁：40 名印度工人

什么：为食物而寻找工作

何地：新加坡

何时：不明

为什么：6 个月拿不到工资

如何：上门寻找

因此，这则报道的关键词是：

40 名印度工人

新加坡公司

6 个月没有工资

为食物而工作

---

① DPA 全称为 Deutsche Presse Agentur。德新社是德国最大的新闻社，总部设在汉堡。

这个标题可以是：

40 名印度工人在新加坡 6 个月拿不到工资

或者

40 名印度工人在新加坡为食物而寻找工作

抑或作者可以将两个新闻点合并起来，写出一个标题。

40 名印度工人由于雇主拒绝支付工资，在新加坡为食物而寻找工作

第二个标题比较好地抓住了这则报道的主要新闻点。然而，使用第二个标题，需要使用多栏或多层标题组的表现方式，会占用比较多的篇幅。这并非总是可以行得通的，因为多栏表现方式与诸如报道的重要性和深度以及版面设计等因素有关。

□ 标题计数：一个现时的多余步骤

在桌面印刷时代以前，标题写作的第一步是掌握标题计数系统。与今天不同的是，标题计数系统不可能对标题进行字距调整或挤压标题。字体由金属制成，并安装在木块上面，然后被放在金属框里，如果标题超出了栏宽，字体的金属框就没有多余的空间挤压多余的字母。甚至对于仅有一个多余字母的标题，也必须重新撰写和排版。由于标题必须要重排，因此，这个过程相当浪费时间——没有哪个排版工头喜欢这项工作。

所以，在将标题送交排印之前，新闻部被要求数出标题的字母数。这种计数基于简单的逻辑。像"a"或"c"这种占有相同篇幅的字母，被计为一个字母；像"w"和"m"这种相对占有较多篇幅的字母；则被计为一个半字母；小字母"i"或"I"被计为半个字母。对于全大写排印的标题，还存在一种不同的计数方法；因此，大写字母"W"和"M"就被分别计为 2 个字母。对于标点符号和词语之间的篇幅也有一种计数方法。

标题计数的关键，是要使所有的新闻部都能够让标题作者知道，以不同点数排印的单栏能够容纳多少字母数。据此，标题作者就能够计算出多栏标题的字母数。如果标题超出了哪怕是 1 点，也会被退掉。助理编辑不

得不重新撰写标题。这项规定使标题写作成为一项了不起的技能。

　　遗憾的是，桌面印刷系统彻底消除了这一伟大的实践。现在，助理编辑撰写标题，将计数工作留给了计算机。如果标题比较长，标题作者就要设法进行删节，如删掉词语或挤压字母，剩下的工作就由计算机来做了。早期时代标题写作的思想已经一去不复返了。经过反复试验，现在适合一栏的标题越来越多。作为一名既经历过热金属时代，现在又在桌面印刷时代从事新闻出版工作的编辑人员，即使在今天，我也会毫不犹豫地提倡讲授标题计数系统。标题计数系统仍然是一种非常有用的工具，应该教给所有年轻的新闻工作者，无论他们是在新闻学校学习，还是在编辑部工作。

　　我们有两种不同的计数系统；一种计数系统是以大小写字母格式来撰写标题，另一种计数系统是以全大写字母格式来撰写标题。图 2—2 给出了两种格式的计数系统。

Upper-lower system	
Letters	Count
1. All lowercase letters with exception of seven letters	1
2. i, j, f, t, l	0.5
3. m, w	1.5
4. All capital letters with the exception of two letters	1.5
5. M, W	2
6. Numerals	1
7. Space between words	1
8. Punctuation marks with two exceptions	0.5
9. ? and !	1
All capitals headline	
Letters	Count
1. All letters with the exception of two	1
2. M, W	1.5
3. Numerals	1
4. Space between words	1
5. Punctuation marks with two exceptions	0.5
6. ? and !	1

图 2—2　给出每个字符的计数的标题计数指南

章节重点

撰写标题的 7 个步骤

1. 找出新闻点。

2. 确定表现方式。

3. 确定点数和风格。

4. 确定标题组的数量。

5. 找出关键词。

6. 写出第一个标题。

7. 推敲标题。

如何确定表现方式

1. 评价新闻报道的重要性。

2. 评价新闻报道的相对重要性。

3. 核实报道的篇幅。

如何确定标题组的数量

1. 核实报道的篇幅。

2. 长篇报道要使用多重标题组。

3. 根据设计需要来提供对比和平衡。

在哪里可以找到新闻点

1. 在新闻报道导语段落，以倒金字塔格式撰写的新闻点。

2. 在分析类特稿或描述性报道中撰写的新闻点。

如何确定点数和风格

1. 根据栏宽，选择报道的表现方式。

2. 根据设计需要来提供对比和平衡。

3. 要表现报道的性质，尤其是软报道或非常规报道。

如何找出关键词

1. 列出 5 个 W 和 1 个 H。

2. 在 5 个 W 和 1 个 H 中，确定哪些关联更大。

3. 选择主语。

4. 选择最重要的动作。

5. 围绕主语和采取的动作，构拟标题。

标题练习 53

我们在下面列出了印度联合新闻社和印度报业托拉斯提交的 10 个新闻报道。请使用本章罗列的 7 个步骤并依据下面给出的事例，写出每个新闻报道的标题。第 8 个步骤——标题计数——也许是多余的步骤，但是，它却是本练习必不可少的组成部分。在写出标题后，请数出字符的数量，确保标题符合要求。我们在第一个练习中，给出了字体、栏宽和标题计数。请仔细遵循这些指示，按照下面蒂鲁吉拉伯利（Tiruchirappali）报道所做的那样，以相同的方式来撰写标题。

虽然教师欢迎对点数或栏宽做出改动，但他们还是坚持标题计数的必要性。这种做法有助于学生学习按照报纸给定的篇幅来撰写标题。

蒂鲁吉拉伯利（印度联合新闻社）：昨晚，一名 41 岁男子在"九曜神像"（navagraha sannidhi）附近自杀身亡，该神像位于蒂鲁文纳戈伊尔（Tiruvanaikoil）具有历史影响的斯里贾马布斯瓦拉-阿希兰德斯瓦里神庙（Sri Jambukeswara-Akhilandeswari Temple）。

警察说，这名男子叫贾马布林格姆（Jambulingam），是神庙的一名雇工，过去在神庙群内承包销售小型陶制的烛台。

据说，他在今年拍卖过程中失掉了承包权。

他为此痛不欲生，无法承受高筑的债务，于是，他在神庙的房梁上上吊自杀了。

标题参数

点数：16 点

字形：大小写字体

每栏字符数：18 个

栏宽：1 个

标题组的数量：3 个

第 1 步

找出新闻点。

男子在特里奇的神庙（Trichy)① 上吊自杀

第 2 步

确定表现方式。

单栏

第 3 步

确定点数和风格。

16 点大小写字体

第 4 步

确定标题组的数量。

3 个

第 5 步

找出关键词。

---

　　① 特里奇（Trichy），蒂鲁吉拉伯利的俗称，是泰米尔纳德邦的第 4 大城市，位于泰米尔纳德邦的中部，分布于高韦里河（Cauvery River）两岸。该城市的标志是坐落于 83 米高巨大裸露岩块上的岩堡神庙（Rockfort Temple），故该城市又称岩石城。其中，该城市最具影响的庙宇就是原著提到的斯里贾马布斯瓦拉-阿希德斯瓦里神庙。

谁：承包商

什么：自杀

何地：特里奇的神庙

何时：昨天

为什么：失掉承包权

如何：上吊

标题草稿

承包商　　　　　15.5 点

在特里奇的神庙　　　12.5 点

上吊自杀　　　8.5 点

标题按照点数和新闻报道确定的表现方式，传达了主要新闻点。然而，第二层标题组的点数要比第一层标题组的点数小得多；存在挤压较多词语的空间。第三层标题组同样能够调整比较多的字符。

为了给出自杀的理由，应该修改标题。这个增加的描写使标题比较完整；另外，它也使得这个三层标题组更加丰满，对于任何优秀的标题来说，这都是一项重要的设计需要。

修改/推敲的标题

男人失掉了承包权　　　17.5 点

在特里奇的神庙　　　　15 点

上吊自杀　　　14 点

练习 1

莫拉达巴德（MORADABAD）（印度联合新闻社）：北方邦警察特别行动小组（Special Operation Group，SOG）的侦探们在逮捕一位警长的儿子时，查封了 10 千克价值 50 万卢比的鸦片。

今天，特别行动小组的消息灵通人士在这里指出，侦探昨晚在靠近福瓦拉—乔恩克（Fawwara Chowk）的地方拦截了一辆摩托车。在搜查过程中，警察从两人身上搜出了 10 千克鸦片。

警察随即拘捕了这两个人。其中，一个人被确认是拉杰什（Rajesh），化名为巴拉特（Bharat），他是一位警长的儿子。

标题参数

点数：16 点

字形：大小写字体

每栏字符数：18 个

栏宽：1 个

标题组数：3 个

第 1 步

找出新闻点

第 2 步

确定表现方式

第 3 步

确定点数

第 4 步

确定标题组的数量

第 5 步

找出关键词

谁：

什么：

何地：

何时：

为什么：

如何：

第6步

拟出第一个标题   计数

第7步

推敲标题

练习2

巴雷利（BAREILLY）（印度联合新闻社）：昨夜，北方邦地区一个青少年管教所的9名同室少年犯在袭击看守和警卫后逃跑。

一位高级警司指出，据坐落于兰浦尔—加登（Rampur Garden）地区的这所青少年管教所的看守说，他让这些少年犯吃完饭，然后锁上了他们的房间。后来，同室的一名少年犯叫警卫，当警卫打开门时，另一名少年犯持刀向他发起攻击，并夺走钥匙。

9名少年犯随后打开几道门逃走。

练习3

新德里（印度联合新闻社）：翠鸟航空公司（Kingfisher）准备与总部设在班加罗尔的酒业巨头维贾伊·马尔雅（Vijay Mallya）一起飞翔，后者准备在今年年底将一家低成本运输公司投入运营。

维贾伊·马尔雅的UB[①]集团已经作为一个具有经营许可的不定期运营者涉足航空业。在未来一个星期，UB集团还将提交在全印度范围内定期运营的申请。

"我们正在评估将投入使用的飞机型号，但我们的申请中申购的是具有150～179个乘客座位的A-320型空中客车，"马尔雅先生说。

---

① 联合酿酒集团（United Breweries Group，UB）。翠鸟航空公司（Kingfisher Airlines）是联合酿酒集团的一家子公司。

56　　**练习 4**

　　甘吉布勒姆（KANCHEEPURAM）（印度联合新闻社）：今天凌晨，在靠近斯克里伯鲁布德工业园（Sriperumbudur）的钦奈—班加罗尔国家级高速公路上，一辆私人巴士与一辆卡车迎面相撞。在这起交通惨案中，包括 1 名妇女在内的 6 人被烧死，21 人受重伤。

　　警察说，两辆汽车在相撞后起火。包括这名妇女在内的 3 人当场死亡，另外 3 人在被迅速送往钦奈契勒鲍克（Kilpauk）医学院附属医院后死亡。

练习 5

　　巴雷利（印度联合新闻社）：一名巡警和两名治安官申诉说，他们去北方邦地区的平浦尔（Bhimpur）村捉拿酒贩子时，遭到那里的村民殴打，他们的武器也被村民夺走。

　　警方说，这起事件发生在昨晚 23 点左右，一支由巡警率领的警察部队为了抓住非法酒贩子，搜捕了村庄的各个地方。

　　后来，经验丰富的警官冲入现场，把受伤的警察送往阿温拉（Aonla）地区的一所公共卫生中心救治。被村民夺走的武器也被重新收缴回来。在过去 5 天里，这个地区大约有 20 人因饮用私自酿造的酒死亡。

练习 6

　　新德里（印度联合新闻社）：欧盟在提出与印度建立战略伙伴关系后发表声明，欧盟渴望将欧盟与印度的双边关系发展到像欧盟与中国的关系的水平上。

　　"我们的愿望是要发展欧盟与印度的关系，甚至要高于欧盟与中国的关系，"欧盟驻印度使节、欧盟代表团团长弗朗西斯科·达科斯塔·戈麦斯（Francisco da Camara Gomes）先生说。

　　在上星期的一次沟通中，欧盟代表团提议发展欧盟与印度的战略伙伴关系。然而，戈麦斯先生指出，欧盟的目标远非就此止步，还要把印度与欧盟的关系提升到一个更高的水平上。

练习7

新德里（印度联合新闻社）：具有新型别致款式、流线型外表的汽车，几乎每年都为轿车购买者提供了更多的选择，随着越来越多来自上流社会阶层的人们正在拒绝旧车，偏爱完美的新车，二手轿车市场也开始壮大起来。

上流社会阶层拒绝旧车，使得二手轿车进入了中产或中低产阶层家庭。廉价的二手轿车对于这些家庭来说，也是一种不错的选择，他们能够用 10 万卢比的低价格买到一辆用过两三年的马鲁蒂牌 800 型（Maruti 800）轿车，或一辆赞牌（Zen）轿车，或一辆桑特罗牌（Santro）轿车，或一辆印度制造、车况几乎"与新车一样好"的轿车。

二手轿车的需求不仅只是小型轿车，也包括大型轿车，因为那些负担得起小型轿车价格的人们，更愿意购买一辆车况不错的大型轿车，享受以支付小型轿车的同样价格来增加舒适感的乐趣，或只是为了用这些豪华的物体作为阶层的符号。

练习8

57

巴特那（PATNA）（印度亚洲新闻社）：一只罕见的淡水恒河河豚落入渔网，渔民营救了这只河豚以后，在比哈尔邦（Bihar）将其放回恒河。

印度动物学研究所（Zoological Survey of India）[1] 负责人戈帕尔·夏尔玛（Gopal Sharma）说，这只重 10 千克的河豚，在这里的恒河和根德格河（Gandak）交汇处被放生。

在恒河比哈尔邦段，生活着大量这种河豚物种。

河豚主要在夏季被捕获，它们聚集在恒河与根德格河交汇处寻找食物。

练习9

贡伯戈讷姆（KUMBAKONAM）（印度报业托拉斯）：泰米尔纳德邦贡伯戈讷姆为期 10 天的马哈马汉姆节（Mahamaham festival）盛大结束，

---

① 印度动物学研究所是印度环境与森林部下设的动物学与植物学研究机构。印度物种丰富，政府也历来重视基础性研究和基础性资料的收集工作。

在星期六，来自全印度各地的大约 20 万名信徒在著名的马哈马汉姆池（Mahamaham tank）和契克拉斯尔萨姆河（Chkratheertham）神圣沐浴，举行特殊礼拜，祈求湿婆神和毗湿奴神的庇护。

警察说，从 2 月 26 日马哈马汉姆节的第一天起，信徒们就开始涌向马哈马汉姆池，为完成祈祷和进行神圣沐浴，每次只允许 30 000 人进入池中沐浴，每次沐浴时间为 5 分钟。

练习 10

巴特那（印度亚洲新闻社）：遵照当地政府从今年执行的一项禁令，比哈尔镇的一座神庙在杜尔加神祭典（Durga Puja）① 中将不再提供传统习俗的动物祭祀，此举几百年来还是第一次。

在地方行政官颁布一项禁止宰杀动物命令之后，芒杰（Munger）的沙克蒂皮斯—马昌迪克（Shaktipeeth Maa Chandika）神庙的祭司们决定不再遵守古老的习俗。

"不再向女神提供祭祀，这还是第一次，"神庙的祭司说。每年，这座神庙在杜尔加神祭典上要祭祀几百头动物。

---

① 杜尔加神祭典，印度三大祭典之一，于每年 10 月举行。杜尔加神是印度教所有女神中最重要的一位神祇，女神像身材非常高大，且有十只手臂，手持各种武器，斩杀一个半人半兽的魔怪。在祭典的最后一天，印度教信徒会将女神像沉入达摩达河。

第 3 章

标题种类—I

☐ 标签性标题

缺少动词的标题通常被称为标签性标题。这类标题并不会表达主语所采取的动作，相反的，标签性标题本身只会限定于主语。让我们看一看下面两个标签性标题。

卡纳塔克邦公路运输公司的运费

汽车销售

上面两个标题并没有言明主语所采取的动作。读者需要仔细阅读报道，才能了解是不是卡纳塔克邦公路运输公司运费提高或汽车销售有所下滑。

一般来说，标签性标题用在限制标题作者使用篇幅的报道中，如头版简讯或城市简讯（见图 3—1）。这些标题是不完整的标题，起着一种非常漫不经心的作用。它们在用于硬新闻报道时，易被人们轻视（见图 3—2）。然而，标题作者在时间紧迫的情况下，还是

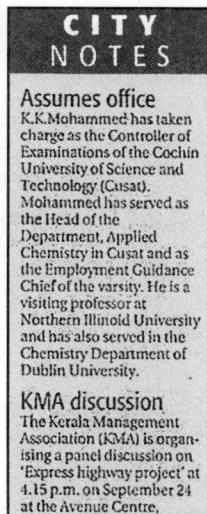

CITY NOTES

Assumes office
K.K.Mohammed has taken charge as the Controller of Examinations of the Cochin University of Science and Technology (Cusat). Mohammed has served as the Head of the Department, Applied Chemistry in Cusat and as the Employment Guidance Chief of the varsity. He is a visiting professor at Northern Illinoid University and has also served in the Chemistry Department of Dublin University.

KMA discussion
The Kerala Management Association (KMA) is organising a panel discussion on 'Express highway project' at 4.15 p.m. on September 24 at the Avenue Centre,

图 3—1　用于城市简讯新闻报道所撰写的标签性标题。

可以草草撰写出标签性标题，并刊印版面。

Writers, theatre artistes for Kannada movies

图 3—2　《亚洲世纪报》一则硬新闻报道使用的标签性标题。

我们还可以在出版的广告增刊中，找到宣传公司或商业活动的标签性标题。这是因为营销团队通常并不熟悉标题写作的方法。

□ 描述性标题

最具有影响力的标题是描述性标题，在印度，这种标题写作流派的倡导者应该归功于《亚洲世纪报》。最初，描述性标题受到人们的质疑，但是，大多数报纸逐渐开始转向描述性标题。这些描述性标题超越了简单的名词和动词，它们生动地捕捉到了报道的本质。我们下面讨论描述性标题的一些特征：

捕捉报道的本质

在泰姬陵走廊（Taj Corridor）骗局①中，印度最高法院于 2003 年命令中央调查局对 4 名政府官员进行调查。这项命令是根据调查机构提交的初步报告做出的，并没有透露这些官员的姓名。《印度教徒报》刊登了一个直白而传统的标题：

最高法院指示中央调查局调查泰姬陵走廊骗局

---

①　泰姬陵走廊骗局，即泰姬陵遗产走廊案（Taj Heritage Corridor Case），是发生在 2002—2003 年的一起骗局，北方邦首席女部长玛雅瓦蒂（Sushri Mayawati）因遭到指控而辞职。其间，北方邦政府为提高泰姬陵所在地阿格拉城旅游收益，决定斥资改善泰姬陵的周边旅游环境，邦政府通过的"遗产走廊"项目在印度旅游界和考古界引起强烈反响。该项目预算为 175 亿卢比（约合 4 400 万美元），将填埋泰姬陵和阿格拉古堡两大世界遗产之间的河道，在河道之上兴建一条步行街，配备商店、饭店和其他旅游设施。印度最高法院对北方邦首席女部长及其高官进行正式调查，罪名是未经联邦政府批准而准许开发该项目，这一行为不但违反了《古迹保护法》，而且，几名高官也被怀疑在开发项目中收受贿赂。

这个标题完成了最漫不经心的任务。它告知读者，最高法院给中央调查局下达了一项命令。为了了解这项命令的内容或调查产生的影响，读者需要仔细阅读报道。

新德里电视有限公司网站进一步表现了这个功能。它通过阐述的方式来充实标题：

调查与泰姬陵走廊骗局有关的北方邦官员：最高法院

《印度时报》在捕捉最高法院指令的本质时写道：

最高法院指示中央调查局：用刺网抓捕造成泰姬陵混乱的大鱼

《印度快报》标题表现出类似的情绪。《印度快报》通过表达最高法院 60
希望中央调查局迅速完成这项调查工作，同样强调了最高法院指令的紧
迫性。

最高法院指示中央调查局深入调查泰姬陵的"重要人物"，迅速恢复正常局面

额外的描述增加了标题的价值。像电视观众一样，读者立刻抓住了报道的主要新闻点。他们也许马上选择仔细阅读报道，而不单单停留在标题实现的第一个目标：表达报道的主要新闻点。

提供额外的信息

逃亡者为使法律失去效力，常采取各种别出心裁的方法。这类的一个报道讲述，一名印度人为了避免从德国引渡回来，吞食了一把刀。人们就下列报道写出了3个标题：

新德里：阿玛伦达·纳思·古什（Amarendra Nath Ghosh）卷入了一起银行诈骗案，面临被中央调查局引渡回印度的结局，他为了拖延不可避免的调查，孤注一掷地在德国吞食了一把刀。

（第3段）然而，中央调查局在打算派工作小组去德国把他带回国时，从德国政府得到一条紧急的消息，请求受理此案的工作小组停止调查，因为"古什吞食了一把8厘米长的刀，身体受到严重伤害"。

标题1：逃亡者为避免引渡，吞食一把刀

标题2：印度人为避免引渡，吞食一把刀

标题 3：印度人为避免引渡，吞食一把 8 厘米长的刀

标题 1 谈及一名流亡者，他可能是某个国家的公民。标题 2 通过使用具体词汇"印度人"，消除了这种模棱两可的词语。这个标题在印度会引起相对较多的关注，因为涉及了印度本国人。标题 3 增加了一个重要的事实——刀的长度。这个标题立刻具有了戏剧性和描述性，标题也比较完整。

这是任何优秀标题都应该具有的第二个重要属性。它应该深入挖掘报道，找出令人饶有兴致的价值。

消除模棱两可的语言

最优秀的描述性标题是那些使用熟悉和具体的词语的标题。熟悉和具体的词语通过突出事实和使用读者能够理解或产生联系的词语，引起读者的兴致。

英语新近增加的一个词语是"公路暴力"（road rage）。这个词语用来描述郁闷压抑和怒不可遏的驾车者所犯下的暴力行为，经常是借故生端。一起在德里引发的暴力事件中，牵扯了一名俄罗斯人和一对印度夫妇。据报道，一个星期天，这名俄罗斯人的轿车在德里主要外交使馆区查纳基亚布里区（Chanakyapuri）① 附近，撞到一位商人的轿车。据称，这名俄罗斯人随即跳出轿车，愤怒地用铁棒打碎这位商人的汽车玻璃。当商人设法制止时，他和他的妻子遭到这名俄罗斯人的殴打。

标题做出一个简单的事实表述：

俄罗斯人在德里卷入公路暴力

上述标题没有错误，但是，它太平淡无奇了，缺乏对事件的描述。只用了一个宽泛的词语"公路暴力"来描述事件。读者只有阅读报道，才能了解所发生的事件。是激烈的争吵、拥挤的车辆、小打小闹，还是身体暴力呢？

标题作者在下面修改后的标题中描述了发生的事件，活跃了标题。

---

① 查纳基亚布里区为新德里一区。外国驻印使领馆、机构多设于此。

德里公路暴力：俄罗斯人殴打印度夫妇、打砸汽车

另一则标题作者没有做适当处理的报道，是一则印度联合新闻社播发、从迪拜转载过来的报道。这则报道的前3个段落如下所示：

迪拜（印度联合新闻社）：过度狂热的沙特政府设法推行沙特化命令，把背井离乡的印度工人的头发剃光，这种羞辱性和丧失体面的待遇，已经受到沙特阿拉伯王国媒体的谴责。

总部设在吉达（Jeddah）①、颇具影响力的报纸《阿拉伯新闻报》（*Arab News*）将旅行社遭到突然袭击后，售票员被剃光头发的过程，描述为"因为此事发生在沙特阿拉伯——伊斯兰教（全部人权的保护者）的诞生地而感到震惊和悲哀"。

该报在星期四的社论中指出，推行沙特化规则是一回事；沙特化是法律，而法律不得被忽视。然而，强行把售票员拖出来，将其头发剃光，就是另外一回事了。

标题作者喜欢用广义词语"受辱"来表达印度工人的遭遇：

印度工人在沙特阿拉伯受辱

但是，这个标题并没有突出印度工人被强行拖出，或被施暴力剃光头发的事实，修改的标题如下所示：

沙特阿拉伯人强行拖出印度工人，剃光他们的头发

增加戏剧性和风格性

描述性标题的另一个重要特征，是使用形容词和副词修饰讯息，并增加其趣味性。然而，这需要高超的技能，因为不必要地或过分使用形容词或副词，会使标题看上去显得不够专业。 *62*

让我们以如火如荼的母牛禁宰运动为例。几个月以来，全印度到处都在宣传有关禁宰母牛的好处；而食用牛肉的人则同样开诚布公地提出了他们的观点。2003年，这项法令进入表决阶段，双方的较量达到了白热化阶段。可是，在这项法令得以生效前，当时的全国民主联盟政府宣布禁宰母

---

① 也拼作 Jedda。

牛的法令暂予搁置。

下面这则刊登在《印度快报》上的导语非常好地抓住了报道的实质。

新德里：为使这项禁宰母牛的争议性法令在全国范围内无效，义愤填膺的全国民主联盟成员及其支持者在星期四向政府施加压力。但是，人民党热切盼望在议会选举之前推行此项法令，事实上，人民党并没有把这个已经发生的讯息放在心上：一项禁宰母牛法令的提议正在遭到其他党派的反对。

有趣的是，要注意标题作者捕捉报道戏剧性的方式。这则报道有 4 个标题值得一提，它们分别是：

直截了当的标题：政府推迟实施禁宰母牛的法令
评论性的标题：支持者迫使政府推迟实施禁宰母牛的法令
巧妙转换措辞的标题：支持者使人民党在母牛问题上做出让步
评论性加描述性的标题：哼着鼻子讲话的支持者迫使政府对母牛法令加以约束

前两个标题是功能性标题，而后面两个标题则反映了标题作者的创造性。"哼着鼻子讲话的"和"约束"的使用尤为值得称赞。

需要更多的篇幅

描述性标题唯一的负面特征就是需要较多的篇幅，因为这类标题使用了额外的词语。这类标题也许不太可能总出现在篇幅比较紧张的报纸上。标题作者在撰写描述性标题时需要仔细选择词语，否则，就需要使用标题支撑了（参见第 5 章）。

□ 给连续报道加标题

在为连续报道撰写标题时，我们必须牢记以下两点：

关注最新的进展

关注最新的进展将会引发读者的好奇与兴趣。试图勾起读者回忆的标题，比如发生在昨天的事件，是在浪费篇幅和读者的时间。标题作者必须关注当天事件的进展。

一个与这项原则相去甚远的标题，是撰写铁路工程师及其兄弟在克什 *63* 米尔遇害的报道标题。自从绑架发生以来，这则报道吸引了全印度读者的注意力。然而，在兄弟二人的尸体被发现后，标题作者在标题中却仍选择强调绑架，而不是强调遇害。

普勒瓦玛（PULWAMA）：武装犯罪嫌疑人第一次把目标锁定卡齐贡德-巴拉姆拉（Qazigund-Baramulla）的铁路项目，在关押一名铁路工程师及其 18 岁的兄弟两天后，于星期五将他们杀害。

使用的标题：

印度铁道建筑公司工程师及其兄弟遭绑架遇害

显而易见，这个标题关注的内容是错误的。事件的进展是发现了两人的尸体。比较合适的标题应该是：

武装犯罪嫌疑人杀害被绑架的印度铁道建筑公司工程师及其兄弟

或者

人们发现被绑架的铁路工程师及其兄弟的尸体

用一个词语或词组作为一种连接线索

连续报道的标题需要一个连接线索。这种线索可以是任何最能表现报道的词语或词组。举例来说，共用高韦里河（Cauvery）的水资源，已经成为卡纳塔克邦（Karnataka）和泰米尔纳德邦的一个主要争端。这个争端总是围绕泰米尔纳德邦每年 7 月要求共用高韦里河的水资源而大动肝火，而卡纳塔克邦以这条河并没有充足的水资源为由，不愿意这么做。

报纸上出现了对两邦政府领导人所做出的声明、站在中立立场的专家所做出的勘察、诉诸总理以求解决争端，甚至两邦为保护各自的权益向最高法院提交的诉讼等引起一阵骚动的报道。因此，比较有意义的做法是使用一个连接性词语或词组连接有关该主题的大量报道。这个连接性词语或词组可以是：高韦里河水资源、高韦里河争端或高韦里河争论。

报纸已经逐渐形成了表现连接性词语或词组的不同方法（参见第 5

章）。最常用的方式是使用连接性词组作为报道的字肩或肩题。当孟买爱德华国王纪念医院（King Edward Memorial Hospital）的暴力冲突骤然升级，发生病人殴打医生事件时，《印度快报》使用了"以暴力攻击大夫"（Attack on Doctors）的连接性词组，连接这个连续报道（见图3—3）。

64

ATTACK ON DOCTOR X-Ray technicians take weekend off, patient's attendants beat up doctor

500 doctors hold up KEM

图 3—3　《印度快报》使用"以暴力攻击大夫"的连接性词语或词组作为字肩。

另一种方法是在副标题中安插连接性词语，就像《印度快报》普遍使用的副标题那样。在2004年马哈拉施特拉邦议会选举报道中，《印度快报》使用了副标题"2004年议会投票选举"（Assembly Polls 2004）（见图3—4）。

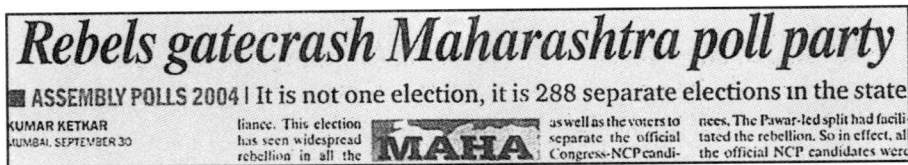

Rebels gatecrash Maharashtra poll party

■ ASSEMBLY POLLS 2004 | It is not one election, it is 288 separate elections in the state

KUMAR KETKAR
MUMBAI, SEPTEMBER 30

liance. This election
has seen widespread
rebellion in all the

MAHA

as well as the voters to
separate the official
Congress-NCP candi-

nees. The Pawar-led split had facili-
tated the rebellion. So in effect, all
the official NCP candidates were

图 3—4　《印度快报》在副标题中使用"2004年议会投票选举"（**Assembly Polls 2004**）作为连接性词语或词组。

第三种方法是在报道中间安插连接性词语作为一个导航性的帮助。《新印度快报》在这个连续报道中间使用主线"阴谋暗杀哈西娜"（Assassination bid on Hasina）（见图3—5）。这能够使读者了解与2004年8月阴谋暗杀孟加拉前总理谢赫·哈西娜（Sheikh Hasina）女士有关的事件进展。

在以上全部的3种方法中，当撰写主标题时，标题作者并没有受到连接性词组的束缚。他们可以用整个标题的宽度关注当天事件的进展，并提供更多的信息。这并不意味着不该把连接性词组用作主标题的组成部分。只要能够使标题作者有效地突出当天事件的进展，就可以把连接性词组用作主标题的组成部分。

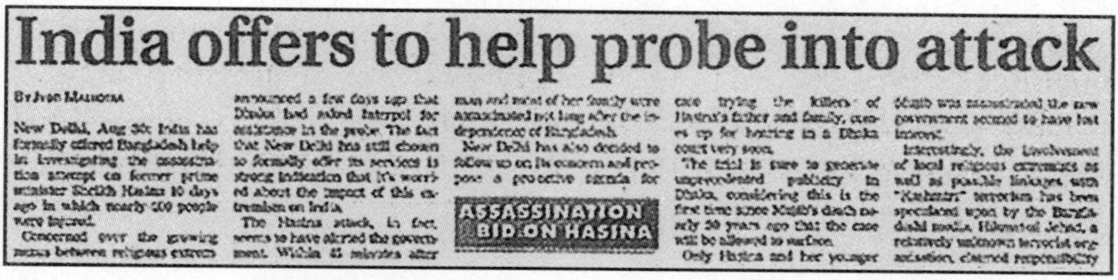

India offers to help probe into attack

ASSASSINATION BID ON HASINA

图 3—5 《新印度快报》在这个报道中间使用主线“阴谋暗杀哈西娜”作为一个连接线索。

□ 多重新闻点导语标题

所有的报道并不是围绕着单一新闻点构建起来的。有些事件，诸如耸人听闻的绑架事件、恐怖杀人事件或备受争议的事件，尤其在这些事件以连续报道方式表现出来的情况下，就需要进行较为全面的报道。

当然，标题作者有权选择新闻点，而且，新闻点是他们选择的重中之重，也是他们构建标题的依据。但是，在他们这么做的过程中，也许会忽略几个同样重要和值得引起关注的新闻点。因此，在遇到多重新闻点报道的时候，建议使用副标题或连接性词语（又见第 5 章）。 65

后续步骤

在撰写多重新闻点报道标题时，我们需要采取下列步骤：

（1）选择最重要的新闻点。

（2）就这个新闻点撰写主标题。

（3）选择次重要的新闻点。

（4）使用副标题表达这个新闻点。

（5）如果是一个连续报道的话，那么，就要在副标题或报道中间使用一个连接性词语。

2003 年，印度抵制参加由联合国组织在纽约召开的一次关于国际恐怖主义的会议。印度在巴基斯坦总统佩尔韦兹·穆沙拉夫发言后做出了强硬反应。佩尔韦兹·穆沙拉夫在发言中指责印度政府推行支持克什米尔恐怖主义的政策，印度时任外长坎瓦尔·西巴尔（Kanwal Sibal）先生对此进行了严厉驳斥，并简要阐述了推动印度做出决定的各种压力。当然，这则报道的主要新闻点是印度拒绝参加此次国际会议的决定，这也可以用作标题。副标题可以使用西巴尔先生做出的生动有趣的声明，也可以使用连接性词语"总理在联合国"（PM at UN），因为这是一个关于总理在纽约出席联合国成员国年度会议的连续报道。

主标题：印度在将军（Gen①）讲出克什米尔问题后，宣布不参加会议
具有连接性词语的副标题：总理在联合国取消与巴基斯坦佬就克什米尔之痒举行会谈；他们应该在回到联合国前斋戒：西巴尔

原因和结果

在一些新闻报道中，原因和结果同等重要。因此，值得在标题中突出原因和结果的新闻点。举例来说，美国时任副国务卿理查德·阿米蒂奇（Richard Armitage）在 2004 年 7 月出访印度，与美国海关搜查（印度）前任国防部长乔治·费尔南德斯（George Fernandes）的报道正文的有关争论，发生在同一时间。

美国官员显然并不希望阿米蒂奇先生的访问被这种喧闹声笼罩着阴影。因此，他们选择在阿米蒂奇先生到访前夕，发表一个官方致歉。《印度快报》撰写这则报道的记者，巧妙地在导语中捕捉到这个新闻点，标题作者也通过突出致歉的"因果"，公正地处理这个导语。下面的这则导语就是一个优秀的新闻事例。

66　　新德里：为寻求平息 2003 年（印度）前任国防部长乔治·费尔南德斯在美国机场遭"光身搜查"（strip-search）的报道风波，在美国副国务卿理查德·阿米蒂奇星期三与印度高层领导会晤前夕，这里的美国大使馆在星期二就此致歉。

　　在阿米蒂奇会晤前夕，美国向乔治致歉

这个标题假如仅仅局限在致歉层面上，就会丧失影响，致歉是顺便提到的一个主要新闻点，因为高级政府官员不必为每天在社交方面发生的过

---

① 即 general，指佩尔韦兹·穆沙拉夫（Pervez Musharraf）。

失致歉。而这个标题则表现出了致歉的动机。

比喻用法

有时，导语充斥 3 个或更多的新闻点，每个新闻点同等重要。撰写这类多重新闻点标题的一个好方法就是使用比喻用法。

当印度农业部长沙拉德·帕沃（Sharad Pawar）在竞选印度板球管理委员会（Board of Control for Cricket in India）董事长失败时，报章写出了两个睿智的比喻用法标题——一个由《印度斯坦时报》撰写，另一个由《印度快报》撰写。这是一个使得整个印度束手无策的选举，其中充满了悬念、戏剧性并引人入胜。

两张报纸使用板球的比喻方法来撰写标题。《印度快报》采用一个副标题来支撑主标题（见图 3—6）；而《印度斯坦时报》则使用标题组捕捉那个重大选举的重要新闻点（见图 3—7）。假如下列新闻点没有直接或通过寓意捕捉到的话，那么，标题就是不完整的：

（1）沙拉德·帕沃竞选失败；

（2）兰比尔·辛格·马亨德拉（Ranbir Singh Mahendra）当选为印度板球管理委员会董事长；

（3）由贾格默汉·达尔米亚（Jagmohan Dalmiya）进行巧妙的投票选举管理；

（4）帕沃竞选失败后的反应。

《印度快报》的标题

主标题：帕沃对兰比尔和达尔米亚发泄不满

（Pawar st Ranbir b Dalmiya）

副标题：印度板球管理委员会竞选结果：击球手和裁判为同一人，马拉地人①在令人吃惊的败北后对有最后决定权的人②表示愤慨

---

① 指沙拉德·帕沃（Sharad Pawar）。

② 指贾格默汉·达尔米亚（Jagmohan Dalmiya）。

67

图 3—6 《印度快报》对印度板球管理委员会董事长职位重大竞选
报道使用的标题。

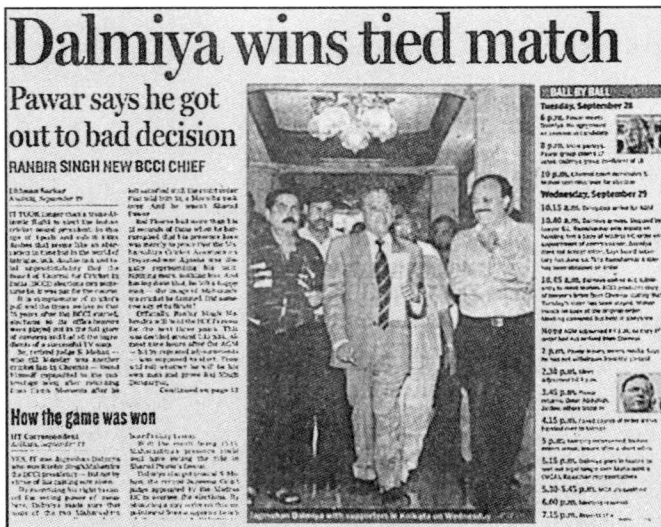

图 3—7 《印度斯坦时报》对印度板球管理委员会董事长竞选报道
使用的标题组格式。

《印度斯坦时报》的标题

主标题：达尔米亚赢得势均力敌的比赛
第一层标题：帕沃对糟糕的竞选结果发泄不满
第二层标题：兰比尔·辛格当选为印度板球管理委员会董事长

□ 评论性标题

68

在印度，标题写作的一种新趋势是在标题中涵盖评论。这在很大程度上是一种解释性报道（interpretative reporting）的结果，而这类解释性报道日益成为印度报纸的一个组成部分。这些报道努力向读者提供更多的信息，分析新闻发展的寓意或探究事件背后的内容。在这些新闻报道中，评论被广泛使用，现在也已经开始反映在标题之中。

2004 年板球电视广播转播权的排名决定引起了一阵骚动。众多报道主要涉及 3 个主要参与者——印度板球管理委员会、Zee 影视公司（Zee TV）[①] 和 ESPN 卫视体育台（ESPN-Star Sports）。下面是《亚洲世纪报》刊登的一则有关排名报道所使用的标题：

孤注一掷的达尔米亚想要
对清白的 Zee 电视台投标采取破坏行动

这是一个态度强硬的标题，因为它对印度板球管理委员会官员进行了评论，这位官员[②]是决定电视广播转播权的关键人物（见图 3—8）。这位官员被指控采取孤注一掷的办法，对标题声称清白的 Zee 电视台投标采取破坏行动。

毫无疑问，在标题中使用评论的趋势今后还会增多。评论必然给标题增加色彩。然而，标题作者需要在引入评论时格外小心，必须记住评论是一把双刃剑；如果错误地使用的话，就可能导致法律纠纷。

标题作者在使用评论性标题之前，需要衡量评论的优势和风险。

———————

① Zee 影视公司（Zee TV），全称为印度 Zee 电视电影有限公司（Zee Telefilms Limited）。该公司成立于 1992 年 10 月，是印度首个卫星电视频道。目前在印度国内有 26 个频道，国外有 15 个频道，在全球 125 个国家用 7 种不同语言播映。

② 指印度板球管理委员会董事长贾格默汉·达尔米亚（Jagmohan Dalmiya）。

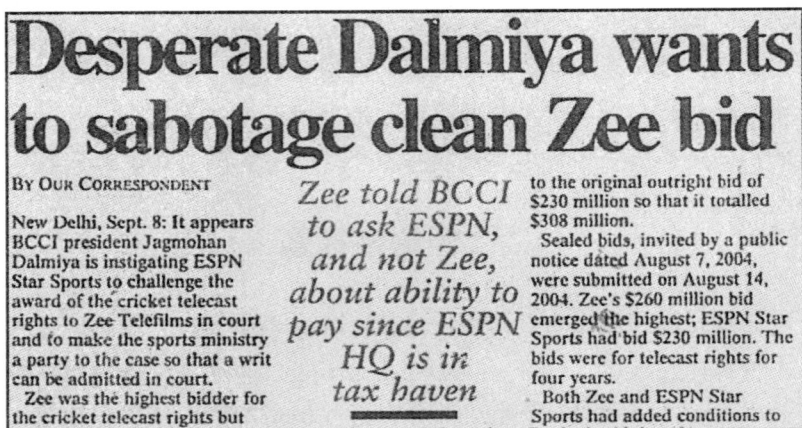

Desperate Dalmiya wants to sabotage clean Zee bid

BY OUR CORRESPONDENT

New Delhi, Sept. 8: It appears BCCI president Jagmohan Dalmiya is instigating ESPN Star Sports to challenge the award of the cricket telecast rights to Zee Telefilms in court and to make the sports ministry a party to the case so that a writ can be admitted in court.

Zee was the highest bidder for the cricket telecast rights but

Zee told BCCI to ask ESPN, and not Zee, about ability to pay since ESPN HQ is in tax haven

to the original outright bid of $230 million so that it totalled $308 million.

Sealed bids, invited by a public notice dated August 7, 2004, were submitted on August 14, 2004. Zee's $260 million bid emerged the highest; ESPN Star Sports had bid $230 million. The bids were for telecast rights for four years.

Both Zee and ESPN Star Sports had added conditions to

图 3—8 在电视广播转播权排名期间，《亚洲世纪报》使用的评论性标题。

69 给标题增加额外的意义

给标题增加额外的意义对于记者分析事态发展的寓意尤为可靠。一个给标题增加额外意义的优秀事例，是关于时任以色列总理阿里埃勒·沙龙（Ariel Sharon）先生访问印度的报道。沙龙的这次访问在印度外交方面是一次重大转变，也有人担心阿拉伯世界对此会产生负面反应。有趣的是，印度外交部在沙龙先生抵达印度的前几天，安排了一个巴勒斯坦代表团的访问。很难说清楚，新德里方面的这种时间安排是一种刻意的做法，还是一个巧合。

有关这则报道的两个标题增添了阅读的趣味性。第一个标题只是提到新德里在沙龙先生访问前，已经邀请了巴勒斯坦人访问印度的事实。第一个标题承载了深刻的意义，但是，它需要读者去破译。第二个标题采用了黑体。它宣布了另一个访问是新德里平衡沙龙访问的方式。

第一个标题：新德里在沙龙到访前邀请巴勒斯坦人访印

第二个标题：新德里的平衡举措：在沙龙到访前，邀请巴勒斯坦人访印

另一个优秀的评论性标题出现在锡布·索伦（Shibu Soren）先生辞职的报道中，锡布·索伦先生是劳工部长，当加尔克汉德邦（Jharkhand）警

察来拘捕他时，他逃离了德里。反对派全国民主联盟发动了一场激烈的运动，要求索伦先生辞职。国会领导的团结进步联盟政府①一时感到不知所措，因为索伦先生的政党是这个联盟②的重要成员。总理最终不得不屈从反对派的压力，提请索伦先生辞职。因此，当这种局面出现时，所有的政党皆大欢喜。这种局面也反映在《经济时报》（*Economic Times*）所使用的评论性标题上。

字肩： 总理松了一口气，全国民主联盟面露喜色

主标题： 索伦遵从

命令，提出辞职

另一个相同类型的标题，是比朱人民党（Biju Janata Dal）总书记纳温·帕特纳伊克（Naveen Patnaik）先生决定暂时撤销一名议员职务的标题（见图3—9）。

At last Naveen acts, suspends Harihar

EXPRESS NEWS SERVICE

Bhubaneswar, Oct. 8: Chief Minister and Biju Janata Dal (BJD) president Naveen Patnaik suspended Lok Sabha member Harihar Swain from the party on Friday for indulging in anti-party activities.

Swain, who had switched over from the Congress to the BJD on the eve of the elections, embarras-

ncy. He had further alleged that the gap between the grass-roots workers and Patnaik is widening because he is not accessible.

Demand for disciplinary action against Swain was growing from the party leaders following his outbursts against Patnaik. Four ministers and six party MLAs had issued a joint statement on Thursday expressing shock over 'ind-

图 3—9 针对比朱人民党总书记采取的行动，《新印度快报》使用的评论性标题。

①　团结进步联盟政府，媒体称谓。当选执政的少数党联合"团结进步联盟"组成的执政联盟。如 2004 年印度国大党大选获胜，但国大党也不是议会多数党，无法组阁，便联合一些小党组成执政联盟"团结进步联盟"，因此，那一届印度政府就被媒体称为团结进步联盟政府。

②　指全国民主联盟（National Democratic Alliance, NDA）。

评论会降低清晰度

评论主要会影响清晰度。对于经常接触新闻报道的人而言，标题作者使用词组转换，也许相当有意义且富有创新性，但是，这种做法也许不会被其他读者很好地理解。

在 2004 年 5 个邦议会选举前的几个星期里，当联合内阁（Union Cabinet）宣布政府对经济落后阶层实行配额决定时，一张德里报纸写道：

在选举之前，政府批准对穷人实行配额管理

分句"在选举之前"没有任何错误，它暗示政府做出这项决定来影响投票选举。然而，标题作者并没有在标题中使用"印度上流世袭等级"（upper castes）这个词语。因此，这个标题给人的印象是针对穷人实行配额管理。而在现实中，配额只是给那些尚未得到现有补助的穷人——经济落后的印度上流世袭等级。

《印度教徒报》使用首字母缩略词"EBCs"（经济落后阶层）表示"economically backward classes"（经济落后阶层），比较好地捕捉到这个新闻点。然而，由于首字母缩略词 EBC 并不为人熟知，这个标题的效果多少打了折扣。

为向 EBCs 提供配额而修改宪法

《印度快报》决定对内阁的公告做出评论。它的标题暗示内阁的公告等同于在即将进行的议会选举中保留印度上流世袭等级的投票。下面的双关语很巧妙，但是，在意义上却造成了混乱。

得以保留：印度上流世袭等级投票

评论不应造成冒犯

当标题作者在标题中引入评论时，总是伴随着曲解意义的风险。一个糟糕的标题，是有关公交车司机因一个月内三次罢工而被指责缺乏责任感的报道。

缺乏责任感的公交车司机再次罢工

新闻记者绝对没有权利在标题中对动机进行归纳。即使他们是不经心的，也不得在标题中含沙射影。

□ 惊人标题

标题作者必须总是寻找与众不同的内容。在人们眼中，好莱坞婚礼具有浮华炫耀、虚妄迷人的性质，并经常带有奇异古怪的色彩。因此，当印度亚洲新闻国际通讯社（ANI）[①] 转载一则引自 Eonline 网（Eonline. com）奥斯卡获奖女演员米拉·索维诺（Mira Sorvino）[②] 决定嫁给具有远大前途的男演员克里斯托弗·巴库斯（Christopher Backus）的新闻报道时，就没有什么可大惊小怪的了。而有趣的却是有关巴库斯的事情，这位女演员去一家饭店时，他还是这家饭店的一名服务生。

标题作者并没有关注婚姻是在一位明星与一位新星之间的事实，而是把注意力集中在一位名人和一名侍者之间的婚姻上。这个标题好似源于一个成功的好莱坞罗曼史中的故事情节。

好莱坞女演员嫁给饭店服务生

□ 印度英语标题

报纸是一个国家的文化、习俗、语言、服饰和生活方式的最好反映。它不仅在新闻版面反映了这些趋势，也为子孙后代记录着这些内容。人们年复一年地翻阅报纸版面，就如同在翻阅历史画卷一般。

因此，我们注意到今天的英文报纸不仅在报道正文中，也在标题上，开始越来越多地使用印地语词汇时，也就不足为怪了。这种趋势在未来几年将会更加明显，因为英语越来越印度化了。《牛津英语辞典》（*Oxford*

---

① 印度亚洲新闻国际通讯社（Asian News International，ANI），具有 50 多年历史及南亚最主要的多媒体新闻机构，在印度和全球拥有 100 余家分支机构。

② 米拉·索维诺（Mira Sorvino，1967— ），女演员，生于美国新泽西州，毕业于哈佛大学东亚语言文学系，能够讲流利的中文。曾凭借在影片《非强力春药》（*Mighty Aphrodite*，1995）中出色的表演，赢得 1996 年奥斯卡"最佳女配角"奖。她与本书提到的男演员克里斯托弗·巴库斯（Christopher Backus）于 2004 年 6 月结婚。

English Dictionary）已经开始收录一份印度词语表，这些印度词语已经成为了英语的一个组成部分——而且，这份印度词语表仍在逐年扩充。

　　使用印地语词语的标题，通常被称为印度英语标题（Hinglish head-lines），"印度英语"一词由词语"印地语"（Hindi）和"英语"（English）拼合而成。由于这些标题反映了印度人今天所讲的语言，因此，标题产生了更大的直观性和新鲜感。例如，当索姆纳特·查特吉（Somnath Chatterjee）先生成为一名下院人民院（Lok Sabha）① 的议长（Speaker），议员称他为索姆纳特吉（Somnathji），索姆纳特吉一词在印地语中用作一种对年长者的称呼。在比较早的时候，他的一位来自孟加拉的同事，习惯称呼他为索姆纳特达（Somnath da），这是孟加拉人对年长者的称谓，以示尊敬。《印度电讯报》（*Telegraph*）在下面的标题中，巧妙地捕捉到了这种变化：

　　索姆纳特，从索姆纳特达到索姆纳特吉
　　（Somnath，from da to ji）

　　上述词语的流行，产生于泛印度认识（pan-Indian recognition）。事实上，接受这些词语，可以被看作这样一个事实，虽然《印度教徒报》的读者群在很大程度上是由母语非印地语的南印度人组成，但是，该报还是使用了这些词语。在一篇有关非印度人儿媳的特稿中，《印度教徒报》给出了一个印度英语标题（见图 3—10）。

　　外国儿媳，印度婆婆
　　（Phoren bahu, desi saas）②

　　报纸现在纷纷使用流行的电影歌词来撰写标题。《印度快报》在它的星期日周刊上使用了这样一句引人注意的歌词（见图 3—11），而具有 150 多年历史的《印度时报》，现在甚至在卷首语上，也使用了印度英语标题（见图 3—12）。印度英语标题必定成为一种时代变化的标志。

---

　　① 　印度实行两院制议会，分别是上院联邦院（Rajya Sabha）和下院人民院（Lok Sabha）。联邦院共有 245 个议员席位，议员任期 6 年，每两年改选三分之一议员，其中 233 名议员由各邦及中央直辖区立法院议员选举产生，其余 12 名议员由总统任命。人民院共有 545 个议员席位，任期 5 年，其中 543 名议员由选民直接选举产生，其余 2 名议员由总统任命。

　　② 　即 foreign daughters-in-law, Indian mothers-in-law。

72

图 3—10 《印度教徒报》使用的一个印度英语标题。

图 3—11 《印度快报》在星期日版面使用印地语歌词①作为标题。

图 3—12 《印度时报》在卷首语中使用一首印地语电影歌曲②的歌词作为标题。

---

① "这就是孟买，我的爱"（Yeh hai Bombay Meri Jaan）。
② 选自电影《爱的奉献》（*Salaam E Ishq*，2007）中的歌曲《先生慢走》（Babuji Dheere Chalna）。

□ 补充报道标题

补充报道是与主要报道刊登在一起的报道，它们通常简短并突出一个相关的新闻点，一般放在主要报道的内部，从而与主要报道建立起联系。

因此，补充报道的标题必须以稍稍不同的风格撰写出来。首先，因为补充报道比较短，所以，标题应该以小点数字、用一两个标题组写出。其次，标题无需提及报道的主题，因为它已经在主要报道的标题中进行了说明。

举例来说，《印度时报》刊登了两则有关 2005 年在印度队和巴基斯坦队之间举行的单日板球系列赛的报道。主要报道提到，只有两名巴基斯坦球迷买到了艾哈迈达巴德（Ahmedabad）[①] 赛场的板球票。《印度时报》还有一则相关的报道是关于最后一场单日板球赛，这场比赛即将在德里费洛斯沙·克特拉（Ferozeshah Kotla）体育场举行，而这家体育场正遭遇诉讼。碰巧在同一天，最高法院驳回了诉讼。因此，报纸以简洁的标题刊登了一则补充报道：

最高法院还克特拉清白

这个标题不需要任何语境，因为语境已由主要报道提供（见图 3—13）。

章节重点

标签性标题的特征

1. 仅仅提及主语。

2. 省略动词。

3. 在篇幅有限时使用。

4. 通常用于增刊。

[①]　古吉拉特邦（Gujarat）首府。

Only one Pak couple at today's one-day tie

By Peter Pears and
Sourav Mukherjee/ TNN

Ahmedabad: Spotting a Pakistani fan among the 48,000 cheering spectators at the fourth Indo-Pak ODI in Motera on Tuesday will be the proverbial hunt for a needle in the haystack.

The Gujarat Cricket Association officials said the 500 tickets kept aside for Pak visitors have remained untouched. "A month ago, the BCCI messaged us for 300 tickets, but there's no communication since then," GCA secretary Vikram Patel said. "Right now, only a couple have approached us for tickets."

SC clears Kotla

New Delhi: Clearing the last-minute cloud over safety of spectators during the India-Pakistan ODI in Delhi on April 17, the Supreme Court on Monday refused to stall the match as the Centre and Municipal Corporation of Delhi said the Ferozeshah Kotla Stadium was "absolutely" safe.
- Gladiatorial battle, page 15
- Weather could be decisive, page 15
- Motera no problem, page 15

图 3—13 《印度时报》在主要报道内刊登的一则补充报道。

描述性标题的优势

1. 提供更多的信息。

2. 充分引出主要的新闻点。

3. 捕捉报道的本质。

4. 激发读者的兴趣。

5. 消除模棱两可的语言。

6. 增加色彩。

描述性标题的劣势

1. 需要用更多的篇幅。

2. 需要横跨多栏。

3. 可能造成以小点数字体撰写标题。

连续报道的标题

1. 必须关注事件最新的进展。

2. 应该使用连接性词语，以便在连续报道之间建立关联。

连接性词语或词组的使用

1. 用于字肩。

2. 用于副标题。

3. 用于报道中间。

连接性词语或词组的优势

1. 充当一种连接性线索。

2. 使主标题得以关注当天的进展。

3. 作为一种有用的导航性工具。

75 如何撰写多重新闻点标题

1. 选择最重要的新闻点。

2. 就这个新闻点撰写主标题。

3. 选择次要的新闻点。

4. 用副标题来表达这个新闻点。

5. 如果是一个连续报道，就在副标题中或报道中间使用一个连接性词语。

评论性标题的争论

1. 评论不应造成冒犯。

2. 评论不应以事实为代价。

3. 评论不应使意义无法理解。

4. 评论应该用于分析性报道，因为评论赋予标题某种意义。

注意要点

1. 评论可以增添标题的情趣。

2. 巧妙的词组转换能够活跃气氛。

标题练习

标签性标题

练习 1

仔细阅读一个星期的报纸，找出 5 个标签性标题。用动词重新改写每个标题。

练习 2

找出任何 3 个你认为是当天报纸中最好的标题。将这 3 个标题重新写为标签性标题。指出这个过程丢失的内容。

描述性标题

76

练习 1

仔细阅读两个星期的报纸，找出 10 个使用形容词和副词进行修饰的标题。

练习 2

仔细阅读一个月的报纸，找出 5 个没有必要使用形容词和副词进行修饰的标题。说明你的理由。

练习 3

根据给出的标题参数，为下列 5 则新闻报道分别写出描述性标题：

点数：28 点

字形：大小写字体

每栏字符数：6 个

栏宽：3 个

标题组数：2 个

新闻报道 1

新德里（印度亚洲新闻社）：这是一场被宣传为印度最大规模的公共艺术品拍卖会，而且主办方称，尽管准确的数据还无法提供，但这场拍卖会募集到了大约 200 万美元（9 600 万卢比）。

在星期五晚上举行的拍卖会上，一幅由不久前过世的果阿艺术家 F. N. 索乌萨（F. N. Souza）创作的名为《磨难》（*Crucifixion*）的绘画作品售出了最高价格——425 万卢比，由 M. F. 胡塞因（M. F. Husain）创作的油画《拉妮》（*Rani*）位居第二，以 400 万卢比售出。

同样由索乌萨创作的《暴风雨风景画》（*Stormy Landscape*），售出了 375 万卢比。

在拍卖会上，陈列了总计 125 件绘画作品、雕刻作品和善本图书。

好莱坞明星理查德·吉尔（Richard Gere）① 异军突起，计划在一个晚上募捐 200 万美元。

吉尔戴着一副标志性的无边眼镜，身穿一件蓝色棉衬衫、深蓝色牛仔裤，脚蹬一双深蓝色绒面皮鞋，头戴一顶有些旧的棒球帽，肩背一个带有佛教圣像的红色书包，俨然一副悠然自得的模样，一心想沉醉于这良辰美景的氛围里。

"我是以个人的名义来参加拍卖会的。这就是为什么我一言不发的原因。我是和朋友一起来的。"吉尔谦和地说，左手手腕打着石膏绷带。

新闻报道 2

特鲁凡琅塔普兰（THIRUVANANTHAPURAM）（印度亚洲新闻社）：一支医生小组成功地实施了一次外科手术，去除了一只 32 岁喜马拉雅熊的白内障，这次手术是此地动物园对动物进行一系列治疗的最新进展。

① 理查德·吉尔（Richard Gere，1949—　），人道主义者和演员，出生于美国费城。在 20 世纪 80 年代，他被认为是最具爆炸力的性感偶像，曾多次赢得包括金球奖在内的各种奖项及提名。主要作品有《军官与绅士》（*An Officer and a Gentleman*，1982）、《漂亮女人》（*Pretty Woman*，1990）、《落跑新娘》（*Runaway Bride*，1999）、《不忠》（*Unfaithful*，2002）、《我不在场》（*I'm Not There*，2007）、《罗丹岛之恋》（*Nights in Rodanthe*，2008）。

4 名眼科医生从这只名叫贝洛（Bello）的母熊右眼里取出白内障。同 ⁷⁷ 样是这支医生小组，今年已经对一只狮尾猕猴、一只母虎和一只母狮成功实施了类似的外科手术。

这支医生小组中的 3 人来自 K. 马哈戴凡（K. Mahadevan）领导的地区眼科研究所，他们只用了不到 30 分钟，就完成了星期日的手术。

"虽然我们从瓦杜达拉（Vadodara）地区的一家制造商那里筹备到一个特殊的人工晶体，但是，我们还是决定不把晶体装在喜马拉雅熊的眼睛里。这只熊目前仍处于麻醉状态，已经转到动物园医院的一个新笼子里，她目前状况很好，"其中一位名叫萨尤·库里安·乔治（Saju Kurian George）的医生说。

特鲁凡琅塔普兰动物园的两只熊，由于白内障和角膜混浊，几近失明。手术后，其中一只熊已经能够看见东西。

动物园权威人士现在计划对另一只熊实施相同的手术。

3 只实施白内障手术的动物目前状况良好，完全能够看见东西。

术后护理是上述外科手术最困难的部分，因为这些动物很容易感染。因此，术后它们将被转移到笼子里，这样，在接下来几天里，可以防止它们大幅度地活动。

新闻报道 3

班加罗尔（印度快报新闻社）：几乎就像是雨水冲走了政治家们用于隐瞒班加罗尔问题的各种表象一样，自从提出主办星期三开幕的 18 国参展商参加的信息技术展览——"印度班加罗尔信息技术展"（Banglore IT. in）以来，印度信息技术工商业中心①一直受到雨水的侵袭。

对于一个城市而言，基础设施陷入瘫痪，通常会对降低邦政府的灵敏度造成威胁，一连 3 天的降雨到来的时间再糟糕不过了：就在议会的老大哥 H·D·德韦·高达（H. D. Deve Gowda）②——星期三的主要来宾——与 Infosys 技术有限公司董事长 N. R. 纳拉亚纳·穆尔蒂（N. R. Narayana Murthy）发生了有伤情面的争执以后的几天。

---

① 指班加罗尔。
② 曾担任印度总理（1996—1997）。

甚至高达是否会出席这次展览也受到人们的猜疑。人民党［JD（S）①］会议召集人 Y. S. V. 达塔（Y. S. V Datta）说，高达将会在上午8点到下午1点考察受到雨水侵袭的地区。"在他的日程表上，如果他未能参加这次展览的话，也会有一份书面讲话稿通过工业和财政部长 P. G. R. 辛地亚（P. G. R Sindhia）递交上去，"达塔说。

印度信息技术展览的主办地点在宫殿广场展览中心（Palace Grounds），该中心坐落在比豪瑟尔路（Hosur Road）海拔高一点的地方，一向被视为安全的地方，而今天，它实际上变成了一个游泳池。即使在通往宫殿广场展览中心的道路——机场路上，也盘旋着没有完成降落的飞机，各种交通工具随处散落，如同噩梦一般。

阵雨是从星期六后半夜开始的，整个城市的降雨量达到了12厘米——还不到它最大日降雨量18厘米的纪录。但阵雨却造成两人死亡、公路和建筑物被淹没、交通陷入严重堵塞、电路和电话网被迫中断，今天到处乱成一团，所有这一切都是由仅7.7厘米的降雨量造成的，这个降雨量与今年7月孟买94厘米的降雨量相比，简直就像一滴泪珠。

然而，这场阵雨还是淹没了豪瑟尔路，豪瑟尔路是第7国道（NH7）②的一段，将班加罗尔与电子城连接起来，而电子城是班加罗尔信息技术的骄傲——Infosys技术有限公司、Wipro技术有限公司以及其他电子公司均坐落于此。

洪水从豪瑟尔路旁边一个涨满湖水的湖中倾泻而出，吞没了第7国道的一段。洪水在道路中间轰然作响，形成一个齐胸深的贮水池。有两人就在这里被冲下来的洪水淹没，班加罗尔警察说。

到星期二下午6点，从电子城回家的雇员造成了沿途5千米的交通拥堵——通常用45分钟就可以骑车回家，现在变成了4个小时的痛苦折磨。

当然，班加罗尔正是为其过失付出代价。无论什么时候雨量超过5厘米，多年毫无规划的发展后果就会显露出来，尤其是湖床大面积地被开发成房地产的后果时，更是显露无遗。

---

① Janata Dal 的缩写。

② 为 7th National Highway 的缩写。

新闻报道 4

海得拉巴/斯里赛拉姆（HYDERABAD/SRISAILAM）（印度快报新闻社）：在为期一个星期的历史性和平会谈中，印度共产党（毛主义）和人民力量（Janashakti）联盟的领袖们充分享受了由邦政府提供的热情款待，并于星期三返回他们在讷勒默拉（Nallamala）森林的藏身处。

人民自由游击队武装（People's Liberation Guerilla Army，PLGA）[①]队员在离开海得拉巴的曼吉拉宾馆时，这些"邦政府的客人"与警察之间的握手，表现出亲切友好和同志关系，场面格外引人注目。印度共产党（毛主义）的文化派别人民舞蹈团（Jana Natya Mandali）[②]成员，在警察的护送下离开这座城市时，大约唱了半个小时的革命歌曲。

纳萨尔派激进分子（Naxalities）[③]与警察之间的诚挚友好，一直持续了 250 千米的行程。在下午 1 点钟从邦首府开始，护送的车队多达 20 辆汽车，此外，还有一群新闻记者以及 15 名警察陪同着这群极端分子。

下午 6 点，在抵达坐落于卡努尔（Kurnool）地区浓密森林中间的斯里赛拉姆神庙（Srisailam temple）大约不到 5 千米处，这些革命者要求警察返回，他们与警察握手，摆好姿势照相。然后，纳萨尔派激进分子继续向密林深处走了 10 千米，在中国阿汝塔村（China Arutla）停了下来。

纳萨尔派激进分子下了汽车，开始在泥土路上步行，并走了 500 米时，迎面来了一个身穿长袍的小伙子，高举着党旗欢迎他们。在这个小伙子身后，是由一位高级将领拉维（Ravi）率领的一名荷枪实弹的游击队队员。

正巧这个时候，游击队员高呼口号："武装斗争万岁，纳萨尔是唯一的道路，让我们为人民而死，人民战争万岁"，拉维和其他游击队员把包括 AK-47 型步枪在内的武器交给了印度共产党（毛主义）政府秘书拉玛可里西那（Ramakrishna）和其他人，然后与他们拥抱。

几名从海得拉巴跟随纳萨尔派领袖的新闻记者看到一队荷枪实弹、身穿橄榄绿军装的纳萨尔派激进分子，这些激进分子打破了寒冷深夜的寂

---

① 以前称为人民自由武装（People's Liberation Army）。

② 即 People's Dance Group。

③ 即毛主义，主张通过农民武装斗争夺取政权的印度共产党派别。

静。此时，新闻记者也被要求返回。纳萨尔派领袖说，他们还得连夜向密林深处艰苦跋涉 10～12 千米，才能到达他们的地盘。

新闻报道 5

海得拉巴（印度快报新闻社）：砸碎的玻璃碎片和家具随处可见，住院患者及其焦虑的亲属受到惊吓，面露不安神色的医务人员谈论着今后的举措，一伙强健的警察密切注意着来往行人……

在一所私立工程学院，因一名学生死亡，学生们与甘地医院（Gandhi Hospital）当局发生冲突，医院面临了上述的紧张局面。或许这是医院成立 150 年以来第一次面临这种局面，医院的主要通道业已关闭。

79　　围攻持续了半个多小时，看来好像事先计划好的，因为一直有一些私人电视频道对这场暴乱进行报道。

此时，医生和医院的工作人员才意识到事态的严重性，自发地组织起来，制止这种破坏活动，但是，损害已成事实。

赶来报道此次事件的媒体工作人员不得不面对医生的指责："在不了解事实的情况下，你们报道时怎么可以把这个年轻人的死亡归咎于我们玩忽职守呢？"

当患者的家属们走出病房在医院走廊吃午饭时，学生开始砸碎玻璃窗，迫使家属们赶紧躲藏起来。

但是，对于像苏哈斯妮（Suhasini）这样的患者，她两天前才刚刚失去自己的女婴，无处可藏。"玻璃碎片落得我满身都是，"苏哈斯妮惊恐地说。

围攻的学生并未就此罢休。他们揪掉医生的名牌，捣毁血库一个房间的大门。甚至女厕所隔开发电机的木制隔板也被毁坏。"我们永远都不愿看到这一幕，今天是医院的一个黑暗的日子，"一位被搞得头昏眼花的生物统计员尼拉·韦尼（Neela Veni）说。

一位名叫阿罗亚玛（Arogyam）的护理人员说："整个事件就像电影一样，我不理解他们怎么能这样对待一所医院。现在至少要花上一个星期的时间，才能使一切恢复正常。"

连续报道

练习 1

仔细阅读一个月的报纸，找出 3 则标题连用 3 天以上的连续报道。针对每则报道，指明报纸为提供连续性所采用的风格，包括导航性标题、字肩或副标题。另外，检验标题是否突出了事件的最新进展。

练习 2

使用给出的参数，为下列 3 则连续报道分别写出基于字肩的标题。第一个报道的标题不必包括任何连接性词语，也可以不使用字肩。

主标题

点数：28 点

字形：大小写字体

每栏字符数：6 个

栏宽：2 个

标题组数：2 个

字肩

点数：14 点

字形：大小写字体

每栏字符数：14 个

栏宽：2 个

标题组数：1 个

新闻报道/第 1 天

加济阿巴德（GHAZIABAD），10 月 23 日（印度报业托拉斯）：据官方消息灵通人士指出，在过去 2 天，已有 32 名儿童死于一种神秘疾病，而其他几名儿童已被送往北方邦西部地区的几所医院。

官方消息灵通人士指出，由于这场疾病，巴格帕特（Baghpat）地区的凯格拉（Khekra）镇多达 14 名儿童死去，穆扎法尔纳格尔（Muzaffarnagar）有 8 名儿童丧生，萨哈兰普尔（Saharanpur）有 10 名儿童死去，死去的儿童曾表现出与脑炎、脑膜炎以及霍乱类似的症状。

该消息灵通人士指出，超过 100 名曾有过严重头痛、发热和呕吐症状的儿童，被送往密拉特（Meerut）、巴格帕特、穆扎法尔纳格尔以及格尔穆格代瑟尔（Garhmukteshwar）地区的卫生保健中心和政府医院。

6 名身体状况不好的儿童被送往密拉特政府医院，巴格帕特地区行政官员卡米尼·拉丹（Kamini Ratan）告诉印度报业托拉斯。3 名来自格尔穆格代瑟尔地区的儿童也已经被送至这家医院。

密拉特专区卫生部主任 S. K. 阿罗拉（S. K. Arora）告诉印度报业托拉斯，这种疾病是由脑膜发炎引起的一种疾病，病人通常伴有吐血症状。

他指出，这种疾病一般在那些卫生条件不好的居住地流行蔓延。

新闻报道/第 2 天

加济阿巴德，10 月 24 日（印度报业托拉斯）：据官方消息灵通人士指出，在北方邦西部的几个地区，又有 16 名儿童死于一种神秘疾病，死亡人数在最近 3 天已经上升为 48 人。

官方消息灵通人士指出，还有 2 名儿童昨晚在萨哈兰普尔的一家医院中死去，死亡人数已经超过 20 人，在诺伊达（Noida）和加济阿巴德，每个死去的儿童具有的症状，均类似于脑膜炎和霍乱。

布兰德沙哈尔（Bulandshahr）地区行政官员阿布舍克·辛格（Abhishek Singh）说，这个地区已有 12 名儿童死亡。

巴格帕特地区行政官员卡米尼·拉丹告诉印度报业托拉斯，虽然这个地区没有报告有新的死亡人数，但是，身体状况不好的儿童人数却还在增加。

超过 100 名表示曾有过严重头痛、发热和呕吐的儿童，已经被送往密拉特、穆扎法尔纳格尔以及格尔穆格代瑟尔地区的卫生保健中心和政府医院，这位消息灵通人士指出。

新闻报道/第 3 天

新德里，10 月 25 日（印度快报新闻社）：联邦卫生部在接到 13 名儿童由于一种"神秘发热"死亡的报告后，已经向北方邦密拉特地区派出了一支5人工作组。

这支工作组，3人来自全国传染病研究所（National Institute of Communicable Diseases），其中包括1名微生物学家和1名流行病学家，工作小组中还有两人是德里的儿科医生。据卫生部官员说，这支工作组是按照该地区主要卫生官员和专员的要求，被派去调查死亡原因。

另一支来自全国病毒性疾病研究所（National Institute of Virology）的工作组，有望在今后两三天对该地区进行考察。

据卫生部官员说，所有5岁以下儿童的死亡，均被认为是病毒性脑炎造成的。 81

"这种疾病的病史非常短。患病的儿童出现高烧和呕吐。随即，他们出现昏迷，并在6～12小时内死亡，"一位官员说。

"因为病毒性分析需要花费时间，所以，该地区的医生被要求根据症状对病人进行治疗，"这位官员补充道。

据官员指出，虽然自从10月13日偶发性事件就被报告出来，但直到10月18日，3名儿童的死亡才敲响了警钟。另据卫生部的官员指出，正如一家媒体部门报道的那样，这种疾病并没有蔓延到其他地方。德里的古鲁泰格·巴哈德医院（GTB① Hospital）已经报告有3例此病患者，但是，"他们均来自巴格帕特地区，"这些官员说。

练习3

使用给出的参数，为下列3则连续报道分别写出基于副标题的标题。第一则报道的标题不必包括任何连接性词语，也可以没有副标题。

主标题

点数：30点

字形：大小写字体

每栏字符数：5个

栏宽：5个

标题组数：1个

---

① GTB 为 Guru Teg Bahadur 的首字母缩写。古鲁泰格·巴哈德（Guru Teg Bahadur，1621—1675）为印度锡克教第9代宗教领袖。

字肩
点数：14 点
字形：大小写字体
每栏字符数：14 个
栏宽：5 个
标题组数：1 个

新闻报道/第 1 天

　　新德里，10 月 20 日（印度报业托拉斯）：人们从运抵加济阿巴德布尚钢铁厂（Bhushan Steel Factory）的 3 辆装载废旧金属的卡车上，又找到大约 35 枚火箭弹，布尚钢铁厂在 9 月 30 日曾发生过一起炸弹爆炸事件，造成 10 人死亡。

　　加济阿巴德警方负责人乌迈什·舍利瓦斯塔瓦（Umesh Shrivastava）告诉印度快报新闻社，在昨天 3 辆卡车抵达工厂时发现的这 35 枚炮弹，经检查都尚未引爆。

　　"这些炮弹已经移交军方，他们负责将其在靠近洛尼河（Loni）的亚穆纳河河岸的一个封闭地点销毁，"这位警方负责人说。

　　这些炮弹将与过去几个星期在这个地区发现的近 100 枚炮弹一同被销毁。

　　在收回这 35 枚炮弹之前，这家工厂昨天发生了一起爆炸事件，军方和警察收缴了 6 枚尚未引爆的炮弹。

82　新闻报道/第 2 天

　　勒克瑙，10 月 21 日（印度报业托拉斯）：据一位高级警官说，今天有 3 人在北方邦赫米尔浦尔（Hamirpur）地区一家钢铁厂的爆炸中受伤。

　　赫米尔布尔地区警方负责人阿伦·库马尔（Arun Kumar）在电话中告诉印度报业托拉斯，爆炸发生在今天下午距离此处大约 15 千米的里姆吉姆（Rimjhim）钢铁厂。

　　两天前，5 辆装载废旧金属的卡车从密拉特运抵这家工厂，废旧金属中存在爆炸物的概率无法排除，这位警方负责人说，进一步调查正在进行之中。

他还提到，这家工厂的老板和工人均未向警方报告爆炸的事件。警方从其他途径获得消息后赶赴现场。

新闻报道/第 3 天

包纳格尔（BHAVNAGAR）（古吉拉特），10 月 22 日（印度报业托拉斯）：据警方说，今天，人们从包纳格尔地区两家不同工厂的废料场地中找到 48 枚炮弹，成为古吉拉特最大的发现，其中一家工厂在星期三发生了一起炮弹爆炸事件，炸死 2 人、炸伤 3 人，人们这家工厂找到了 36 枚炮弹。

"36 枚炮弹是在纳瓦格阿姆（Navagaam）地区的印度电力有限公司的工厂中发现的，爆炸就在这里发生，而另外 12 枚炮弹则来自附近锡尔（Sihor）镇的里希（Rishi）轧钢厂，"包纳格尔地区警方负责人告诉印度快报新闻社。

这位警方负责人说，爆炸处理工作组被派往这两个现场。他说，在两个现场发现的炮弹中，有些炮弹一半是空的。这位警方负责人说，这 36 枚炸弹是在工厂的不同地方找到的。

然而，他无法确定炮弹源自何处，并称其尚待调查考证。

新闻报道/第 4 天

赖浦尔（RAIPUR）［切蒂斯格尔邦（Chhattisgarh）］，10 月 24 日（印度报业托拉斯）：警方今天说，一共有 42 枚炮弹，其中包括 28 枚尚未引爆的炮弹，在市郊的一个池塘中被发现。

"昨天，在锡姆加（Simga）警察局的指挥下，警方从位于国道附近的贝塔（Bemta）村的一个池塘中捞出 42 枚炮弹，"赖浦尔地区警方负责人阿斯霍克·朱内贾（Ashok Juneja）告诉当地的印度快报新闻社。

他说，从这个地区发现的各类爆炸物品总数已经上升为 114 件。

所有炮弹均装在 3 个黄麻袋和 1 个塑料袋里，警方补充道，这些爆炸物一定是在废品交易中被人扔到池塘里的。

朱内贾说，贝塔村民在池塘水退浅后发现了这些炮弹袋，于是向锡姆加警方报告，警方随后打捞了这些炮弹袋。

他说，国家安全保卫部门和贾巴尔浦尔军工厂的专家抵达此处，销毁了这些爆炸物品。

切蒂斯格尔邦政府当局于 10 月 13 日将收回爆炸物品一案移交给中央调查局。

83 多重新闻点导语标题

练习 1

仔细阅读两个星期的报纸，找出 5 则具有多重新闻点导语的新闻报道。分析每个标题，了解标题作者选择新闻点撰写标题的方式。

练习 2

使用给出的参数，为下列 3 则新闻报道分别写出 2 个标题：

标题 1

点数：28 点

字形：大小写字体

每栏字符数：6 个

栏宽：5 个

标题组数：1 个

标题 2

主标题

点数：30 点

字形：大小写字体

每栏字符数：5 个

栏宽：4 个

标题组数：1 个

副标题

点数：14 点

字形：大小写字体

每栏字符数：14 个

栏宽：4 个
标题组数：1 个

新闻报道 1

　　新德里：针对国家民主联盟（NDA）及其倡导者乔治·费尔南德斯[①]的申辩，联邦中央今天决定取缔调查泰赫尔卡网站（Tehelka）泄露辩护交易的委员会，并要求中央调查局查明披露"不同政要"角色的录像带。

　　"政治事务内阁委员会（The Cabinet Committee on Political Affairs, CCPA）已经做出决定，不再延长由法官 S. N. 普坎（S. N. Phukan）主持的这个委员会的任期，因此，任期在 10 月 3 日终止，"法律部长 H. R. 巴拉德瓦杰（H. R. Bharadwaj），告诉记者，国家民主联盟政府（NDA government[②]）"误导"了这项调查，因为它希望通过"拖延""保护"当时的国防部长[③]。

　　委员会的任期在昨天终止，并且，政府当局已经决定不再保留这个机构。　84

　　"这个事件马上由中央调查局接手调查，以独立的方式对情况进行详细调查，而政府将会提供泰赫尔卡网络门户网站所拍摄、导致该事件的录像带，"H. R. 巴拉德瓦杰说。在从委员会得到录像带后，这个委员会的使命就会很快结束，政府当局会把录像带转交调查机构，他补充说，最终要由中央调查局来决定包括首份信息报告记录在内的整个调查过程。

　　"我们希望中央调查局能够迅速完成此项调查工作，"他说，但没有给出具体的调查时间计划。

新闻报道 2

　　朱瓦哈提（GUWAHATI）（印度联合新闻社）：在阿萨姆邦（Assam）

---

　　① 印度前国防部长。
　　② 国家民主联盟政府，媒体称谓。当选执政的少数党联合"国家民主联盟"（National Democratic Alliance, NDA）组成的执政联盟。如 1999 年印度人民党大选获胜，但印度人民党不是议会多数党，无法组阁，便联合一些小党组成执政联盟"国家民主联盟"，因此，那一届印度政府就被媒体称为国家民主联盟政府。
　　③ 指乔治·费尔南德斯（George Fernandes）。

连续 3 天毫不减弱的恐怖暴力事件中，昨夜又有 6 人被开枪打死，9 人受伤，此时，正巧联邦中央决定制定一项长期的、多方面的政策，与北方诸邦共同努力，彻底解决叛乱问题。

昨晚大约半夜时分，在上阿萨姆（Upper Assam）索尼特浦尔（Sonitpur）地区的格拉普克布里（Gelapukhuri），6 人被开枪打死，此事怀疑是波多民族民主阵线（National Democratic Front of Bodoland, NDFB）和阿萨姆联合解放阵线（United Liberation Front of Asom, ULFA）的极端主义者所为，在最近 3 天的恐怖暴力事件中，阿萨姆邦死亡人数上升到 70 人。

内政部长希夫拉杰·帕蒂尔（Shivraj Patil）为了评估导致 60 人死亡和 100 多人受伤的星期六爆炸和纵火事件后的局势，在昨天和今天巡视了阿萨姆邦和那加兰邦（Nagaland），今天从迪马浦尔（Dimapur）再次抵达这里①观察局势的发展。

内政部长考察了最近两天遭到武装暴力分子袭击的下阿萨姆（Lower Assam）的图布里（Dhubri）地区和其他地区，并与阿萨姆邦首席部长塔伦·戈戈伊（Tarun Gogoi）、民事与安全官员一起对局势进行了分析。

为了确保邦政府尽一切可能帮助阻止暴力事件，内政部长说，与阿萨姆联合解放阵线那样的叛乱组织进行"无条件"谈判的大门"始终敞开"。他说，为了制止恐怖主义，一项长期的、多方面的政策正在制定之中。

"印度政府将尽一切力量来帮助阿萨姆邦政府……如果任何人附加任何条件来谈判的话，我们都不接受。谈判应该是在无条件的情况下进行，"他说。

在被问及政府是否仍然愿意与阿萨姆联合解放阵线进行谈判，帕蒂尔先生指出，联邦中央并没有关闭谈判的大门……拯救人类的生命和无辜的民众，是我们的责任。

新闻报道 3

新德里（印度快报新闻社）：城市发展部已经提出，在全印度不同地区重新开办 4 家印度印刷厂，这 4 家印刷厂在积欠巨额债务后，由以前的

---

① 指朱瓦哈提（Guwahati）。

国家民主联盟政府关闭。

团结进步联盟政府正在考虑重新开办的其中两家印度印刷厂，分别是　85
印度政府形式商店（Government of India Forms Store）和助理总监办公室
（外印）［Office of the Assistant Director（Outside Printing）］，另外两家
印刷厂是位于希姆拉（Shimla）和冈托克（Gangtok）的印度政府印刷厂。

2002年9月，国家民主联盟政府决定关掉政府运营的印刷厂。其中4
家最终被关闭，5家被兼并。

城市发展部管理的3家位于昌迪加尔（Chandigarh）、布巴内斯瓦尔
（Bhubaneswar）① 以及迈索尔（Mysore）的教科书印刷厂，根据文件条款
的规定，转交邦政府管理。该文件条款规定，如果邦政府到2003年没有接
收3家印刷厂的话，那么，它们同样要停业整顿。

内阁有关重新开办印刷厂的正式文件已经下发给包括财政部在内的有
关部委征求意见。消息灵通人士指出，邦政府已经出台了几项振兴印刷业
的计划。

练习3

撰写标题，要求突出以下新闻报道的原因和结果，并参照下列参数：
主标题
点数：30点
字形：大小写字体
每栏字符数：5个
栏宽：5个
标题组数：1个
新德里（印度联合新闻社）：竞选委员会主席（Chief Election Com-
missioner，CEC）T. S. 克里什纳·默迪（T. S. Krishna Murthy）将在总
理曼莫汉·辛格（Manmohan Singh）的干预下，驳回对外事务部的反对意
见，获得访美支持，并将于11月2日"亲临"美国总统大选。

---

① 布巴内斯瓦尔为奥里萨邦（Orissa）首府，是印度东部的印度教中心，曾有7 000多座寺
院，现存寺院仍有100多座。

竞选委员会在对外事务部拒绝访美申请后，向辛格博士[①]提出建议，声明接受美国政府的邀请，不会加重印度承担的义务，以回报美国最近阶段的态度。

一位印度总理办公室（PMO[②]）官员证实了辛格博士对竞选委员会访美的干预，访美时间很可能定于 10 月 28 日。

据竞选委员会的消息灵通人士指出，对外事务部并没有提出实质性的反对意见，因为竞选委员会已经不是第一次接受华盛顿的邀请出席美国总统选举。

克里施纳·默迪先生的随行人员 J. M. 林格多赫（J. M. Lyngdoh）和 M. S. 吉尔（M. S. Gill）指出，他们此前出席过美国总统大选。

评论性标题

练习 1

仔细阅读两个星期的报纸，找出 3 个评论性标题。如果标题未使用评论，请重新撰写。

练习 2

找出任何 3 则分析重大政治进展的新闻报道。按照报纸所使用的点数和栏宽，为每则报道撰写一个评论性标题。

练习 3

使用给出的参数，为下列 3 则报道分别写出评论性标题：

点数：30 点

字形：大小写字体

每栏字符数：5 个

栏宽：3 个

标题组数：2 个

---

① 曼莫汉·辛格为经济学博士，故名。

② Prime Minister's Office 的缩写。

新闻报道 1

新德里（印度联合新闻社）：一份全国人权委员会（NHRC①）报告指出，现有的邦法律在马哈拉施特拉邦、安得拉邦（Andhra Pradesh）和卡纳塔克邦（Karnataka）废除神女制度（Devdasi② System）方面极为不力、漏洞百出，这份全国人权委员会报告提出全面统一立法，以废除这种庙宇僧侣沿袭成俗的"神职堕落"制度。

这份由前任行政官员 K. B. 夏尔马（K. B. Sharma）起草的有关防止对设籍阶级实施暴力（Prevention of Atrocities Against Scheduled Castes）的报告指出，"这样的法律，在其许可范围内，还会导致其他对设籍阶级（Scheduled Castes）和设籍部落（Scheduled Tribes）妇女性剥削的习惯做法。"

然而，直到中央统一立法准备实施的时候，全国人权委员会才能引导有关邦政府修改现有的法律，避免出现漏洞，使之更加严谨，并组建有效贯彻法律的执行机构，夏尔马先生将之与比哈尔邦设籍阶级达利特（Dalit）③ 的社会进步联系起来，提出了这份报告。

他说，这些邦同样应该通过协调设籍阶级福利救济、妇女与儿童发展以及农村发展等部门的努力，发起一项大规模的强化意识计划，尤其是为废除"神职堕落"制度，正确引导这个易受诱惑的团体，并为恢复这些被解放的神女的地位制定有效的方案。

他指出，这个计划应该提供个人和组织的信息，受到这个制度影响的神女、潜在的受害者及其保护人，应该为寻求政府的干预提出建议。

"这场运动应该针对庙宇僧侣，要让他们懂得，他们在怂恿或默许这种习俗方面，负有不光彩的责任，"他说，同时要求在这场知晓运动中，

---

① 为 National Human Rights Commission 的首字母缩写。

② devdasi 字面意思是 "servant of the lord"，即神的女奴，实质上是一种神妓。——译者注

③ 亦译贱民。dalit 为印度语，意为"受压迫的人"，专门指社会底层和最贫苦的人群。被排除在种姓之外。种姓制度是古代印度森严的社会等级制度，将人从高到低分为婆罗门、刹帝利、吠舍和首陀罗四个等级。印度独立后废除了种姓制度，并立法保障低层民众，对象包括三种：一是设籍阶级，即传统"贱民"；二是设籍部落，即居住在人迹罕至的森林或山地，不接受种姓制度的土著；三是其他落后阶级，包括低种姓者、放弃印度教皈依其他宗教的"贱民"和游牧民族等。

对非政府组织和社会活动者加以约束。

新闻报道 2

新德里（印度联合新闻社）：全国妇女委员会（The National Commission for Women）对仍在泰米尔纳德邦盛行的野蛮契约劳工（bonded labour）① 做法表示震惊，并建议这个邦在 3 个月内归还契约劳工的合法身份，释放契约劳工并恢复他们的自由。

"在实施《契约劳工废除法》（Bonded Labour Abolition Act）30 年后，这种野蛮的做法，仍然以最原始和最邪恶的形式，在像泰米尔纳德这样一个进步的邦延续至今，确实令人感到震惊，"全国妇女委员会有关针对瑟汝韦勒尔（Thiruvelur）水稻加工厂实行契约劳工的听证会报告评述道。

全国妇女委员会命令，立即释放所有此前出庭的劳工，以及那些其家庭已经向农村发展组织（RDO②）提出投诉的劳工，并在两个星期内恢复他们的自由。

全国妇女委员会要求，在两个星期内，归还红山（red hills）水稻加工厂其他契约劳工的合法身份并释放契约劳工，在两个月内恢复他们的自由。

"在两个月内，整个邦水稻加工厂归还契约劳工的合法身份并释放契约劳工。在三个月内，整个邦恢复契约劳工的自由，"这是妇女全国委员会提出的其他建议。

全国妇女委员会要求根据《契约劳工法》（Bonded Labour Act）、《防止对设籍阶级和设籍部落实施暴力行为法》（SC③/ST④Prevention of Atrocities Act）、《工厂法》（Factories Act）的条款，对雇主提出起诉。全

---

① 契约劳工，就是一个人向另一个人借钱时，订立书面或者口头合同，债务人同意通过为债权人劳动的方式偿还债务。一旦成为契约劳工，也就相当于将自己出卖给了债主，直到偿清债务为止。契约劳工地位还不如雇工。契约劳工出现的原因可以追溯到印度独立后，印度政府从 1949 年开始实施以废除柴明达尔（Zamindar）地主为中心的土地改革。土地改革废除了柴明达尔中间人地权制，改变了土地占有制结构，加速了封建租佃关系向资本主义经营的转化。此后，印度政府又先后在农村进行过数次土地改革。由于多种原因，土地改革并不彻底，无地和少地的农民仍然大量存在。由于土地问题始终没有得到根本的解决，致使无地的印度农民面临两种选择，一是当契约劳工，一是流入城市寻找工作。

② Rural Development Organization 的缩写。

③ Scheduled Castes 的缩写。

④ Scheduled Tribes 的缩写。

国妇女委员会（NCW①）指出，水稻加工厂雇主要依照《最低工资法》（Minimum Wages Act），支付拖欠工人的款项，并按照该法保护的条款对其予以罚款。

全国妇女委员会建议，对没有贯彻《契约劳工法》的地区行政官员采取严厉的惩治措施。

新闻报道3

新德里（印度亚洲新闻社）：全国人权委员会对警方歧视社会贫困阶层、破坏社会正义提起了诉讼。

全国人权委员会一份有关防止对设籍阶级达利特和设籍部落实施暴力的报告指出，警方采取干预的做法保护高种姓印度人，而对伸张正义的达利特采取暴力行为。

"这个问题始于受理案件本身。警察采取各种阴谋诡计，阻挠设籍阶级和设籍部落登记注册案件，对暴力的严重性采取轻描淡写的做法，保护真正的被告（也许是高种姓印度人），"全国人权委员会报告指出。

全国人权委员会报告指出，如果全都是警方注册登记案件，他们就会为了避免惩罚被告，拒绝按照1989年《防止对设籍阶级和设籍部落实施暴力行为法》受理案件。

警方只根据《公民权利保护法》（Protection of Civil Rights Act）受理案件，而《公民权利保护法》是一项带有更多倾斜性的法律。

结果造成犯罪者受到的惩罚比较轻，拒绝受害人提出的赔偿要求，在给付保证金的情况下，被告可获得释放。

但是，最常见的关于警方对贱民采取的暴力形式的陈述，是警方将他们与有关犯罪案件、微不足道的偷窃案件以及冒犯联系在一起，给予羁押在案的处置。

全国人权委员会报告要求警方，对贱民当事人造成身体严重伤害、经常导致当事人死亡的野蛮审讯方法，要采取克制的态度。

"监管死亡通常被掩盖起来，"全国人权委员会报告补充指出，枪杀贱民是警方最喜欢使用的另外一种灭绝手段。

88

---

① National Commission for Women 的缩写。

　　警方同样通过援引包括《国家安全法》（National Security Act）在内的严厉法律条款，对贱民激进主义分子为权利进行斗争采取打击报复。

　　全国人权委员会报告研究指出，采取漠不关心和偏袒纵容的态度，根本约束不了警职人员，而要扩大包括地区民政在内的政府其他机构的权力。

第 4 章

标题种类——II

□ 引语标题

引语很少用作标题。这是因为引语通常被用作修饰新闻点，而不是用来修饰报道本身。因此，仔细选择引语至关重要。在标题中使用引语时，应该使人产生强烈的情绪，如恐惧、气愤、快乐、憎恨等——解释引语时，情绪就会被削弱。在使用引语撰写标题时，下列几个要点需要牢记在心。

建立在引语基础上的报道

围绕一个引语建立整个新闻报道极为罕见。然而，如果确实有必要，这个引语就应该用作标题。一个典型案例是对中央邦（Madhya Pradesh）警察总署署长的报道，在一起涉及其部下的强奸案中，他玩弄文字游戏，为其部下强奸"未成年人"开脱。据警察总署署长的说法，这位被一名警官及其朋友强奸的 13 岁少女，是"未成年人，但也并非那么年幼"。

警察总署署长的说法引起愤怒是在意料之中的事情。新闻社用下列标题转载了这一报道：

中央邦警察对强奸案中未成年人的新释义

这个标题明显缺乏生气。标题读起来更像是法律术语，而非在中央邦引起极大争议的报道标题。新印度快报网的标题作者，通过强调这位警察总署署长说出的话，使标题犀利有力。

副监察长强奸 13 岁女孩，警察总署署长说，她是"未成年人，但也并非那么年幼"

无疑，这则报道是当天新印度快报网点击率最高的报道。

无名小辈说的话

在报纸上，一小部分新闻报道围绕着寻常百姓。这些人并不是名人显贵，名人显贵每天占据报纸大量的篇幅，而寻常男女若成为引人注目的中心，则因为他们犯罪，抑或他们碰巧成为诸如交通事故、洪水、火灾或地震等意外灾难事件的受害者。

记者为了推出悲剧中的人物面孔，才把他们拉扯到报纸版面上。在这种情况下，选择的引语应该代表他们的情绪内容——揭露黑暗、恼人的事情或事件丑陋的一面，如果有好的一面，也不要忘记提及。这些引语可以作为单独的引语刊登出来，因为没有人能够根据名字认出他们。

一个优秀的事例是用引语来表达一名强奸犯对被绞死的恐惧。这名强奸犯绑架了一名 12 岁的少女，当他看到电视新闻简报说，加尔各答的一名男子因犯强奸罪和谋杀罪被最高法院判处绞刑时，吓得失魂落魄，失去理智。于是，他向警方投案自首。新闻社转载的标题过于直白。而直接引语则会增添生动性和强烈的义愤感。

最初的标题：因害怕被绞死，强奸犯交出受害人

修改后的标题：我只强奸过她几次，我不想被绞死

然而，如果需要指明消息出处的话，标题应该着眼于受害者在报道中的身份。因此，一名被强奸的女孩所说的话，应该被指明消息出自一位强奸受害人；而一个从被地震夷为平地的房屋中找出来的男子所做的评论，应该被指明消息出自一名地震幸存者。

消息出处的用途

找出做出声明的人很重要。这样做可以激起读者的兴致，增加标题的价值。标题作者通过讲述报道提供的细节内容，佐证其作品的做法屡见不

鲜。然而，这却是一种非专业的做法，所有的编辑部都不应提倡这种做法。每个标题本身都必须完整。下面有两个缺少采访对象姓名的标题。读者从这两个标题可以猜测出什么呢？

无论如何，我都希望成为这支球队的球员
在我有足够的资金的时候，我就会执导一部电影

其实，这两句话是印度家喻户晓的名人所说的话。但是，对于他们的追捧者来讲，具体到报道本句，这两个标题均需要指明消息出处。这也是其他读者需要了解的信息。 91

用消息出处修改的标题：

无论如何，我都希望成为这支球队的球员：甘古利①
在我有足够的资金的时候，我就会执导一部电影：沙鲁克②

当标题放置在名人大幅照片上方时，我们就可以省略消息出处。那么，这幅照片就起到支撑标题的作用，能够使读者了解这名讲话者是谁。这通常是杂志和报纸特稿部分遵循的一种形式。然而，这种形式现在同样可以用于硬新闻报道。在曼莫汉·辛格博士当选为印度总理后举行第一次新闻发布会时，《印度信徒报》使用了曼莫汉·辛格博士的大幅照片，无需专门指明消息出处，直接刊登了其引语（见图4—1）。

但是，这并不是一个很好的做法。新闻标题本身必须完整。读者必须一眼就知道谁在发言。无法做到这一点的标题，就不是好标题。同样地，当讲话者的名字出现在标题中时，就应该减少单独的引语。

如果消息是选自委员会、专门小组、组织、官员等评论，交代清楚消息出处是必不可缺的组成部分。重要的是，要正确地叙述这类评论，这样读者就会知道信息出处。一个留给读者困惑的引语标题事例，是印度人力资源开发部部长阿尔俊·辛格（Arjun Singh）先生委任的一个学者专项小组发表的声明，以审读印度民主联盟政府在历史书籍中所做的改动。这个专门小组发现，在全国教育研究与培训委员会89页的图书中，只有9页提到南印度，而其余80页专门用来讲述北印度历史。标题作者把注意力集中

---

① 指印度著名板球运动员索拉夫·甘古利（Sourav Ganguly）。
② 指印度著名导演沙鲁克·苏丹（Shahrukh Sultan）。

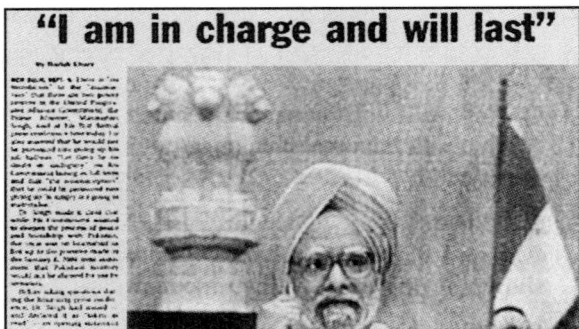

图 4—1　印度总理曼莫汉·辛格博士的直接引语被《印度信徒报》用作导语标题。

到这则新闻报道的新闻点上。然而,这位标题作者还是犯了一个错误,即遗漏了标题的消息出处。结果,这个标题看上去像政治家在公共集会上或采访过程中做出的一个声明。

最初的标题: 印度历史不能够是北印度的历史

修改后的标题: 审读专项小组发现,历史书忽略南印度

问答形式的报道

直接引语具有令人耳目一新之感,而每当作阐释处理时,会让人有坠入九里云雾之惑。这就是为什么标题作者必须选择一个声明,最好地表达采访对象在某个有争议问题上的观点,并用作引语。

《印度周刊》在 2003 年 12 月 14 日这一期刊登了如下对人民党领袖乌玛·巴拉蒂(Uma Bharati)女士的采访。

问:中央邦打算成为人民党的一个实验基地吗?

答:发展将成为主旋律。印度教民族主义(Hindutva)并没有与发展唱反调。

问:你如何设法解决迪格维贾伊(Digvijay)政府遗留下来的巨额债务问题呢?

答:那将是一个真正的挑战,但在一年之内,我将把这个国家的经济重新带回到正常的轨道上。

问：首席部长乌玛·巴拉蒂与阿约亚提（Ayodhya）的乌玛·巴拉蒂有什么区别呢？

答：我仍然是那个阿约亚提的乌玛·巴拉蒂。在我来看，没有任何变化。我在阿约亚提运动（Ayodhya movement）中所表现出的热情，在我努力提高贫苦人民的生活水平的时候还会表现出来的。

问：你会继续从事反对迪格维贾伊腐败的主张吗？

答：我不打算成为一名渴望报复的首席部长。法律将会决定每一个案件。

乌玛·巴拉蒂女士并不以唱高调著称。即使这个只有 4 个问题的简要采访，也会令标题作者兴奋不已。下面两句话立即会吸引读者的注意力：

我仍然是那个阿约亚提的乌玛·巴拉蒂

我不打算成为一名渴望报复的首席部长

《印度周刊》正确地选择了第一句话作为采访的标题。这个标题总结了这位煽动叛乱的人民党领袖的个性。假如这句话被解释为如下标题：

萨尼辛（Sanyasin）说，她仍然是那个阿约亚提的乌玛·巴拉蒂

或者

乌玛·巴拉蒂说，她与阿约亚提时期的乌玛·巴拉蒂没有区别

就会丧失冲击力。上述解释性标题使用了比较多的词语来讲述相同的事情，但使用了一种稍显无力的方式。这就是一个以问答式撰写的报道应该首选使用引语标题的原因。

引语的编辑

93

人们通常会提出一个问题：在采访过程中，由一个采访对象说出的两句不同的话可以作为一个标题刊登出来吗？答案是肯定的。对于一个问题，使用两句相关的话并没有什么害处，只要表达的意义与采访对象打算表达的意义相同即可。此外，这两句话还必须用省略号分开，这样，读者就会知道这两句话不是接连说出来的。

印度板球队在澳大利亚举行的 2003—2004 年度国际板球系列赛上表现出色，队长索拉夫·甘古利成为这个国家备受尊重的人。在一次采访中，《印度周刊》请甘古利解释球队连续获胜的原因。现将甘古利对这个问题回答转录如下：

问：当你出任印度板球队队长时，我们并没有赢得这么多场比赛的胜利。而现在，我们的球队场场必胜。

答：当我们开始时，我们赢得了印度板球比赛的胜利，我们赢得了单日板球比赛的胜利——我记得，当我在 2001 年接任队长时，我们击败了澳大利亚队——显而易见，我们已经成为一支完全不同的球队。由于时间的磨炼，每个人都已经成长。我认为，我们所有的队员在这个阶段都发挥出了最佳的竞技水平。这就是我们球队获胜的原因。

标题作者为了表达甘古利回答的要点，挑出两句话作为标题。因为这两个新闻点是取自这两句话，省略号用来连接这两个新闻点。

我们现在已经成为一支完全不同的球队……每个人都已经成长：甘古利

也许有很多时候，我们可以将两句话刊登在一起，并列地表达没有省略号情况下的含义。下面是就印度女演员艾西瓦娅·雷（Aishwarya Rai）[①]回答印度亚洲新闻社某个问题而使用的标题：

在《雨衣》[②] 中，我看上去像一个肥胖的比哈里（Bihari）[③] 家庭主妇

[①] 艾西瓦娅·雷（Aishwarya Rai, 1973— ），印度著名女影星，出生于印度卡纳塔克邦芒格洛尔市。身高 1.70 米，有着蓝绿色双眸，楚楚动人。在 1994 年南非举办的"世界小姐"选美赛中夺得"印度小姐"称号后，走上演艺道路，多次获得表演奖。其中，1997 年因主演的处女影片《闺秀探春》（Aur Pyaar Ho Gaya）一举夺得"印度荧屏最佳女新人奖"。其主要作品有《真爱》（Straight from the Heart，1999）、《宝莱坞生死恋》（Devdas，2002）、《爱，没有明天》（Kal Ho Naa Ho，2003）、《雨衣》（Raincoat，2004）、《班迪与巴卜莉》（Bunty Aur Babli，2005）、《调情魔师》（Mistress of Spices，2005）、《最后的兵团》（The Last Legion，2007）等。曾担任 2003 年法国"戛纳电影节"评委，也是印度历史上第一位国际电影节评委，并以 33% 的得票率，当选为 2003 年度"世界最具魅力的女人"，还曾入选"世界最美丽的 100 人"。

[②] 《雨衣》（Raincoat，2004），印度电影。由日普帕诺·古什（Rituporno Ghosh）执导的一部发生在多雨的下午、带有忧郁情调的剧情片。

[③] 比哈尔邦的当地人或居民。

另一个经常被问到的问题是：能够对采访对象说的话进行编辑，以使其篇幅适合充当引语吗？这个答案再次得到肯定。为了产生最有价值的新闻点，我们可以压缩话语。

在一次接受印度亚洲新闻社的采访中，女演员普丽缇·泽塔（Preity Zinta）① 解释了她为什么在舞台格外卖劲工作。而被选作标题的这句话则显得虚弱无力，但是，标题作者却编辑得非常出色。

问：你在上台之前，要做大量的准备工作吗？

答：这是因为我知道我在舞台上并不是非常出色。其他演员，像沙鲁克·汗（Shah Rukh）② 和赛义夫（Saif）③，都是非常具有舞台天赋的演员。拉妮（Rani）④ 还是一位非常出色的舞蹈演员。阿尔俊（Arjun）⑤ 和朴雅卡（Priyanka）⑥ 均有极佳的舞台风度。再加上我，我们拥有一个不寻常的团队。

94

---

① 普丽缇·泽塔（Preity Zinta，1975— ），印度著名女影星。主要作品有《爱无国界》（*Veer-Zaara*，2004）、《目标》（*Lakshya*，2004）、《日月相祝》（*Salaam Namaste*，2005）、《永不说再见》（*Kabhi Alvida Naa Kehna*，2006）、《克里斯》（*Krrish*，2006）等。

② 沙鲁克·汗（Shah Rukh Khan，1965— ），印度著名男影星，是一位比其他任何宝莱坞影星都更具吸引力和代表性的演员，被誉为印度电影产业的无冕之王。拥有一家成功的制片公司和以自己名字"Shah Rukh Khan"冠名的香水。主要作品有《缘来是你》（*Dil To Pagal Hai*，1997）、《怦然心动》（*Kuch Kuch Hota Hai*，1998）、《阿育王》（*Asoka*，2001）、《有时快乐有时悲伤》（*Kabhi Khushi Kabhie Gham...*，2001）、《宝莱坞生死恋》（*Devdas*，2002）、《爱，没有明天》（*Kal Ho Naa Ho*，2003）、《爱无国界》（*Veer-Zaara*，2004）、《丛林怪物》（*Kaal*，2005）、《永不说再见》（*Kabhi Alvida Naa Kehna*，2006）、《摩诃婆罗多》（*The Mahabharata*，2007）等，其中，影片《宝莱坞生死恋》获得第75届奥斯卡奖提名，并被选为戛纳电影节上的放映影片。

③ 指赛义夫·阿里·汗（Saif Ali Khan，1970— ），印度著名男影星。主要作品有《心归何处》（*Dil chahta hai*，2001）、《爱，没有明天》（*Kal Ho Naa Ho*，2003）、《日月相祝》（*Salaam Namaste*，2005）、《帕里妮塔》（*Parineeta*，2005）。

④ 指拉妮·玛克赫吉（Rani Mukherjee，1978— ），印度著名女影星。主要作品有《黑色》（*Black*，2005）、《鬼丈夫》（*Paheli*，2005）、《巴布尔》（*Baabul*，2006）等多部影片，其中，影片《鬼丈夫》曾入围2006年奥斯卡最佳外语片的角逐。

⑤ 指阿尔俊·拉姆帕尔（Arjun Rampal，1972— ），印度著名男影星。主要作品有《印度有个宝莱坞》（*Heart of Gold*，2003）、《宣言》（*Elaan*，2005）、《夺面煞星宝莱坞》（*Don*，2006）等。

⑥ 指朴雅卡·乔普拉（Priyanka Chopra，1982— ），印度著名女影星。2000年在世界小姐选美中获得"印度小姐"称号。主要作品有《爱无国界》（*Veer-Zaara*，2004）、《永不说再见》（*Kabhi Alvida Naa Kehna*，2006）、《大哥》（*Big Brother*，2007）、《爱的奉献》（*Salaam E Ishq*，2007）等。

选择的句子：这是因为我知道我在舞台上并不是非常出色

编辑的标题：我在舞台上并不是非常出色：普丽缇·泽塔

但是，我们能够做出的这种编辑变化还是有一定的限制。可以从引语中删除的内容最多的是冠词或助动词。标题作者也可以考虑删掉形容词或副词，只要删除的内容没有削弱采访对象所说的话即可。在出于篇幅原因、为使标题更加犀利或为传递相关的新闻点而连接两句话编辑引语时，标题作者绝对不可以改变字面上的意义或隐含的意义。

部分引语的使用

标题作者使用部分引语出于两个理由：一是为了强调讲话者形成的重要新闻点；二是为了保持评论的风格。举例来说，在 2004 年一些报纸上，有报道指出，印度社会民主党领袖玛雅瓦蒂①女士为防被捕，已经选好"接班人"继续社会民主党的工作。当然，这些报道并没有明确"接班人"准确的角色是什么。因此，当玛雅瓦蒂女士反驳这些报道没有根据时，标题准确地使用了接班人这个词语作为部分引语。

玛雅瓦蒂女士否认有关"接班人"的报道

另一个用部分引语准确捕捉新闻点的标题范例，是美国国务卿科林·鲍威尔（Colin Powell）先生与印度对外事务部部长纳特瓦·辛格先生会晤报道的标题（见图 4—2）。《新印度快报》的报道将分析与新闻发展结合起来，在报道的第 3 段落做出了如下声明：

同时，据这里的高层消息灵通人士指出，印度已做好准备，愿意将印巴实际控制线②变为一种"比较缓和的分界线"，为居住在双方的克什米尔人民构筑联系的桥梁，而不是割裂人民之间的联系。

使用的标题：印度为"比较缓和的"印巴实际控制线做好准备

---

① 指社会民主党领袖苏什里·玛雅瓦蒂，四次当选北方邦首席部长。

② 又称印巴控制线。指印度和巴基斯坦目前在克什米尔实际控制地区的分界线。

India ready for 'softer' LoC

Keep peace process rolling: Powell

BY JYOTI MALHOTRA

New Delhi, Sept 2: Talks between India and Pakistan this weekend just acquired an extra the same line with Powell. New Delhi has been saying for some time that although it doesn't recognise the Line of Control as an International Boundary, it believes that the negative consequ- of Kashmir as well as the plethora of 72 confidence-building measures that have been proposed over the last eight rounds by New Delhi. Islamabad could propose a few of its own.

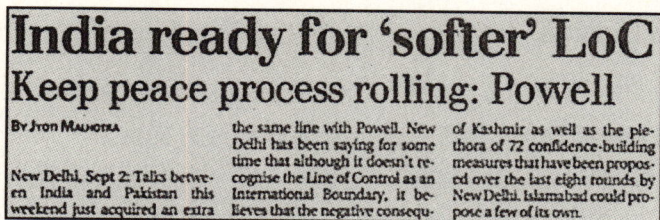

图 4—2　《新印度快报》一个用作标题组成部分的部分引语。

□ 问题标题

95

问题标题在一些编辑部里并没有得到青睐。问题标题常见的局限在于总留给读者猜测的余地。而这并不是报纸希望看到的结果。报纸愿意读者明确地把握每个标题的意义。但是，这种愿望并不意味着我们不该使用问题标题。问题标题具有几个不可忽视的优点。当然，为了使问题标题有效，我们必须有节制地使用。下面我们对问题标题的一些属性进行讨论。

引起好奇

问题标题是引起好奇的一个极好方式。问题标题在动机、阴谋、秘密达成交易、幕后操纵诡计等方面给予暗示。同时，问题标题使报纸免于可能遭到的诽谤，因为报纸没有提供答案或做出事实声明；即使报纸碰巧刊登了这些问题，它也只是提出问题罢了。

这就是问题标题在捕捉读者兴致的神秘报道方面非常有效的原因。举例来说，若一名公共人物卷入一起醉酒肇事逃逸案件，报纸就会对做出坦率的声明犹豫不决，除非警方提供一份根据酒精分析检测的信息。因此，对于报纸来说，作为一个有趣的问题，提出争论相对比较容易。

这位部长在出事之前去过酒吧吗？

像上面这样的标题，可以使连续报道栩栩如生。然而，这类标题应该有节制地使用。因为它通常表明报纸隐瞒了一些事情、具有不完全的信息，或者报道建立在理由充分的推测基础上，但没有充分的事实依据。

适于推测性报道

在 2004 年下半年，人民党第二次争夺国家领导权，媒体发生内讧，出现了大量推测性报道。竞争阵营都加班加点地努力提供当时人民党总书记文凯赫·奈杜（Venkaiah Naidu）先生对乌玛·巴拉蒂女士提出的三色旗行动（Tiranga Yatra）[①] 产生的回应感到不安的报道，也有推测性报道认为，在苏什玛·斯瓦拉杰（Sushma Swaraj）女士的领导下，人民党发动的萨瓦卡行动（Savarkar Yatra）是为了窃取三色旗行动的声势。

上述所有报道均属于推测性报道。没有哪个党的领导人愿意公开发表讲话，确认报道是否属实。但是，还是有足够的政治救命稻草，编织绘声绘色的报道。记者可以奢侈地在像"据报道"、"据了解"等词语旁边设置暧昧的答复。但标题作者没有任何这类托词。这就是标题作者选择问题标题来制造新闻点的原因。

文凯赫·奈杜找到了摆脱困境的办法吗？

《计算机快报》（*Computer Express*）在喷墨打印机销售方面的报道使用了一个类似的问题标题（见图 4—3）。该报道指出，佳能喷墨打印机在小型城市的销售量有所增长，并提出了这样一个问题：

佳能公司能够撼动惠普公司对喷墨打印机的控制吗？

该报在没有发表意见的情况下，做出了一则推测性的新闻点。

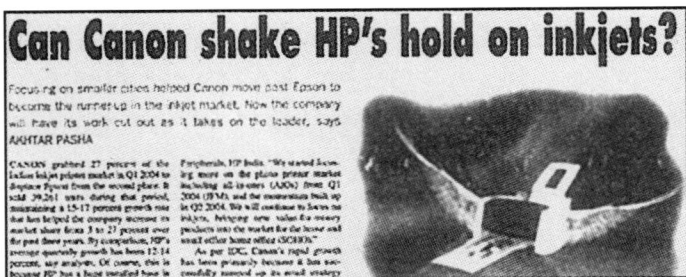

图 4—3 《计算机快报》在喷墨打印机销售方面使用的一个问题标题。

---

① 即 tricolour journey。三色旗指印度国旗。

引发争论

当报纸使用问题标题时，并不总是为了避免直接回答事实。问题标题有时也被用于引发争论，使读者进行思考。在这种情况中，一个优秀的标题事例是《展望》（*Outlook*）杂志为格雷格·查贝尔（Greg Chappell）专栏撰写的标题（见图4—4）。该专栏评价了参加2004年国际板球理事会冠军杯赛（ICC Champions Trophy）不同球队的命运。

Who'll Be No. 2?

Symonds epitomises the Aussie spirit. It will be them vs the rest in the ICC Trophy.

RECENT comment announcing the demise of Australian cricket appears to be premature at best, wishful thinking at worst. Sure, England's star is in the ascendant and India has been very competitive in recent Test series with Australia but no one has the all-round strength of the Australians in both forms of the game.

As we have seen in the NatWest Trophy over the past week, India is struggling and will miss Sachin Tendulkar's brilliance and experience in the Champions Trophy tournament while England is struggling in the limited over version of the game, period. Without Flintoff in the last NatWest clash with India, England looked positively anaemic. They will need to go back to the drawing board before the Champions Trophy or they are likely to appear in the also-ran category at the business end of the tournament.

Two players who are barom-

poorly with his Test match stats but it is rapidly looking like it could become terminal if he doesn't shake himself out of his current torpor. He reminds me somewhat of Michael Slater who, as a natural ball striker, tried to become even more aggressive in one-day cricket and finally lost his way completely for a period. Michael resurfaced in Tests as a pale shadow of his former self before stuttering into oblivion.

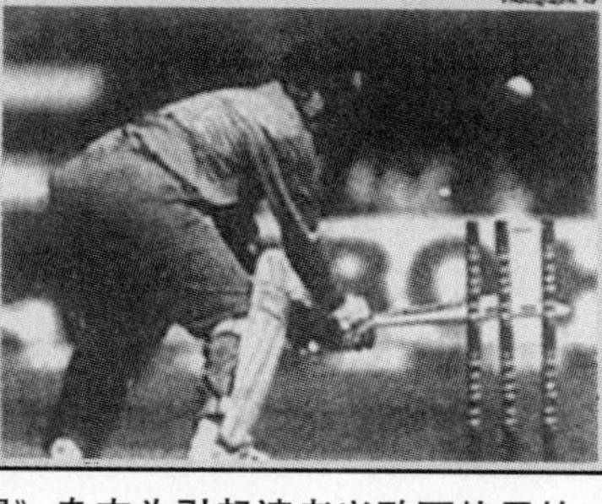

Schwag appears to be more mentally robust than Slater was but he would need to find himself soon or he might start to doubt himself as Slater did. More than anything else, he needs to define a role for himself in the shorter version of the game. He became an opener for one-day cricket and I believe it suits his personality and his style but he needs to use the same approach to batting in these matches as he does in Test cricket. His batting, while explosive in Tests, appears to have a measurement to it that is not as evident in limited-overs matches.

图4—4　《展望》杂志为引起读者兴致而使用的一个煽动性标题。

查贝尔就像一位地地道道的澳大利亚人一样，把澳大利亚队捧杯看作理所当然的事情。对他而言，这届比赛并不是找出冠军队的比赛，却更像是要找出能够与澳大利亚队至高无上霸主地位抗衡的队伍。《展望》杂志的标题作者抓住时机，并在标题中很好地捕捉到这个煽动性的新闻点：

谁将是第二名？

对正反面报道比较实用

问题标题同样可以用作分析性报道。其中，作者提出问题的优缺点，而不提供结论。在这种情况下，标题作者别无选择，只能提出问题，并让读者在仔细阅读报道后进行确定。

97   一个此类标题的例子是撰写有关外商直接投资优势与劣势报道的标题。作者既为外商直接投资的好处进行了辩护，又对外商直接投资的不足进行了抨击。为避免出现平淡无奇的标题，作者选择了下列问号形式的标题。

    标签性标题：外商直接投资的优劣

    比较好的标题：外商直接投资会有怎样的危险？

要有节制地使用问题标题

    如果想使问题标题有影响力，我们必须有节制地使用。因为太多的问题标题会使读者感到厌烦。另外，用问题作为标题承载的惊人因素，也会消失殆尽。在许多编辑部，问题标题被认为是强调问题的一种懒惰方式。我们建议年轻编辑重新改写这些问题标题。

    这是一种有意义的做法。以下面有关《反恐行动法》政治犯的标题为例，这些被拘留者既没有钱，又与大人物没有瓜葛，我们本来就可以很容易地将其撰写成没有问号的标题。

    最初的标题：难道没有人声援《反恐行动法》的平民政治犯吗？

    修改后的标题：无人问津《反恐行动法》的平民政治犯

98   另一个情况相同的问题标题，是提及有关特兰伽纳全国协会党（Telangana Rashtriya Samiti）与国大党（Congress）[①] 之间分歧不断增大的报道所撰写的标题（见图 4—5）。这个标题本可以不使用问号，直接撰写为：

印度国大党、特兰伽纳全国协会党（TRS[②]）的分歧不断增大

☐ **数量标题**

数字在标题中主要起两个作用。第一是纯粹功能性的作用；第二是创

---

①   全称为印度国民大会党（Indian National Congress）。

②   Telangana Rashtriya Samiti 的缩写。

End of the TRS-Congress honeymoon?

By Dasu Kesara Rao

HYDERABAD, OCT. 8. The honeymoon between the Congress and its alliance partner, Telan...

...ous and, at heart, against separate statehood for the region, he said.

In a well-orchestrated attack, the Union Minister was joined...

...mon minimum programme and in the President's address to both Houses of Parliament. People were assured that the new state would be a reality in a...

...and Dr. Reddy if they went back on the Telangana issue. In the wake of the hostile reaction, Mr. Rao explained that he did not intend to offend her. The com...

...The two parties had agreed not to rake up the Telangana issue until after the Maharashtra elections. With Vidarbha not figuring in the Congress manifes...

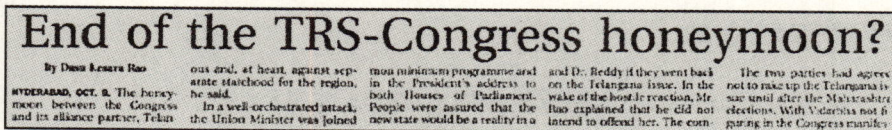

图 4—5 　《新印度快报》使用的一个标题，这个标题本可以不使用问号，直接撰写出来。

新性的作用。标题的功能性作用很容易定义。它源自数字在标题中被用作形容词的事实。数字告知读者死亡的数量、公司蒙受的损失、轿车一年的销售量、部长在国外短程旅游的花销等。

标题的创新性作用产生于对数字的阐释。通过与某个问题发生关联，一个简单的数字可以被赋予一种新的生机或魔力。举例来说，一个标题也许以事实方式说明，一个月内德里蓝线公交车交通事故中有 15 人死亡。但如果这个标题换一个方式阐释，每隔两天就有一名德里人死于交通事故，那么，相同的数字就会吸引更多的注意力。

下面是我们在使用数量标题时必须牢记的一些要点。

数量要用数字

在标题中，数量应该使用数字形式，因为这样做可以节省篇幅。

使用： 25 人在安得拉邦公交车事故中死亡

避免使用： 二十五人在安得拉邦公交车事故中死亡

然而，这并不是一个限定条件。只要数量有助于平衡标题，就可以把数量以文字形式拼写出来。

避免使用： 4 人丧生于

　　　　　加尔各答火灾

使用： 四人丧生于

　　　　　加尔各答火灾

第二个标题在视觉上比较令人满意，因为两层标题具有相同的长度[①]。

---

① 　指原文两行词语长度相同。

99 ## 数量要用文字

数量达到 5 位以上，就应该使用文字形式来表示。

使用：卡纳塔克邦获得 50 亿卢比的资金
避免使用：卡纳塔克邦获得 5 000 000 000 卢比的资金

小数的用法

当构成一个数量很大的组成部分时，小数可以略去。

使用：538 千万卢比赔偿金支付给喀拉拉邦工厂
避免使用：538.13 千万卢比赔偿金支付给喀拉拉邦工厂

标题没有必要说明工厂得到的赔偿金的最后一位卢比和派沙[①]。标题的数字应该完整地接近于十万卢比或千万卢比的位数。

不要使用分数

在标题中，不要使用分数。分数会打乱版面的视觉谐调感。

数量的创新用法

数量不应该仅仅被视为一种存在实体，它们还起着第二种更为重要的作用。优秀的标题作者使用数量增添新的意义，并为标题增加一种新的维度。如果无法通过数量读出意义的话，标题作者也许会删掉这个标题。

麻省理工学院发布有前途的年轻人名单，在美国是一件非常有名的事件。这份名单提及的年轻人，均被寄予希望在选择的领域内做出贡献。在 2003 年发布的名单中，印度血统的美国学生达 10 人之多。这原本是一个值得印度人民欢呼庆祝的很好理由，因为它表明了印度人民及其后代在美国做得多么出色。不幸的是，撰写的标题没有充分地把握这个机会，只是平淡无奇地表示为：

在麻省理工学院《科技评论》（*Technology Review*）评选的 100 人中，

---

① 派沙为印度的货币单位，等于百分之一卢比。

有10人为印度血统

关键之处在于，这个标题把这个名单每10人就有1人为印裔美国人的事实掩盖起来了。假如标题表示为：

在麻省理工学院评选的智慧火花中，每10人就有1人具有印度血统

那么，这个标题就会吸引更多的注意力。

伤亡数字的用法

人们怎样撰写有关在前面导语中提及的估计伤亡数字的灾难标题呢？这总是伴随着自然和人为不幸事件的发生而发生。在所有这些情况下，确定死亡人数则需要花费时间。

第一个导语提及了推测被杀或人们担心的死亡人数。因此，标题作者面临准确说出20人死亡或等到人们计算出最终死亡数字的两难境地。对于这种情况，最佳的策略是要用一个形容词对伤亡数字加以限定。选择稳妥的做法总是明智之举。这可以提高报纸的可信度。阐述50人在火车相撞事件中死亡，然后，第二天说明伤亡的数字为35人，这就没有任何意义了。

在下列有关一辆公交车①遇难的报道中，标题作者通过在标题中使用形容词"恐怕"（feared），使标题恰如其分。

公交车掉入河里恐怕造成30人死亡

杰莫利（CHAMOLI）：今晚，一辆邦际公路公交车在距此处大约30千米的地方掉入阿拉克南达河（Alaknanda）②，车祸恐怕至少造成30人死亡。

这辆公交车承载了43名乘客，但是，警方和司机迄今为止只找到了20具尸体。

据警方说，这辆公交车在转过一个很大的急转弯时发生了悲剧。目击者担心，死亡数字也许还会更高，因为湍急的河水已把公交车冲走。

对于暴乱的报道，应该使用相同的原则。标题作者在撰写此类报道

---

① 原著此处误为船只（boat）。
② 为恒河5个源流之一。发源于喜马拉雅山脉楠的达德维（Nanda Devi）山以北约48千米处。

时，必须要加倍小心。大多数暴乱的报道均给出两个数字：一个数字是警方当局提供的官方伤亡数字，第二个是谣言散布者散布的伤亡数字。而第二个数字总是要比警方当局公布的数字高得多。

记者通过使用这两个数字，使自己免受责难；当然，他们可以用形容词"非官方信息来源的"来限制第二个数字。标题作者现在必须决定使用哪个伤亡数字，是官方数字，还是非官方数字。两个数字都有缺陷。其他报纸也许通过使用一个伤亡人数更高的数字抢先发布重要新闻消息，而标题作者可能由于过于小心谨慎而不得不再做调整。另一种情况则是被提及的非官方数字也许后来被证明是数字过高。

最佳的策略仍然是要使用官方数字，报纸首先要报道政府当局提供的事实，其次，这也是报纸负责的做法。它不应该通过提供可能不正确的信息加剧愤怒的情绪。在报道暴乱伤亡数字时，选择错误一方的信息，也没有什么可感到羞愧的。报纸是报道事实的行业，而不是通过报道过高或夸大的数字，抢在竞争对手之前发布重要新闻消息。

□ 社论标题

在报纸中，最神圣的版面就是社论版。社论版的价值从主编亲自管理这个版面可见一斑。社论版的每个条目均意义非凡。但是，大部分报纸的社论版主要采用 2 个社论。有些报纸使用 3 个社论，而有些报纸，则将社论版限制为 1 个社论。

我们要把注意力最大限度地集中在社论写作和社论标题上，我们为什么不这样做呢？社论反映了报纸对国家重要问题的看法，并由报业最具资格和最有经验的工作人员来撰写。社论或社论标题上出现的任何差错，均属于亵渎行为。

报纸的社论标题常使用两种格式。《印度信徒报》刊登了一个单层标题格式（见图4—6），这种标题格式既用作标题，又作为评论；《印度时报》（见图4—7）使用了一种将评论用作副标题的格式。

直到最近，社论标题才成为被报纸唯一允许使用评论的标题。我们可以用黑体字将评论或建议刊登在主标题、副标题或两种标题之中。它反映了报纸在主要问题上所采取的立场。

AN EXPERIMENT IN DEMOCRACY

THE FIRST PRESIDENTIAL election in Afghanistan's history is back on course with the candidates contesting against the incumbent Hamid Karzai giving up their demand for the polls to be annulled. Mr. Karzai's 15 rivals alleged that the election had been vitiated by widespread malpractices and declared that they would boy- that the incumbent would cross the 50 per cent mark, which he needs to do if a run-off with the second placed candidate is to be avoided. The nominee of the Northern Alliance and main challenger, Younis Qanooni, had hoped he would be able to persuade the other candidates to withdraw from the race so that he could con-

图 4—6　《印度信徒报》使用的社论标题。

Disinvest Mantris
The best way to change PSUs is to say 'No, Minister'

While Manmohan Singh goes on a roadshow to sell India as an investment destination in Britain and the US, heavy industry *mantri* Santosh Mohan Deb begins to question Suzuki's plans to invest about $200 million in a new plant in India. What kind of Jekyll and Hyde manoeuvre is this? Deb's ministry controls 18% government stake in India's

图 4—7　《印度时报》使用的社论标题。

下面是《印度时报》撰写的一则有关外商直接投资社论标题使用评论的事例。

主标题： 消除混乱

副标题： 不要让特权阶层揩外商直接投资政策的油

□ 书信专栏标题

在报纸中，一个非常重要的部分是书信专栏。书信专栏允许读者表达对当前问题的看法。长期以来，书信专栏标题被撰写为标签性标题。书信专栏标题只是表达书信的主题，并没有放大读者的不平或意见。这也是因为分配撰写标题的篇幅并不足够大所限。下面是撰写书信专栏标题的一些实例。

学院路

红绿灯

市民的悲恸

现在，处理信件的主编更具想象力。他们希望书信专栏和新闻部分一样，都是具有可读性的专栏。此外，还存在大多数打算写信的书信作者，因此，标题必须捕捉这种情绪。现在，一些黑体的书信专栏标题有：

不要墨守成规

吸取教训

惩罚这位先生

整修道路

然而，这些标题仍然处在创作初期。我们需要花更多的时间，才能使书信专栏标题具有一定的特色。

章节重点

何时使用引语

1. 当新闻报道建立在一个引语基础上时。

2. 当这个引语有争议时。

3. 当这个引语可增添一抹色彩时。

4. 当这个引语表达出情绪时。

需要消息出处的引语

1. 如电影明星或政治家等名人做出的评论。

2. 根据委员会、专门小组等报告摘出的引语。

3. 由部长、官员说出的引语。

4. 需要引出语境的引语。

103　如何编辑引语

1. 标题中的冠词和助动词可以删掉。

2. 当两个不同的引语连接在一起时，应该使用省略号。

3. 只要意义不受影响，无关的词语可以删掉。

问题标题的作用和局限

　　1. 引起好奇。

　　2. 使报纸得以回避敏感问题。

　　3. 对推测性报道比较实用。

　　4. 要有节制地使用。

　　5. 过度使用会削弱影响。

如何使用数量标题

　　1. 用数字形式代替数量。

　　2. 超过 5 位的数量应该拼写出来。

　　3. 小数不应用于较大的数量。

　　4. 分数不应用于标题。

　　5. 数量应该巧妙地使标题更有意义。

社论标题的作用

　　1. 给出忠告。

　　2. 提议解决方案。

　　3. 对问题加以评论。

书信专栏标题

　　1. 大部分是标签性标题。

　　2. 现在可以看到一些评论。

标题练习

引语标题

练习 1

　　仔细阅读一个星期的报纸，找出 5 个使用引语的标题。用间接引语重新改写标题。

104　**练习 2**

　　仔细阅读一个星期的报纸，找出 5 个将引语重新描述的标题以及用作消息出处的采访对象的姓名。将标题写成直接引语。

练习 3

　　使用下列给出的标题参数，写出 5 个采访的标题：

点数：30 点

字形：大小写字体

每栏字符数：5 个

栏宽：4 个

标题组数：2 个

采访 1

　　下列采访是对马哈拉施特拉邦首席部长苏什尔·库马尔·辛德（Sushil Kumar Shinde）先生进行的采访。这篇采访刊登在 2003 年 9 月 7 日的《印度周刊》上。

　　问：你对最近 8 个月连续发生的爆炸有什么看法？

　　答：这些爆炸显然是企图造成我们邦的动荡。我们邦的 9 300 亿卢比的债务负担正在逐步减少，经济日益改善，旅游业正在好转，饭店全部客满。在最近几个月，一些国际大公司在我们邦进行了巨额投资。这些恐怖分子的行为是企图破坏我们邦的快速发展。

　　问：许多人认为，孟买正在以其特有的方式成为另一个耶路撒冷。这类恐惧有道理吗？

　　答：恐怖主义是当今一种全球现象。孟买发生的袭击事件①，成为全印度关注的焦点，尤其是自从这个城市成为国家的贸易和商业中心以来。

———————

　　①　指印度孟买自 2002 年 12 月 2 日以来连续发生的 7 起恐怖爆炸事件。其他 6 起恐怖爆炸事件分别发生在 2002 年 12 月 6 日、2003 年 1 月 27 日、2003 年 3 月 13 日、2003 年 6 月 29 日、2003 年 8 月 25 日和 2008 年 11 月 26—27 日。

警方正在尽全力确保这类袭击事件不再发生。

问：反对党已经要求你的政府辞职。

答：在这种危急时刻，反对党应该与政府联合起来。这类要求只会进一步破坏这个邦。国大党既不会在邦际层面上，也不会在中央水平上采取这种狭隘的政治手段。

问：恐怖分子的活动造成社区动荡，在少数人中间引起了恐慌，尤其是在议会选举就要来临的时候。

答：政府将确保不会给任何人创造以任何形式造成社区动荡的机会。

问：据情报报告表明，在不远的将来，还有可能发生更多的爆炸事件。

答：不会的。但我会提醒有关人员采取措施，防止任何此类恐怖行为的发生。

采访 2

105

下列采访是对瓦苏达拉·拉杰（Vasundhara Raje）女士进行的采访，她领导的人民党在 2003 年拉贾斯坦邦议会（Rajasthan Assembly）选举中获胜。这篇采访刊登在 2003 年 12 月 14 日的《印度周刊》上。

问：下一个目标是什么？

答：优秀的管理，显而易见。

问：你当时对赢得绝大多数选票感到自信吗？

答：是的，尽管我的许多同事无法分享我的乐观程度，但是，我还是对选举胜利和赢得绝大多数选票感到非常自信。

问：你认为一个反对现任者的投票，有助于你赢得胜利吗？

答：这使投票向着一个更加有利的方向发展，受到我们的欢迎，也表明了对我们能力的一种信任。

问：哪些是你优先考虑的事情呢？

答：旅游业、工业、农业以及用各种可能的方式赢得人民的信任。

问：作为拉贾斯坦邦第一位女性首席部长，妇女能够从你这里期望什么特别的事情吗？

答：妇女是我的强大后盾；61％的妇女投了我的票。我将使拉贾斯坦邦成为一个妇女当家做主和发展进步的港湾。

采访 3

下列采访是对女演员普丽缇·泽塔进行的采访，2004 年 11 月 12 日被印度亚洲新闻社转载，并被几个出版物所使用。

问：在表面上，《情义两重天》（*Dil Ne Jise Apna Kaha*）① 看上去就像另外一部《爱情故事》。

答：啊哈！外表可以具有欺骗性。我的角色是一个非常可爱的角色。整部电影有着一种非常美好的格调。它非常有感觉……是的，我很喜欢我的角色和这部电影。有关我的角色，我不能讲更多，因为那会泄露电影的故事情节。但是，当人们看到这部电影时，他们就会知道这并不只是另外一部可爱的、棉花糖式的电影。

总之，我无法拒绝萨尔曼·汗（Salman Khan）和阿塔尔·阿戈尼奥特里（Atul Agnihotri）……当然，我为他们出演这部电影。但是，如果我不喜欢我的角色和这部电影的话，我是不会出演这部电影的。

问：与萨尔曼再次合作感觉如何呢？

答：非常舒服，也很合拍。拍这部电影非常顺利。确实如此，人际关系确实影响你的专业状态。这部电影拍得毫无压力可言。我和萨尔曼以前曾合作过《悄然无声》（*Chori Chori Chupke Chupke*）和《倾心相爱》（*Har Dil Jo Pyar Karega*）。

《情义两重天》是我第 3 次与同一个人联合主演的唯一一部电影。还有赛义夫……但在电影《心归何处》（*Dil Chahta Hai*）中，他并不与我演对手戏。所以，在某种程度上，我和萨尔曼作为演员一起成长起来。萨尔曼对我以诚相待，从不在我面前嬉皮笑脸或装腔作势。我们彼此坦诚相见。

问：你和布米卡·乔拉（Bhoomika Chawla）有对手戏吗？

答：她拥有自己的剧情主线，饰演一个非常非常美好的角色，她表演得非常出色。是的，我确实有几场和她一起演的戏。她是一位可爱的女孩

---

① 阿塔尔·阿戈尼奥特里于 2004 年执导的影片。

和优秀的女演员，丝毫看不到疲惫和紧张的迹象。像我所说的那样，这是一部拍摄过程十分顺利的电影。我必须补充的是，阿塔尔·阿戈尼奥特里是一位才华横溢的导演。

问：迄今为止，你第一次就非常幸运地与像法尔汗·阿克塔（Farhan Akhtar）和尼基尔·艾瓦尼（Nikhil Advani）那样的导演合作。

答：我幸运吗？但与霍尼·奥蒂（Honey Aunty）［霍尼·艾拉尼（Honey Irani）执导的《性欲之奴》（Armaan）］的合作却不是第一次。我希望，我可以证明与阿塔尔合作很幸运。他的成功真的理所应当。我认为，在看过电影《情义两重天》后，没有人会感到受骗上当的。每个人都会面带笑容地走出影院。而且，这部电影表达出一种积极向上的讯息。电影的确对人们的心灵产生巨大的影响。我希望这部电影与众不同。

采访 4

下列采访是对印度软件和服务行业协会主席基兰·卡尼克（Kiran Karnik）先生的采访，这篇采访刊登在 2004 年 9 月 19 日的《印度周刊》上。

问：在信息技术部门是否有一种感觉，班加罗尔正在丧失作为印度信息技术之都的地位？

答：既是又不是。班加罗尔在规模、出口和信息技术的潜力方面继续保持着优势。现在，人们对班加罗尔的基础设施压力存在某种担忧。考虑到其他一些城市具有比较完善的基础设施，为了改变班加罗尔基础设施存在的压力，我们有大量的工作要做。但是，并不存在某种危机，因为有新人不断来到班加罗尔。我把班加罗尔比作印度板球队。就像在球队接近胜利时失掉了 3 个球。比赛没有加快进程，却放慢下来。

问：但是，即使在 S. M. 克里什纳（S. M. Krishna）担任首席部长时，班加罗尔的基础设施问题也仍然存在。

答：（基础设施的）需求—供给之间的缺口已经拉大。我们不该与其他邦进行比较，但要与世界范围的其他城市进行对比。

中国的基础设施走在了信息业的前面。在这里却是另一种情况：在这些公司来到这里之后，才开始考虑基础设施问题。以前，班加罗尔的需求与供给之间的缺口没有这么大。不存在水电问题。随着几年过去，信息技术产业的需求变得比较复杂。

以前，使用几组发电机就可以经营一家软件公司。而现在，任何不足都可能产生危机。如果一名雇员很晚才参与其中，他根本就无法与团队协同工作。

问：你认为什么是班加罗尔基础设施最突出的问题呢？

答：公共交通。他们必须考虑一个大规模的交通系统。他们在最近10年，始终高谈阔论建设一个高架轻轨铁路系统和一条地铁线路，却一直没有行动起来，缺乏动力。没有人说："让我们现在就干吧。"

问：外国投资者对班加罗尔的基础设施表示关注吗？

答：非常关注。班加罗尔的大型飞机场有着落了吗？外国投资者低声说："你见过上海机场吗？"

107　　对于外商直接投资和希望发展的印度公司来说，这些因素使它们减缓计划的实施。我们必须扪心自问，我们是否打算从现在起的3年之内，继续维持一种交通拥挤的状态。

采访 5

下面是对板球选手拉胡尔·德拉维德（Rahul Dravid）进行的采访，这篇采访刊登在2003年12月28日的《印度周刊》杂志上。此次采访是在这位腼腆的击球手一局表现极为出色，帮助印度队在澳大利亚获胜的国际板球比赛之后进行的。

问：当索拉夫①过来和你拥抱时，他说了些什么呢？

答：他说干得不错！拥抱非常热烈，因为我一直在重组这支球队的过程中起着积极的作用。像这种胜利的时刻，是球队重组过程中的一个重要组成部分，而且，我们两人都清楚这一点。胜利强化了我们走上正确道路（使这支球队成为最优秀的球队）的信念，而且，我们正在朝这个方向

---

① 指印度板球队队长索拉夫·甘古利。

迈进。

问：在板球系列赛之前，你给自己制定了目标吗？

答：我告诫自己只是去那里参加比赛，打好板球。在最后一场比赛中，我提前计划得非常好。这次我没有再这样计划。我告诫自己所要做的，就是要尽可能比较早地习惯比赛环境，打好板球。

问：你认为在这场比赛击球时，你处在联防区域吗？

答：我不这么认为。我以前从未有过这种感觉。但在这场比赛中确实经历了不同的发展阶段，我真正感到控制了比赛局面。我认为，我在比赛过程中，神不知鬼不觉地加入无人之境。

问：哪一局比赛比较困难——是你打出 556 分的第一局比赛，还是追求小目标的第二局比赛呢？

答：第一局比赛对我们保持胜利至关重要，而且，第一局比赛帮助我们这么做了。但是，第二局比赛更为困难，因为存在实现胜利的压力。

问：你在第二局比赛走出来击球之前，在想些什么呢？

答：我从最后一天早晨就认为，我们会赢得这场比赛的胜利。我知道，如果不是我，其他队员也会去实现。

问：你认为，你目前打出你的最高水平了吗？

答：是的。从两年前，在对西印度群岛队系列比赛开始。我感到自己在击球时，不仅非常舒服，也很放松。我对自己的球技很自信；并不像我利用自己的技术，做了特别的事情。我猜测这大约就是成熟吧。经验教导你，你就不会总是重蹈覆辙的。

练习 4

按照下列要求，写出 5 个新闻报道的标题。

（1）使用部分引语。

（2）使用消息出处。

标题参数如下所示：

（1）对于部分引语标题

点数：30 点

字形：大小写字体

每栏字符数：5 个

栏宽：5 个

标题组数：1 个

（2）对于指明消息出处的标题。

点数：24 点

字形：大小写字体

每栏字符数：7 个

栏宽：2 个

标题组数：2 个

新闻报道 1

　　孟买（印度亚洲新闻社）：艾西瓦娅·雷说那是"不可能的事"，坚决地澄清了有关她与萨尔曼·汗签约一部新片的传言。

　　正如她以往做事原则一样明确，阿什（Ash）① 澄清了有关对她与萨尔曼交涉拍摄一部电影的推测。"与萨尔曼合作是不可能的事，而且，你可以在这件事上直接引用我的话。"

　　"当我写出那个新闻声明，表明我必须结束与他的全部合作时，我因一只脚骨折，住在医院里。我在病床上写出那个声明，在病床上，我有许多时间思考我在做什么，"艾西瓦娅·雷在一次采访中向印度亚洲新闻社讲述道。

　　"我并不是那种为达到自己的目的而推翻自己决定的女人。自食其言的问题根本不会发生。好啦！我放弃与桑杰·里拉·布汗萨里（Sanjay Leela Bhansali）合作的机会，只是为了坚持自己的信念。我为什么要为了一部不太重要的影片而改变自己的看法呢？"艾西瓦娅争辩道。

新闻报道 2

　　班加罗尔（印度快报新闻社）：在班加罗尔的一次新书推介会上，

---

　　① 即艾西瓦娅·雷。

V. S. 奈保尔（V. S. Naipaul）[1] 看到许多年轻人，尤其是农村地区的年轻人对他的作品表示认同。这一点令他感到十分惊讶。

"在我整个写作生活中，我始终有一种印象，我不会有太多的受众。但我还是为这个新发现感到高兴，"他嘲弄道。

当一位书迷指出他的小说没有一部具有美妙的男女关系时，奈保尔看上去目瞪口呆，但很快恢复了平静，辩解道："我不同意这种看法。即使在我最新出版的小说中，也有一种深奥的男女关系。也许不是男妓（M&B）[2] 方式吧。"

奈保尔在谈到社会变革的力量时，认为事事都在发生着变化，因为人们希望如此。他用一种严肃的语调说道："我发现许多事情令人困扰，就像技术文明植根于粗俗的流行文化之中。在伊拉克发生的事情让人感到可耻。人们发现很难意识到，他们的文明正在缓慢地走向衰落。我是一位设法理解人类生活世界的作者。"

像以往一样，奈保尔不经意、一针见血的话语总是无懈可击。当有人询问，56 岁的年龄是否对于写小说的人来说是一个太大的岁数时，奈保尔爵士说："没错，这个年龄恰好是写自传的年龄。"

109

---

① V. S. 奈保尔（Vidiadhar Surajprasad Naipaul，1932— ），印裔英国作家，生于特立尼达和多巴哥。1950 年获奖学金赴牛津大学留学。毕业后，成为自由撰稿人，曾担任英国广播公司"加勒比之声"播音员，并为《新政治家》（*The New Statesman*）杂志撰写书评。著有《神秘的按摩师》（*The Mystic Masseur*，1957）、《米古埃尔街》（*Miguel Street*，1960，获萨姆塞特·毛姆奖）、《比斯瓦斯有其屋》（*A House for Mr. Biswas*，1961）、《斯通先生与骑士伴侣》（*Mr Stone and the Knight's Companion*，1963，获霍桑登奖）、《效颦者》（*The Mimic Men*，1967，获 W. H. 史密斯奖）、《在自由的国度》（*In a Free State*，1971，获布克奖）、《游击队》（*Guerrillas*，1975）、《印度：一个受伤的文明》（*India：A Wounded Civilization*，1977）、《大河湾》（*A Bend in the River*，1979）、《刚果日志》（*A Congo Diary*，1980）、《寻找中心》（*Finding the Center*，1984）、《抵达之谜》（*The Enigma of Arrival*，1987）、《南方转弯》（*A Turn in the South*，1989）、《印度：百万反叛》（*India：A Million Mutinies Now*，1990）、《世道人心》（*A Way in the World*，1994）、《难以置信》（*Beyond Belief：Islamic Excursions among the Converted Peoples*，1998）、《父子之间》（*Father and Son's Searching for a House in Limbo：An Interpretation of Half a Life*，1999）等作品。1990 年封爵。1993 年成为英国戴维—柯翰文学奖的首位获奖者，2001 年获诺贝尔文学奖。

② money boy 的缩写。

新闻报道 3

孟买（印度联合新闻社）：为了招揽印度的旅游和娱乐业，新西兰正在向宝莱坞（Bollywood）的电影制造商唱着《说这就是爱》（*Kaho Na Pyaar Hai*）的曲调。

有趣的是，正在印度访问的新西兰总理海伦·克拉克（Helen Clark）女士本人开始着手促进国家的发展。她昨晚在这里向导演拉克什·罗斯汉（Rakesh Roshan）、男演员赫里尼克·罗斯汉（Hrithik Roshan）和女演员阿米莎·帕泰拉（Amisha Patel）表示祝贺，因为他们超级轰动的影片《说这就是爱》向印度展现了新西兰。

"在过去 5 年间，宝莱坞拍摄了 100 多部以新西兰为场景的电影。而且，还有许多印地语电影，有望在新西兰的不同地点进行拍摄。"

她透露，自从 1999 年《说这就是爱》获得巨大成功后，到新西兰游览的印度游客数量显著增长。

"新西兰政府希望对《说这就是爱》电影剧组表示感谢，感谢剧组在促进这个国家成为国际旅游目的地方面所起到的作用。这个国家在剧本中出现得非常多，而且，这些场景与电影故事非常接近。"

由于相当多的宝莱坞电影在此拍摄，新西兰也已经向一个国际电影制作基地发生转变。由新西兰人彼得·杰克逊（Peter Jackson）执导的影片《魔戒三部曲》（*The Lord of the Rings*）获得奥斯卡奖，推动了新西兰向国际电影制作基地转变的趋势。

目前正在新西兰制作的电影有《狮子、女巫和魔衣橱》（*The Lion, the Witch & the Wardrobe*）以及《金刚》（*King Kong*）。

她指出，新西兰除了拥有一支由技术公司组成的极好阵容和一个充满活力的当地电影工业外，还为海外影片、电视、商业片提供了首选的一大批自然优势条件。

"这些优势包括没有受到破坏、多样化和容易获得的自然风光、适宜的温度气候以及日照时间较长的自然条件，"她说。

新闻报道4

新德里（印度报业托拉斯）：中央对击毙森林匪徒、臭名昭著的檀香木走私犯维拉潘表示称赞，并在今天指出，维拉潘的死亡标志着"不法行为"的结束。

"我们对采取的行动表示感谢。他（维拉潘）代表着不法行为，这个标志已随着这个结果（击毙）而终结，"联合内政部长希夫拉杰·帕蒂尔在此指出。

他指出，泰米尔纳德邦、卡纳塔克邦和中央武装发起了行动，政府感谢他们取得的成绩。

在被询问政府打算如何处理维拉潘残余的同伙时，帕蒂尔指出，这不 110是一个要消灭他们的问题，而是一个逮捕他们、把他们关进监狱的问题。

"这个过程已经开始进行，而且，无论他们需要中央政府什么帮助，我们都将提供，"帕蒂尔补充道。

新闻报道5

新德里（印度报业托拉斯）：CT检查"C"［caution（小心）］当先成为了最新的研究，该项研究指出，一个人每次进行计算机X射线断层扫描（Computed Tomography Scan，CT）检查，都会增加导致患癌症死亡的风险。

"对于一名45岁的人来说，这个风险为0.08%——在1 250人中，有1人可能患癌症——一个很小的百分比，但是，这种危险会累积起来，并与年龄有关，"哥伦比亚大学一名放射学肿瘤学家戴维·J·布里纳（David J. Brenner）在最近一期《放射学》（Radiology）杂志上撰文指出。

研究者估计，如果同样是45岁的人在接下来的30年里每年都进行该项检查，患癌症死亡的风险大约是2%——在50个人中就有1人患癌症。因此，如果50名45岁的人在接下来的30年里每年进行CT检查，其中有1个人就会由于吸收射线患癌症而死亡。

然而，总部设在孟买的原子能管理委员会（Atomic Energy Regulatory Board）前任秘书K. S. 帕塔萨拉蒂（K. S. Parthasarthy）博士指出：

"CT 扫描的临床优势远远超过了它所造成的伤害。但是，有些专家却没有有节制地使用 CT 扫描。"

他说，原子能管理委员会在这个国家大多数诊所对孩子进行 CT 扫描检查方面，规定了不同的可行和禁忌措施，但是，一项初步调查指出，"许多 CT 扫描检查装置忽视了这些建议。"

"CT 不仅能够比较早地诊断出特定的疾病，而且，比起其他图像工具更加准确。因此，人们需要对这项技术的使用持乐观和明智的态度，"萨夫达里贡医院（Safdarjung Hospital）的放射学专家亚提什·阿加瓦尔（Yatish Agarwal）博士指出。

问题标题

练习 1

仔细阅读一个月的报纸，找出 5 个问题标题。重写每个标题，删掉问号。

练习 2

根据下列给出的参数，为下列 3 则新闻报道撰写问题标题。同样地，使用相同的参数，撰写没有问号的标题。

点数：30 点

字形：大小写字体

每栏字符数：5 个

栏宽：5 个

标题组数：1 个

新闻报道 1

111

斋浦尔（JAIPUR）（印度亚洲新闻社）：一个有着 500 年历史、曾经吸引远至阿富汗买主的驴市正在慢慢失去它的魅力，而且，如果以这样的速度下去，驴市甚至可能倒闭。

这个驴市曾经是亚洲最大规模的交易市场，每年在距此 20 千米的隆尼亚瓦斯（Looniyawas）举办。但是，它目前甚至达不到邦际水平交易市场的规模。

"我们曾经吸引远至阿富汗和像拉达克（Ladakh）、查谟（Jammu）、克什米尔和北方邦地区的买主，"驴市主办机构负责人乌迈德·辛格·拉贾瓦特（Ummed Singh Rajawat）向印度亚洲新闻社讲述道。

"但是，正是由于机械化，远至古吉拉特邦或哈里亚纳邦（Haryana）的买主，现在已经不来我们这里了。"

为期 3 天的驴市于星期六落下帷幕。约 2 500 头牲畜进行了交易，但它不再是专门的驴市了。交易的动物中超过 1/4 是马匹和骡子。

穆拉里（Murari），一位来自古吉拉特邦贾姆纳格尔（Jamnagar）的交易商，也在责怪人们不断增加拖拉机和机动车辆的使用，从而降低了对毛驴的使用兴趣。

"我参加这个驴市已经 10 多年了。早些年，由于存在大量的买者和卖者，交易比较活跃。但是，这三四年以来，驴市确实变得不景气了。参加交易的牲畜数量也随之减少，"他说。

毛驴的价格也在下跌。

"早些年，一匹毛驴常常卖到大约 10 000～12 000 卢比（220～260 美元）。现在，即使卖到 5 000 卢比（110 美元），也都很难找到买主，"拉贾瓦特指出。

新闻报道 2

阿格尔（AGRA）（印度亚洲新闻社）：泰姬玛哈陵（Taj Mahal）是印度最吸引游客的胜地，如果政府当局不对它的最初生态环境加以保护的话，泰姬陵也许即将倾斜，甚至可能倒塌或被淹没。

两位著名的历史学家已经警告，如果这个建筑在亚穆纳河河岸上的世界上最著名的纪念丰碑要想得到保护的话，亚穆纳河床就必须重新注满河水。

今年，泰姬陵正迎来庆祝它修筑 350 年的周年纪念。泰姬陵由高品质的白色大理石建造，出现于 17 世纪，并被视为爱情丰碑而闻名于世。

"人们第一次发现泰姬陵尖塔发生危险倾斜是早在 1942 年，并在各种报道中提及，随着这些年的过去，有关泰姬陵尖塔倾斜的报道有增无减。泰姬陵尖塔倾斜是由于亚穆纳河床干涸造成的，"拉贾斯坦大学（Rajasthan University）历史系前任主任拉姆·纳特（Ram Nath）向印度亚洲新闻社讲述道。

"亚穆纳河构成了这座纪念丰碑设计的一个完整部分。所有可以找到的历史文献均指出，亚穆纳河总是充满河水，广泛用于交通运输。就是沙贾罕（Shahjahan）（建立这座纪念丰碑的莫卧儿皇帝）的尸体，也是从阿格拉堡（Agra Fort）① 用船只运送到泰姬陵的，"他指出。

阿格尔大学（Agra University）前任副校长阿加姆·伯勒萨德·马瑟（Agam Prasad Mathur）对这种看法表示赞同。

"亚穆纳河过去常常充满河水，以保持这座纪念丰碑的平衡，并减缓地壳的震动。既然这条河床已经干涸，泰姬陵就会极易受这些自然条件的侵害，"他指出。

两位历史学家指出，政府当局必须关注对这座纪念丰碑的维护，不能只是一味利用它来吸引大量游客。

112　　"而且，如果我们要为子孙后代保护泰姬陵，就必须首先拯救亚穆纳河，"他们补充道。

新闻报道 3

班加罗尔（印度快报新闻社）：当人们无法得到真相时，就会进行推测。正如在班加罗尔、哥印拜陀（Coimbatore）②、撒冷（Salem）和钦奈出现的情况那样，大街小巷到处充斥着流言蜚语，说森林土匪维拉潘不小心落入警方的圈套。

传言已经有十几个版本。据一个与警方有关圈子散布的谣言，人们怀疑一名曾对演员拉季库马尔（Rajkumar）③ 获释起着关键作用的泰米尔纳

---

①　又称阿格拉红堡（Agra Fort）。阿格拉堡位于亚穆纳河畔的小山丘上，距泰姬陵约 15 千米，全部采用红砂岩建造而成，故又称红堡，与首都德里的红堡齐名。

②　亦译科因巴托尔。

③　印度著名电影演员。曾在 2000 年 8 月被"一代枭雄"维拉潘绑架了 100 多天，直到当年 11 月才获释。维拉潘凭借此举，一时成为国际新闻的头条。

德邦人，导致维拉潘落入剿匪特种任务部队（STF①）在星期一夜里布下的陷阱。

警方总是不断烦扰这名甚至在帮助拉季库马尔博士逃离丛林后，仍被怀疑与维拉潘有瓜葛的男子。

一个传言版本指出，这伙人②还在孩提时，就在维拉潘土匪中卧底。这种传言比较可信，因为他们比较熟悉檀香木走私土匪的行踪，并在此前曾去过土匪隐匿的地方。

维拉潘并不是那么好愚弄的——此前打算消灭维拉潘的人都被维拉潘杀害，毫无踪迹可寻。据说，维拉潘就连自己的影子都不信任。所以，这里的警方声称，这是最近几个月在檀香木走私土匪巢穴成功卧底的一支剿匪特种任务部队所为，而且，维拉潘与所有土匪倾巢出动，这很难令人相信。

全部土匪携带大量现金乘坐货车的方式表明，他们可能正在变换藏身地点，正像他们经常做的那样。这伙土匪当时携带枪支，同样证实了这一点。

据说，这名土匪③从不为甜言蜜语所动，眼力也不会出问题。事实上，他独具一格的眼力在这一地区的居民当中有口皆碑。然而，他有哮喘的毛病，但并没有像有些警察所说的腿疼毛病。他携带干粮、扛着枪，可以一口气在森林中走上20千米。

假设维拉潘要走出森林，进行一段时间的治疗，在这种情况下，他为什么要带领全部土匪呢？——他从来不这样做，除非他正在转移藏身之处。

但是，这伙土匪这么多年来为什么会一直相信这名起关键作用的男子呢？他是因为具有双重身份而出卖同伙吗？他可能是为了进行一种平等交换才这么做的。

---

① Special Task Force 的缩写。
② 指剿匪特种任务部队。
③ 指维拉潘。

数量标题

练习 1

仔细阅读一个月的报纸，并找出 5 个充分使用数量的标题。

练习 2

为下列 3 则新闻报道各自撰写两个标题。在第一个标题中，可以用简
单、直接的数量单位。在第二个标题中，要有创造性地使用数量，以增加
标题的价值。标题应该按下列参数撰写。

点数：30 点

字形：大小写字体

每栏字符数：5 个

栏宽：5 个

标题组数：1 个

新闻报道 1

新德里（印度联合新闻社）：广大人民群众坚持要求沙塔巴迪快速列
车和拉吉达尼快速列车（Shatabdi and Rajdhani Express train）[①] 票价合理
化，在这个国家 100 条乘坐最频繁的快速列车线路中，总共 26 条线路的沙
塔巴迪快速列车只占 4 条，而总共 38 条线路的拉吉达尼快速列车只占
10 条。

在这个国家乘坐作为精英超快列车的沙塔巴迪快速列车非常普遍，但
仍没有达到铁路部门希望的理想状况。拉吉达尼快速列车的情况与此大致
相同，尽管这些列车的票价降到了相当低的程度，但是，票价和其他因素
还是无法使低层和中低层人们真正接受。

印度铁路开通了 26 条（13 趟）连接全部首府城市主要线路的沙塔巴

---

① 印度著名的铁路旅游专线列车。印度是世界上铁路交通最为发达的国家，铁轨总长度超
过 62 000 千米，有火车站 7 000 多个，机车 11 000 多辆，每天运送乘客 1 100 万人次。

113

迪快速列车，但却只有新德里—勒克瑙、新德里—德拉敦（Dehradun）、新德里—钦奈和新德里—班加罗尔4条线路得到大多数乘客的欢迎。根据铁路网站公布的结果，这4条线就在上述最受人们欢迎的100条列车线路之列。

新闻报道2

新德里（印度报业托拉斯）：政府当局将从2004—2005年度收入的每1卢比中支出23派沙的最大份额用于偿还债务借款利息，债务压力之大由此可见。

顺便说明的是，根据印度财政部长 P. 奇丹巴拉姆（P. Chidambaram）在星期四做出的2004—2005年联邦预算报告，在政府得到的每1卢比预算中，24派沙是通过借款获得的。

其他非计划的财政支出吞噬了每1卢比收入的11派沙，而津贴负担要达到8派沙左右。每1卢比收入的14派沙直接弥补国防支出，而中央计划却分配了16派沙。

联邦税收份额占1卢比的15派沙，计划援助份额为10派沙。对联邦和中央直辖区（Union Territory）政府的非计划援助，花掉了每1卢比剩余的3派沙。

在收入方面，收入所得税只占每1卢比的9派沙，而公司税收占16派沙。关税占每1卢比的10派沙，消费税收入占19派沙。其他税收占每1卢比的3派沙。

非债务的资本税收占6派沙，非税收入为13派沙。

新闻报道3

伦敦（路透社）：一项研究指出，即使女性在经理主管人员水平上取得了一定的进步，女性还是被人为设置的无形障碍拒之于某些世界级大公司的董事会之外。

尽管美国妇女声称女性成为董事不再是做表面文章，并且，具有董事资格的妇女远远多于以往，但在世界范围内，优秀女性成为董事还有很长的路要走。

114

《财富》杂志公布的一项由公司女性董事国际组织（Corporate Women Directors International，CWDI）所做的研究显示，女性董事的百分比为 10.4%，或 2 751 个董事席位中，女性占 285 个席位。

这项研究指出，美国走在了世界的前列，审视 78 家美国公司的董事席位，美国女性董事比例占到了 17.5%，而其他国家落在了后面。例如，在法国 10 家公司中，女性占董事席位的 7.2%，而在日本的 27 家公司中，女性只占董事席位的 0.7%。

社论标题

练习 1

仔细阅读上个星期报纸刊登的社论，找出你最喜欢的标题。给出选择该标题的理由。

练习 2

为下列《新印度快报》刊登的 3 个社论各自撰写标题，确保标题是说明性或忠告性的。标题按下列参数撰写：

主标题

点数：28 点

字形：大小写字体

每栏字符数：6 个

栏宽：2 个

标题组的数量：1 个

副标题

点数：14 点

字形：大小写字体

每栏字符数：14 个

栏宽：2 个

标题组的数量：1 个

社论 1

　　事情发生在 1987 年 9 月的一天。据一个人讲述，在代奥拉勒（Deorala）境内拉贾斯坦邦斯卡尔（Sikar）地区的一个村庄，椰子的销售量骤增。众所周知，椰子是宗教仪式的传统祭品，但当时没有任何宗教节日即将到来的迹象。当地警察局根据报告进行了一些调查，碰巧在代奥拉勒遇到了一个毛骨悚然的情景。一位名叫鲁普·甘瓦尔（Roop Kanwar）的十几岁寡妇在其丈夫被火葬时自焚，鲁普·甘瓦尔的举动引起了全印度的震惊，几千名崇拜者聚集到代奥拉勒，对这位尽妇道而选择自焚殉夫（Sati sthal）做法的寡妇举行膜拜。市面上，刊登有鲁普·甘瓦尔投身火海的恐怖彩色画像的年历正在热销，在画像上，她丈夫的尸体横卧在她的大腿上。警察的福尔摩斯式的侦探故事也许显得过于单纯化了，但是，随着鲁普·甘瓦尔自焚而死的消息蔓延，印度举国上下引发了各种争议。在 20 世纪，印度人对这种不人道的恶行感到不寒而栗。印度国会通过了新的法案，其流于形式暂且不谈，但它对怂恿和颂扬殉夫自焚的十几个人进行了惩处。一些因循守旧者也许会纠合成正义守护者党（Dharam Rakshak Samiti）这样的组织，但是，人们还是感觉到了现代印度对现代化和性别平等所反复重申的责任。

　　现在到了该是修正这种叙述的时候了。似乎在 17 年后，我们无法确信在拉贾斯坦邦会出现殉夫自焚的事件！上个星期，斋浦尔的一个特别法庭释放了被指控在甘瓦尔还没有死时就进行颂扬的 11 人。法庭认为，这个起诉最终不成立，因为这起殉夫自焚事件是否于 1987 年 9 月在代奥拉勒发生无法确认，因此，这些人不存在颂扬殉夫自焚行为。

　　所有的托词简直聪明至极。刚刚过去几天，或许才过去几个小时，就把鲁普·甘瓦尔的死划到了神化范畴。一起谋杀行径，几乎旋即重新塑造为神奇人物的干预——民间流传着这位 18 岁的寡妇举起双手从火葬用的柴堆升起，柴堆以自燃作为回应的故事。代奥拉勒事件对于印度是一个重要的考验。它强调了这种野蛮仪式的蔓延，反映了印度妇女的悲哀处境。它将国内社会的注意力集中到呼吁改革这种仪式和习俗上。有谁又会想到，还不到 20 年，我们就需要那么艰难地证实这种殉夫自焚的仪式实际发生了。

社论 2

团结进步联盟扩大就业政策的举措不堪一击。最为脆弱的举措，则是总理曼莫汉·辛格提出的口号：扩大就业。它宣称不会修改劳动法以引发"先雇用后解雇"的现象。劳动法也许只适用于参加工会的工人，这部分工人占这个国家工人总数的 7%，而通过使这部分工人安心工作，印度就已经在大规模产业就业方面，取得了令人难以置信的缓慢增长。投资者不愿冒险创办不允许倒闭或雇用无法解雇工人的产业，也就不足为怪了。在大规模私人制造业部门，就业增长缓慢是导致这个国家失业的主要因素。今天，中央和邦政府未能通过提高雇用人数来显著提高就业水平。因此，在不修改劳动法的情况下，扩大就业的口号就被解释为应该增加非工会部门就业法。但是，要实现上述就业的增长，这个国家就需要实现经济增长。

团结进步联盟扩大就业政策的第二项举措，是每年为农村身体健康且寻找工作的人提供 100 天工作的提案。在这种情况下，还是存在一个分析上的错误。就业保证方案、解决干旱问题计划，常常是政府用来解决长期问题的。在受过高等教育的群体中，失业率居高不下。国家抽样调查局（NSSO①）数据显示，在 1999—2000 年，文盲失业率仅为 0.2%。而对于那些受过小学教育程度的群体，失业率为 1.2%。相比之下，大学毕业生失业率为 8.8%。就业保证方案并没有针对这些失业率最高的群体。政府可怜的资源根本无法克服偏离经济目标的劳动市场问题。如果劳动市场存在一个长期问题的话，那么，一个政府就业保证方案根本无法解决这个问题。提供就业机会并不是政府的工作；政府的工作是要创造一个经济良性增长的环境。

如果印度能像中国一样成功地实现产业化，就能够提供大量的就业机会，尤其为大学毕业能操作机器的技术人员提供就业机会。这将进一步刺激人们接受教育。如果政府重视失业问题的话，失业问题就是一个要求协

① National Sample Survey Organisation 的缩写。

调政策的领域。印度需要做的是，在全球化生产竞赛中，发起协同激励举措，赶上中国。这包括关税、消费税和增值税的合理化，消除对小规模部门的限制，简化外商直接投资的手续以及改革劳动法。

社论 3

联邦中央对由法官 S. N. 普坎为负责人、调查泰赫尔卡网的委员会做出取缔的决定，使得政府设立的委员会的尊严性产生了严重的问题。诚然，政府经常是为度过某个特定事件或发展阶段的暂时不快而设立这些委员会，而且，当时的政府也傲慢地对待大多数调查委员会。虽然这些委员会确实表现出某种本能——不只是代表某个政党或政府，而是代表着这个国家——纠正体制中严重背离的现象。他们因此需要具有某种责任，超越党派界限，凌驾于那些政党权力的敏感点与利益之上。

诚然，取缔某个前任政府设立的委员会是现任政府的特权——这是普坎法官本人认同的一个观点——但通常情况一直是，新一届政府允许委员会执行使命，直至达到目标，得出满意结论为止。举例来说，湿婆军—人民党（Shiv Sena-BJP）政府认为调查过于具有争议性，而在 1996 年提出放弃斯里克里希纳委员会（Srikrishna Commission）的调查，阿塔尔·比哈里·瓦杰帕伊政府第 13 天做出的决定，实际上只是重新任命这个委员会。

联邦法律部长 H. R. 巴拉德瓦杰认为，公正地提出结束普坎的调查是因为该调查委员会已无路可走。但是，如果这项调查没有结束，他又怎么会知道呢？另外，既然巴拉德瓦杰本人主张，普坎法官根本无法证明乔治·费尔南德斯在其临时报告中存在过失，他能假定这场骗局中"不同程度的人身攻击"在这个委员会的监控下不会出现吗？问题的关键不是泰赫尔卡网站泄露不需要对重大制度进行修改，因为它并不只是牵扯含糊不清的国防事务，还包括部长管理失职以及一位高级人民党官员在财政上的问题。关键是假如调查进程到这个程度表现出了党派之争，那就是自取灭亡的行径。两党联合的政府调查联盟，是保证制度改革的最佳方式。

117 **书信专栏标题**

练习 1

根据你所在城市出版的主要报纸，研究标题风格。选择 3 个你认为不合适的标题，重新撰写这些标题并给出理由。

练习 2

给下列 3 封信各自写出两个适合书信专栏发表的标题。第一个标题应该为标签性标题。第二个标题应该是评论性标题。这些标题按下列参数来撰写：

点数：14 点
字形：大小写字体
每栏字符数：14 个
栏宽：1 个

书信 1

先生，由拉鲁（Lalu）巡回考察造成的钦奈铁路服务混乱状况，并不是一件令人吃惊的事情。而令人感到比较吃惊的是，他的副手告诉新闻记者，他上司的这趟特别列车会打乱列车时刻表。何时我们的部长们可以学会不去炫耀或扰乱普通百姓生活而尽职尽责呢？几乎没有任何铁路工作人员通知旅客列车到达和离开的时间，因为铁路官员们只对得到政治上司的赏识感兴趣，而对普通百姓的服务却充耳不闻。

科拉纳德（Koranad），于孟买

书信 2

先生，我驾车沿着老玛哈伯利布勒姆（Old Mahabalipuram）公路去上班。从坦巴拉姆（Tambaram）到老玛哈伯利布勒姆的公路上，整个驾驶过程痛苦不堪。这些公路乍看上去相当不错，但实际上，多处柏油施工问题使路面错综复杂。由于这个原因，路面出现了无数坑洞和不平坦的现象。我的轿车在海德拉巴有着极好的性能，很少进行保养，可来到钦奈才一年，行驶起来已经开始发出嘎嘎声响了。钦奈要成为一个大都市，还有一段很漫长的路要走。我同样感到奇怪的是，柏油施工是否签订合同。难道合同允许铺出这种路面吗？韦拉查利（Velachery）公路和从梅达瓦克卡姆（Medavakkam）到老玛哈伯利布勒姆的公路，甚至在最近整整一年内还没有铺上柏油，我一直在这些路面上行驶。

帕拉维（Pallavi），于钦奈

书信 3

先生，14 岁维尼奈尼（Vignaini）的自杀引发出许多问题，尤其是责备她的老师当着几个男孩的面羞辱她。这起自杀事件应该使学校当局对师生关系引起注意。学生家长也应该告诫他们的孩子怎样与老师搞好关系。

今天的教师必须更加敏感起来。他们必须了解有些孩子有着高度敏感的心智和不稳定的情绪。教师必须敏感地处理好与他们的关系。

安尼塔·玛哈斯娃里（Anita Maheshwari），于勒克瑙

第 5 章

标题支撑

5

以倒金字塔写作格式撰写新闻报道，总能抓住最重要的新闻点，并将其呈现在报道开端。这就是为什么 10 个标题有 9 个是建立在导语部分藏着的新闻点之上。但是，还有一些新闻报道不只建立在一个新闻点上。这在发展性或分析性报道中尤为常见。在这种情况下，标题作者有两种选择：一是关注他们断定的最为重要的新闻点；二是使用标题支撑来突出其他重要的新闻点。

标题支撑，顾名思义，起到支撑标题的作用。标题支撑为标题作者竭尽全力使标题更有意义提供了所需要的额外词语和篇幅。这些年来，报纸为了适应自己的需求，已经形成了不同种类的标题支撑。这些标题支撑以不同的格式出现，服务于不同的目的。有趣的是，标题支撑的作用也因报纸而异。从广义上讲，标题支撑可以分成如下几类。

□ 字肩或肩题

字肩或肩题是放在主标题上方的小标题。最初，字肩或肩题用于突出报道的主题。今天，它也用于突出新闻点。然而，其格式却始终相同；字肩仍旧以小点数表示，其作用也没有发生变化；即使是在今天，它依然起着补充主标题的作用。

但是，字肩或肩题的本质已经发生了变化。突出报道主题的典型字肩，已经让位于以描述为基础的字肩。在这方面，报纸也在不断改变，它们为满足不同需求而修改字肩。今天，字肩能够将报道主题与新闻点结合起来。这类混合字肩的一个优秀事例是《印度教徒报》使用的一个字肩（见图 5—1），这个字肩具有两个要素：板球作为报道主题，达米安·马丁（Damien Martyn）[①] 的出色表现作为新闻点。

但是，通过使用字肩突出新闻点是必然被强调的。《亚洲时代报》选择字肩突出优秀的印度击球手的得分，这在过去是一种不可思议的表现形式（见图 5—2）。

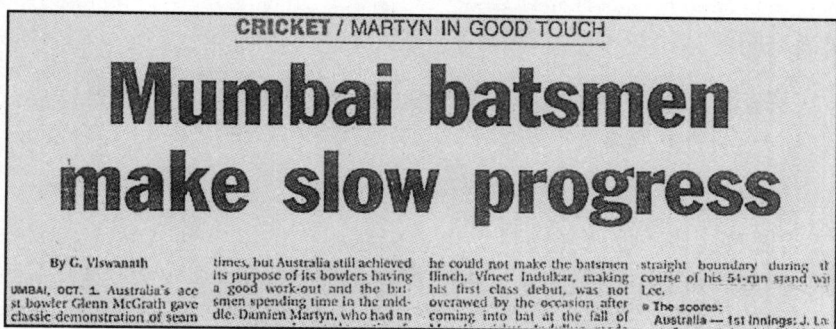

120

图 5—1　《印度教徒报》对刊登在版面上方的体育报道使用的一个字肩。字肩使用小点数，并位于主标题上方。

图 5—2　《亚洲世纪报》为突出优秀的印度击球手在 2004 年对澳大利亚的一场国际板球比赛得分而使用的一个字肩。

我们注意到在为 2004 年人质危机撰写的报道标题中，字肩对新闻点具有类似的突出作用，在这场人质危机中，7 名[②]司机中有 3 名印度人，他们在伊拉克被一个名为"黑色旗手"（Holders of the Black Banner）组织绑架为人质。以下是披露此事件的 3 则报道所使用的标题。

---

① 达米安·马丁（Damien Martyn，1971—　），澳大利亚前板球选手。在 1992—1994 年和 2001—2006 年入选澳大利亚国家队。尤以在三柱门后面击球线优雅的击球和防守著称。2006 年退役。

② 此次绑架 7 名人质事件中，3 名为印度人，3 名为肯尼亚人，1 名为埃及人。

《新印度快报》使用字肩报道两个主要的新闻点。

字肩：印度安排接触，今天会见谈判代表

主标题：伊拉克扣押者给出

另外 24 小时时间

《亚洲时代报》使用字肩报道一天内事件的 3 个主要进展。这 3 个进展是：肯尼亚声称 7 名人质全部获释；德里表示，有关这一事件还没有得到证实；伊拉克谈判代表宣布他已经决定离去。主标题总结了事件局势——情况尚未明朗。

字肩：肯尼亚声称 7 名人质全部获释，德里表示还没有得到证实；谈

判代表离去

主标题：人质事件错综复杂

《印度教徒报》也选择通过突出主标题中的不确定性总结人质事件的局势。但是，只有一个新闻点——谈判代表已经离去——用作字肩。

字肩：谈判代表撤出会谈

主标题：人质事件

不明朗

字肩正被用于实现另一个任务——评论。孟买的《印度快报》在有关孟买郊区一家四口死亡的报道中，使用字肩提出一个问句。

字肩：谋杀还是自杀？警察在屋外找到门闩，发现佣人也已经死去

主标题：一家人在圣克鲁斯（Santa Cruz）死亡

此外，字肩也正成为记录式标题的组成部分。在这种情况下，字肩就成为主标题的组成部分，但是却以比较小的点数来撰写。《印度教徒报》使用这种格式报道总理曼莫汉·辛格博士就左翼领导人在计划委员会使用外国顾问一事发表的声明（见图 5—3）。然而，记录式标题并不普遍，而且使用得也比较少。

有趣的是，字肩也已经成为一种有用的设计工具。目前，为在版面上提供对比，报纸常将字肩排印为反转字肩或与背景颜色相反（见图 5—4）。

图5—3 一个记录式主标题的字肩。

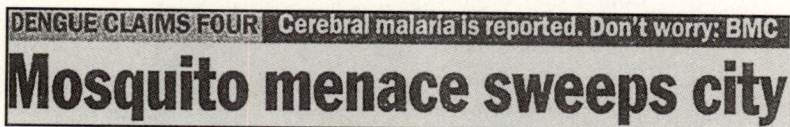

图5—4 《新印度快报》使用的一个与背景颜色相反的字肩。

　　然而尽管报纸提高了字肩的普遍性和灵活性，但是，报纸并不鼓励大　　122
量使用字肩。报纸必然会限制一些报道使用字肩，因为它们希望标题独立
存在，并不依赖于支撑。此外，报纸不希望每个标题上方都使用字肩，这
样会造成篇幅浪费。另一个刺激减少字肩使用的因素是视觉美感。太多的
字肩会使版面看上去凌乱不堪。

□ 副标题或反转字肩

　　副标题，在某些报业公司也被称为反转字肩，是标题支撑比较常见的
形式。副标题刊登在主标题下方，用来强化或放大主要的新闻点。关于副
标题的使用，还是没有固定原则可循。副标题可以突出一个或几个新闻
点。但是，可以确定的是它们的特定位置——位于主标题下方——和点
数——小于主标题的点数（见图5—5）。

　　美术编辑认为，副标题应该与主标题横跨相同的宽度，因为比较短的
标题没有视觉上的吸引力。有时，副标题在主标题下占1～2个栏宽。当副
标题占1个栏宽时，它们一般放在第一个段落上方，所以，不要与介绍性
词语（blurbs）混为一谈（见图5—6）。

Dara sent to death row, others get life

■ Staines' brother says he didn't want to see Dara hang

EXPRESS NEWS SERVICE
BHUBANESWAR, SEPTEMBER 22

DARA SINGH, convicted for the murder of Australian missionary Graham Staines and his two minor sons more than four years ago, was today sentenced to death by the trial court in Bhubaneswar. The other 12 convicted in the case were awarded life imprisonment.

Gladys, Graham's widow, said she did not want to comment on "the law taking its own course in crime and punishment" though she had forgiven the killers.

But Graham's brother in Melbourne was dismayed over the death penalty for Dara, saying he should have been left to "answer to God for what he did."

Staines and his two sons were burnt to death while they were asleep in a station wagon in Manoharpur village in Orissa's Keonjhar district on January 23, 1999, stunning the country and giving it a bad name abroad.

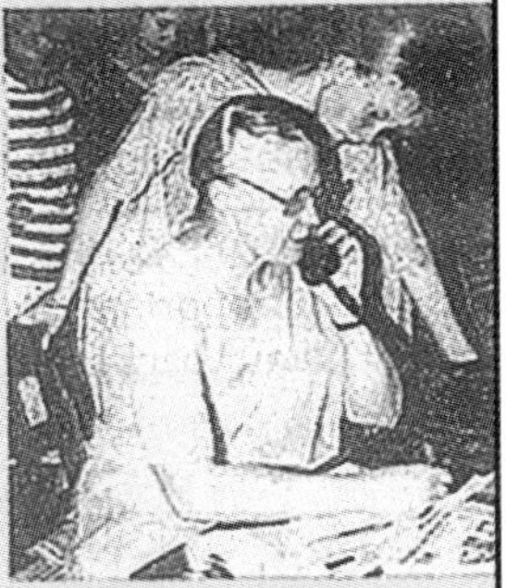

Gladys Staines, widow of slain missionary Graham Stuart Staines, with her daughter in Bhubaneshwar on Monday. PTI photo

图 5—5　《印度快报》在达拉·辛格（Dara Singh）案件报道中使用的一个副标题。副标题以较小的点数来撰写，并横跨主标题的宽度。

123

Manorama case: Court of inquiry detects 'lapses'

■ NCW steps in, team to visit Manipur today

EXPRESS NEWS SERVICE
NEW DELHI/IMPHAL, JULY 28

EVEN as a court of inquiry, instituted by the Assam Rifles to investigate the alleged rape and killing of Manorama Devi, revealed "some lapses" were made

Ibobi meets Sonia, Patil, Pranab

■ NEW DELHI: Manipur Chief Minister O. Ibobi Singh discussed the situation in the state with UPA chairperson Sonia Gandhi, Union Home Minister Shivraj Patil and Defence Minister Pranab Mukherjee. He met the Central leaders on Tuesday and is said to have discussed the

图 5—6　一个在主标题下方使用单栏格式的副标题。

用来撰写副标题的点数总是小于主标题的点数。这能够使读者区分新闻报道的主要观点和辅助观点。副标题与字肩一样，为增强版面的视觉吸引力，现在也可以排印为反转形式和与背景相反的颜色（见图5—7）。

图5—7　一个使用反转形式的副标题。

两张自由使用副标题的报纸是《印度快报》和《印度斯坦时报》。这两张报纸机智地使用副标题作为诱饵，将读者吸引到报道中。它们同样使用副标题为浏览标题、了解当天局势发展的读者提供额外的信息。

《印度快报》使用副标题的一个优秀事例是关于孟买证交所敏感指数的报道。当孟买证交所敏感指数一天上涨40点，《印度快报》使用这一新闻点作为主标题，并使用一个副标题给出敏感指数上涨的原因。

主标题：孟买证交所敏感指数上扬40点

反转字肩：印度季风的复苏和外商间接投资的积极流入使得经营者扩大经营规模

《印度快报》不仅大量使用副标题，也为起到更多作用而修改副标题。*124* 对于在一天出版或连续几天出版的相关新闻报道，《印度快报》使用一个关键词表示报道具有相关性。因此，当一名极为成功的模特、前印度小姐纳费塞·约瑟夫（Nafisa Joseph）[①] 自杀时，《印度快报》使用她的名字"纳费塞"连接有关这个主题的全部报道。连接词为了与其余副标题区分开，以大写字母刊登出来。下面两个标题是《印度快报》有关此悲剧性自杀事件使用的标题：

主标题：她收拾好行李，准备离去

副标题：纳费塞：打算下星期结婚，母亲因她自杀谴责未婚夫

---

① 纳费塞·约瑟夫（Nafisa Joseph，1978—2004），印度模特和音乐电视节目主持人。曾于1997年荣获"印度小姐"称号。原著提到的事件是她于2004年7月29日在孟买的公寓里上吊身亡，据她父母说，其自杀原因是她发现未婚夫仍未解除他目前的婚姻，加之未婚夫对她进行勒索，使她走上绝路。

主标题："她以优雅的姿态感动我们"

副标题：纳费塞：音乐电视同事西鲁斯·布罗阿查（Cyrus Broacha）[①]
讲述道……

□ 小标题

小标题（crosshead）不能严格称作标题。但是，小标题在很多方面起的作用很像标题支撑。小标题的作用更多是打破单调性，有助于维持读者对长篇报道的阅读兴趣。小标题的主要特征为：

（1）小标题通常用比正文大两个点数的字体撰写出来，有时还可能比这个点数再大一些。

（2）小标题位于连续报道正文中间。既可以左对齐排列，也可以居中排列。

（3）小标题一般位于3～5段之后，这取决于报道的表现方式和报纸的风格。

（4）小标题捕捉段落中间或段落之后最重要的新闻点。

小标题服务于两个重要目的：

（1）小标题打破正文的沉闷，在报道内容很深的情况下更是如此。

（2）小标题使读者了解接下来段落要讲述的内容。

然而，今天只有为数极少的报纸在新闻报道中使用小标题。其中一家使用小标题的报纸就是《印度教徒报》（见图5—8）。几乎没有插图或文章非常长的情况下，报纸通常在编辑版面上使用小标题。

□ 侧标题

严格地讲，侧标题（sidehead）就像小标题，不能看作标题支撑。然而，它的作用却与标题支撑相像。侧标题（见图5—9）的主要特征为：

（1）位于一个段落的起始位置。

（2）尽管侧标题字体点数通常与正文点数相同，但要排印为黑体。

[①] 系印度深受欢迎的音乐电视综艺节目主持人。

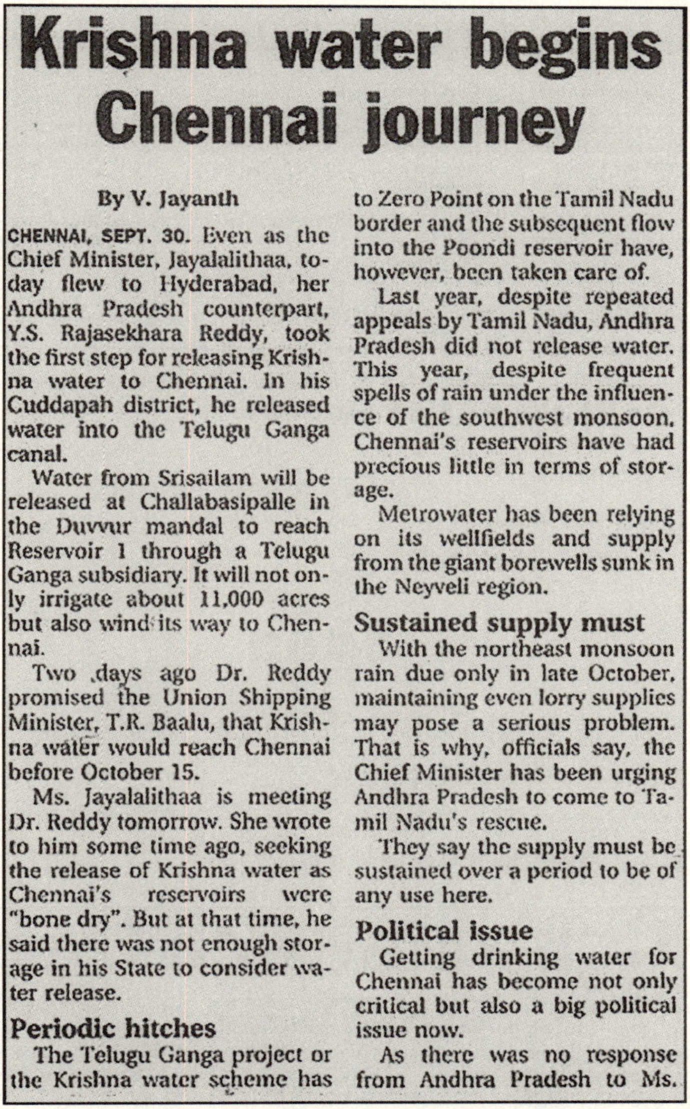

Krishna water begins Chennai journey

By V. Jayanth

CHENNAI, SEPT. 30. Even as the Chief Minister, Jayalalithaa, today flew to Hyderabad, her Andhra Pradesh counterpart, Y.S. Rajasekhara Reddy, took the first step for releasing Krishna water to Chennai. In his Cuddapah district, he released water into the Telugu Ganga canal.

Water from Srisailam will be released at Challabasipalle in the Duvvur mandal to reach Reservoir 1 through a Telugu Ganga subsidiary. It will not only irrigate about 11,000 acres but also wind its way to Chennai.

Two days ago Dr. Reddy promised the Union Shipping Minister, T.R. Baalu, that Krishna water would reach Chennai before October 15.

Ms. Jayalalithaa is meeting Dr. Reddy tomorrow. She wrote to him some time ago, seeking the release of Krishna water as Chennai's reservoirs were "bone dry". But at that time, he said there was not enough storage in his State to consider water release.

Periodic hitches

The Telugu Ganga project or the Krishna water scheme has to Zero Point on the Tamil Nadu border and the subsequent flow into the Poondi reservoir have, however, been taken care of.

Last year, despite repeated appeals by Tamil Nadu, Andhra Pradesh did not release water. This year, despite frequent spells of rain under the influence of the southwest monsoon, Chennai's reservoirs have had precious little in terms of storage.

Metrowater has been relying on its wellfields and supply from the giant borewells sunk in the Neyveli region.

Sustained supply must

With the northeast monsoon rain due only in late October, maintaining even lorry supplies may pose a serious problem. That is why, officials say, the Chief Minister has been urging Andhra Pradesh to come to Tamil Nadu's rescue.

They say the supply must be sustained over a period to be of any use here.

Political issue

Getting drinking water for Chennai has become not only critical but also a big political issue now.

As there was no response from Andhra Pradesh to Ms.

图 5—8 《印度教徒报》在一则关于克利须那河的报道中所使用的小标题。

（3）侧标题用于连续报道时，作用是引入一个新的新闻点。

（4）在像城市简讯或犯罪简讯的信息中，侧标题习惯用作一则新信息的标题。

126

Brain drain from UK swells Indian call centres

LONDON: In a new trend in brain drain from Britain, thousands of British graduates were travelling to work in Indian call centres, sparking worries among economy managers.

A World Bank report stated that Britain has lost more skilled workers than any country, sparking worries among economy managers. Last week, a survey revealed that British graduates were prepared to fill as many as 16000 jobs in Indian call centres by 2009.

Double attraction: For British Asians, working in Indian call centres has a double attraction - they get a job, and one that helps them connect with their roots. Many find the experience rewarding.

A recent report said a Scottish history graduate quit his job for Sky Television to work in an Indian call centre. Several major British companies, including banks, have outsourced work to companies in Mumbai,

According to the World Bank, more than 1.44 million graduates have left the UK to look for more highly paid jobs in countries such as the United States, Canada and Australia.

That outweighs 1.26 million immigrant graduates in the UK, leaving a net "brain loss" of some 200,000 people.

图5—9 侧标题的"双重吸引力"被用来打破正文的单调性，并用作下一个段落的标题。在长篇报道中，侧标题起着有益的导航作用。

侧标题实现的作用与小标题相同，主要如下：

（1）打破正文的沉闷。

（2）告知读者一个新的新闻点。

□ 导航标题

导航标题（navigation heads）是位于连续报道中间的标题支撑，以告知读者报道的主题。导航标题的主要特征是：

（1）突出报道的主题。举例来说，如果是一则即将举行的曲棍球锦标赛报道，那么，导航标题就是曲棍球（见图5—10）。

MEG 'B' draw with Excise

Times News Network

Bangalore: For the first hour or so, much of the euphoria was located off the field even as Central Excise and Madras Engineering

HOCKEY

dream start opening their account in the very first minute of the match through K.M. Somaiah. The orange-

second half, MEG brought in the equaliser when an opportunistic Charles D'Souza was bang on target. In a goal-mouth melee Charles, who was stationed right opposite

图5—10 在一则即将举行的曲棍球锦标赛报道中，使用"曲棍球"作为导航标题。

（2）导航标题被限制为一两个词语。

（3）导航标题也可以是一个易于识别的图像。举例来说，在像奥运会或英联邦运动会那样的体育运动会中，每天举行固定的赛事，报纸就会选择这些赛事项目图像作为导航标题。有些报纸还会使用地图表示一个邦的情况（见图 5—11）。

127

图 5—11　用作导航标题的卡纳塔克邦地图。

导航标题的优势在于：

（1）将读者的兴趣集中在报道上。

（2）打破正文的沉闷。

（3）为标题作者在主标题中使用更多描述提供空间。

□ 保留标题

保留标题（stet head）并不是标题支撑，而是独立的标题。然而，保留标题却起着标题支撑的作用，因为与导航标题一样，它们起着灯塔的作用。

保留标题也称为固定标题（standing head），可以定义为一个频繁使用的条目的标题，即使不是每天都使用，也会每周或每两周使用一次。这类条目标题的事例是"教室中的外星人"（见图 5—12）、

图 5—12　《经济时报》使用的保留标题"教室中的外星人"。

"世界装饰图案"（见图 5—13）。

图 5—13　《新印度快报》使用的保留标题"世界装饰图案"。

章节重点

标题支撑的种类

1. 字肩或肩题。
2. 副标题或反转字肩。
3. 小标题。
4. 侧标题。
5. 导航标题。
6. 保留标题。

字肩或肩题的特征

1. 位于主标题上方。
2. 以小点数撰写。
3. 用来说明报道的主题。
4. 也被用来说明新闻的发展态势。

字肩或肩题的优势

1. 节省主标题的篇幅。
2. 使报道主题变得比较清晰。

字肩或肩题的缺点

1. 它需要增加一个标题组。
2. 过多的字肩会造成混乱。

副标题或反转字肩的特征

1. 它刊登在主标题的下方。

2. 它应该与主标题的宽度相同。

3. 为了吸引读者阅读新闻报道，它被用作一种吸引人们注意力的附加手段。

4. 它被用于放大主要的新闻点。

5. 它被用于引入另外重要的新闻点。

小标题的特征

1. 以小点数撰写，通常比正文字体大两个点数。

2. 位于连续的正文之间。

3. 左对齐排列或居中排列。

4. 一般位于3～5个段落之后。

5. 捕捉后续段落提及的最重要的新闻点。

小标题的优势

1. 打破正文的沉闷。

2. 让读者预览深层报道。

侧标题的特征

1. 位于一个段落的开始部分。

2. 被排印为黑体，一般为正文点数。

3. 在连续报道中，被用来引入一个新的新闻点。

侧标题的优势

1. 打破正文的沉闷。

2. 告知读者一个新的新闻点。

使用导航标题的方式和时间

1. 放在连续报道的中间。

2. 突出报道的主题。

3. 限制在一两个词以内。

4. 也可以是视觉图像。

导航标题的优势

1. 将读者引向他们感兴趣的报道。

2. 打破正文的沉闷。

3. 为主标题释放空间。

保留标题及其目的

1. 用作每天使用的一个条目的标题。

2. 起灯塔的作用。

标题练习

字肩或肩题

练习 1

仔细阅读一个星期的报纸，并找出有字肩的 6 个标题。用下列两种分类方法，对这些标题进行分类。

分类方法 1：字肩是报道主题的标题。

分类方法 2：字肩是通过突出报道的一个或一个以上的新闻点来补充主标题的标题。

练习 2

使用给出的参数，为下列 3 则新闻报道分别写出有字肩的标题。字肩可以是报道的主题，也可以是没有包括在主标题内的重要新闻点。

主标题

点数：28 点

字形：大小写字体

每栏字符数：6 个

栏宽：2 个

标题组数：2 个

字肩

点数：14 点

字形：大小写字体

每栏字符数：14 个

栏宽：2 个

标题组数：1 个

新闻报道 1

新德里（印度联合新闻社）：全国妇女委员会所做的一项研究指出，虽然女性新闻记者不断参与媒体报道，但是，身着制服的女性新闻记者认为，她们的工作每天仍面临着艰难挣扎。

"她们不断在工作场所就工资、晋升、福利设施、津贴、分配给她们的工作区域以及性骚扰进行斗争，"全国妇女委员会所做的印度女性新闻记者在中央邦、切蒂斯格尔邦、比哈尔邦和加尔克汗邦（Jharkhand）的状况调查指出。

由印度新闻协会（Press Institute of India，PII）所做的研究指出，像其他国家一样，在这些邦中，女性媒体从业人数不断增多，但是，新闻业依然是一种男性垄断的行业，一个女性必须经过奋斗才能获得自己的身份。

"在上述 4 个邦中，新闻业本身还没有建立专业标准。"

131

研究指出，在中央邦和切蒂斯格尔邦，女性新闻记者作为永久职业的概念还不存在。

而"幸运儿"是那些签订了 2～3 年工作合同的女性新闻记者，大多数女性新闻记者在没有委任书或任命的情况下工作，因管理层的一时冲动受雇或解雇，这份 129 页的报告指出。

无论是对于男性还是女性新闻记者来说，支付工资的办法与花名册上日结工资的劳动者并无不同。在口头上向他们三言两语地对工作进行交待后，他们就被要求开始工作，并于当月月底在花名册上签字。

"如果任何一方有理由终止这种'君子协定'，最终裁决由保证人做出。"

与德里报纸 7 000～8 000 卢比起薪相比，在上述这些邦中，大多数年轻新闻记者以1 500卢比的工资开始他们的职业生涯。

"如果要削减新闻记者的话，最经常被要求离开工作岗位的就是女性新闻记者。"

新闻报道2

贡伯戈讷姆（印度报业托拉斯）：在泰米尔纳德邦贡伯戈讷姆为期10天的马哈马汉姆节接近尾声时，星期六在马哈马汉姆池和契克拉斯尔萨姆河，大约有来自全印度200万信徒进行了神圣沐浴和特殊的印度教礼拜，祈求湿婆神①和毗湿奴②的赐福。

从2月26日马哈马汉姆节开始举行起，信徒就纷纷聚集在马哈马汉姆池，马哈马汉姆池每次最多只允许30 000人同时沐浴，而且，每次沐浴时间只给5分钟来完成礼拜和进行神圣沐浴，警方说。

两名坎钦穆特的商羯罗师③（Sankaracharyas of Kanchi mutt）：贾扬德拉·萨拉斯瓦蒂（Jayendra Saraswathi）和维杰耶德拉·萨拉斯瓦蒂（Vijayendra Saraswathi），是马杜拉（Madurai）、提尔帕南达尔（Thirupanandal）、提尔瓦瓦杜瑟拉伊（Thiruvavaduthurai）、特尔默布拉姆（Dharmapuram）地区以及其他地区的宗教主持，在无序而杂乱的沐浴池中格外引人注目。

正如南方的大沐浴节（Kumbha Mela）④所宣传的那样，马哈马汉姆节每12年举行一次。

在较早的时候，人们把12座湿婆神庙和5座毗湿奴神庙的全部主神像带到了沐浴池，在上午10：24到下午12：16的祈福时间内，人们排队进行

---

① 湿婆神，印度教主神之一，作为世界的毁灭者和重建者受到崇拜。湿婆、大梵天和毗湿奴共为印度教三大主神。

② 毗湿奴，印度教主神之一，作为世界的保护和维持者受到崇拜。

③ 宗教职位。

④ 亦称大壶节、无遮大会。印度最盛大的朝圣节日，是在河边举行的宗教集会，每12年举行1次。举行的地点分别为恒河之畔的赫里德瓦尔（Haridwar），锡布拉河的乌贾因（Ujjian），哥达瓦里河畔的纳西克（Nasik），恒河、亚穆纳河与圣河萨拉斯瓦蒂河（Saraswati）交汇处的阿拉哈巴德（Allahabad），纪念神与魔鬼争夺大壶（kumbh）进行的战争。传说在争夺过程中，大壶中滴下了4滴神酒，分别洒落上述4地，因此，大沐浴节每3年轮流在这4个城市举行。其中，持续一个星期的阿拉哈巴德大沐浴节是世界上最大的宗教集会之一，印度和世界各地的朝圣者都慕名前来参加这一盛事。

了"阿布舍克"〔theerthavari（abhishek）〕礼拜，其间梵学家咏诵吠陀经。

一位神庙职员说，通过门票销售统计，自 2 月 26 日马哈马汉姆节开始举行起，估计有 600 万人拜谒了这座神庙城镇。

新闻报道 3

达卡（DHAKA）（印度亚洲新闻社）：一项联合国资助的野生动物普查显示，孙德尔本斯地区（Sundarbans）共有 668 只皇家孟加拉虎（Royal Bengal tiger）——419 只在孟加拉境内，249 只在印度境内。

普查报告指出，世界上最大的红树林生态系统是星期六在此放归自然的这些尊贵大型猫科动物的唯一家园，此外，还将没有加入总数的 21 只幼虎计入在内。

在孟加拉境内发现的猫科动物中，121 只为雄虎，其余为雌虎。

孟加拉环境与森林部长塔尔奎尔·伊斯拉姆（Tariqul Islam）说，这项由联合国开发计划署（United Nations Development Programme, UN-DP）资助的普查，在印度方面是于 1 月实施的，而在孟加拉则是于 2 月 26 日—3 月 3 日实施的。

印度达卡高级专员韦尔纳·希克里（Veena Sikri）和联合国开发计划署常驻代表约尔延·利斯纳（Jorgen Lisner）也出席了新闻发布会。

这位部长说："此次皇家孟加拉虎普查是利用记录兽迹方法进行的，这种方法得到了最广泛的认同，因为它易于野外工作人员实施，也比较划算。"

他指出，皇家孟加拉虎普查每两年进行一次。

反转字肩或副标题

练习 1

仔细阅读一个星期的报纸，并找出 5 个有副标题的标题。

练习 2

用给出的参数，为下列 3 则新闻报道撰写带副标题的标题。请确保副标题的长度与主标题的长度大致相同。

主标题

点数：30 点

字形：大小写字体

每栏字符数：5 个

栏宽：4 个

标题组数：1 个

字肩

点数：18 点

字形：大小写字体

每栏无字符数：10 个

栏宽：4 个

标题组数：1 个

新闻报道 1

新德里（印度亚洲新闻社）：一家主要的环境机构在星期四指出，人们已经发现北方邦地下水砷含量过高，砷被认为是导致癌症和一些皮肤疾病的原因。

位于北方邦西部巴利亚（Ballia）地区的科学与环境中心（Centre for Science and Environment，CSE）进行的一项调查显示，土壤里存留的砷成分污染了这里的地下水。

北方邦地下水砷含量过高，是由于这一地区不断挖掘管式深井造成的，科学与环境中心创建者之一苏尼塔·纳拉因（Sunita Narain）说："迄今为止，我们一直忽视地下水的质量问题。甚至对地下水的监控也完全疏忽了。结果，这里的地下水含有的砷成分越来越多。"

对这一地区村庄手压泵中的水以及人们的头发和指甲分析表明，砷成分已经达到了惊人数量。

对村民阿肖克·辛格（Ashok Singh）实施的血液检测表明，其血液砷浓度达到 10 亿分之 34.50，超出了 10 亿分之 1 到 4 的安全水平。

当印度标准局坚持参考水平为 10 亿分之 10 时，科学与环境中心的官员指出，来自手压泵的水的砷浓度达到了 10 亿分之 73。

据此处的官员说，虽然由孟加拉西部的贾达普大学（Jadavpur University）和联合国儿童基金会（UNICEF）检测出过量砷含量表明，在恒河平原的许多地区都存在高度污染，但是，政府还没有对此表示认可。

"政府应该实施一项监控地下水质量和控制挖掘管式深井数量的计划。恒河平原事实上是一个雨水丰富的地区。因此，只使用地表水作为饮用水应该是有可能的，这样，人们可以免于由于饮用含有砷的水而慢慢死亡，"纳拉因指出。

新闻报道 2

勒克瑙（印度亚洲新闻社）：警方说，北方邦一起爆竹工厂爆炸事件造成了 7 人死亡和 5 人严重受伤。

死亡者包括两名 4 岁儿童和一名中年妇女。医生说，受伤者中 3 名伤势严重，烧伤程度达 80% ～ 90%。

这起事件于星期四夜间发生在距离此处 48 千米的小城镇哈德尔格尔（Haidergarh），具体事故地点为一个名叫西拉杰（Siraj）男子的住所，他在住所经营一家有经营许可的爆竹加工厂。

爆炸发生在夜间 11 点，当时，西拉杰并不在现场。

一位警官说："一支点燃雪茄烟后随意丢弃的火柴棍，烧着了用来制作爆竹而存放在房间里的火药，火药爆炸，炸毁了整个房屋。"

这是在过去两个星期里发生的第 3 起类似事件。

在 10 月的第一个星期，距离此处 28 千米的蒙哈恩拉根杰（Mohanlaganj）村一起爆竹加工厂爆炸造成 3 人死亡。另有一人在星期三格塞恩根杰（Gosainganj）的爆炸中死亡。

新闻报道 3

新德里（印度报业托拉斯）：政府于星期四推出了提高免征所得税税额至 10 万卢比，而对应税收入征收两个百分点的教育税的政策。

财政部长 P. 奇丹巴拉姆在洛克萨巴阿（Lok Sabha）提出 2004—2005 年联邦预算时指出，提高信息技术行业免征所得税税额至 10 万卢比的提案，将会免征 1 400 万人的所得税。

寡妇、儿童以及在军事行动中死亡的武装部队和准军事部队成员指定的继承人领取的养老金（抚恤金），将免征所得税。

134　　　无关人员的赠予超出 25 000 卢比，就要征收所得税，而从血缘亲属、直系长辈、直系后代获得的赠予以及婚庆所得的赠予超出 10 万卢比的，将继续从税收计算中免除。

　　政府将废止长期资本债券交易所得税，相反的，对债券的购买者征收债券价值 0.15％ 的股票债券交易税率。

　　财政部长宣布了上述措施后指出，大约 3 400 万人可以提出免征所得税申请，只有 2 700 万人为纳税人，新的税收提案将免征 1 400 万人的所得税。

侧标题

练习 1

　　仔细阅读一个月的报纸，并找出 3 则使用侧标题的新闻报道。注意侧标题出现的位置以及侧标题突出的新闻点。

练习 2

　　为下列两则报道的每 3 个段落写出侧标题。

新闻报道 1

　　班加罗尔（印度快报新闻社）：上周末，班加罗尔戏剧爱好者在乔杜里纪念大厅（Chowdiah Memorial Hall）排起曲曲弯弯的长队，有礼貌地拥挤着，争先恐后地抢占主要的座位，因为这里上演了曼托-伊斯马特的戏剧作品（Manto-Ismat Haazir Hain）。

　　这台戏剧由纳西鲁丁·沙（Naseeruddin Shah）导演，非政府组织发展与学习传播组织（Communication for Development and Learning，CDL）① 主办。

　　这台戏剧由 4 个系列短篇故事组成，是为了纪念乌尔都语作家萨阿达特·哈桑·曼托（Saadat Hasan Manto）和伊斯马特·丘格塔伊（Ismat

―――――――――――

　　① 原著此处遗漏 "and Learning"，为联合国儿童基金会资助的一个非营利组织。该组织成立于 1997 年，总部设在班加罗尔。

Chughtai）举办的。卓越的戏剧表演和娓娓动人的台词吸引着广大观众。

操着印度斯坦语的演员，可能不时给观众造成一点困难，但是，演员精彩的表演却填补了这种交流的空白。

讲述者用一种创新的方式，让观众把手机关掉——他从口袋里拿出正在响着的手机，并把手机关掉。但是，尽管讲述者做出这样的举动，在整个演出过程中，手机恼人的铃声还是响个不停。

上半场是曼托撰写的两个故事，《气味》（Bu①）和《蒂特瓦尔的狗》（Titwal Ka Kutta②）。前者是唯一在主题上与其他故事毫无关联的故事。戏剧《气味》是一个人进行戏剧表演和叙述的故事。演员的台词和情绪也把戏剧无形的特征表现得活灵活现。

这个故事讲述的是，一个年轻人在一个雨天，与一名年轻的"迦狄"（ghati）③疯狂做爱，她的身体散发出令人心醉的气味。

《蒂特瓦尔的狗》同样是与星期一有关的一个讽刺故事，虽然这个故事写于上个世纪。这个故事对印巴关系进行了严厉的批评，讲述了在山区的一个检查岗，两国军队捕捉一只狗的故事。贾米尔·汗（Jamil Khan）在扮演印度士兵和巴基斯坦士兵角色方面有着上乘的表演。

幕间休息后，轮到伊斯马特的故事了。《被子》（Lihaaf④）是一部因涉及同性恋而让伊斯马特声名大噪，也给他带来麻烦的作品，希巴·沙（Heeba Shah）表演得非常出色。透过一名年轻女子的眼神，成人的世界看上去似乎交织着离奇古怪和恐惧不安。 135

最后一个故事是《以已婚妇女的名义》（Naam⑤），讲述了控告曼托和伊斯马特作品伤风败俗的法庭审判。这也是 4 个故事中，舞台演员多于一名的故事。随着戏剧以合唱形式落下帷幕，故事对幽默和讽刺的把握，让人萌生怀旧之情和缕缕淡淡的忧伤。

这台戏剧由发展与学习传播组织主办，是"戏剧评价"系列活动的组成部分。在近 3 年中，这项活动上演了如《圣雄对甘地》（Mahatma Vs

---

① 即 *Odour*。
② 即 *The Dog of Titwal*。
③ 贬语，指在马哈拉施特拉邦外从事卖淫活动的妓女。
④ 即 *The Quilt*。
⑤ 即 *In the Name of Those Married Women*。

Gandhi)、《无法等待》（Can't Wait）和《情书》（Tumhari Amrita）① 等
戏剧。

新闻报道 2

海得拉巴（印度快报新闻社）：虽然人民武装组织（PWG②）与安得拉邦政府在成功会谈的方式上产生了分歧，但是，他们还是于星期五在此地第一次进入了直接会谈阶段。

两个组织，人民武装组织和印度共产党马列主义人民力量［Communist Party of India - Marxist Leninist (CPI-ML) Janashakti］，要当着一个由国内自由激进分子和新闻记者组成的调解人员的面，与一个 8 人组成的邦政府工作小组进行 3～4 天的会谈。

但是，会谈的基础也许令人难以捉摸。

纳萨尔派激进分子已经明确指出，此次会谈唯一的目标是要"看到政府解决人民实际问题的诚意"。

然而，政府却把会谈视为一个结束长期历史遗留问题、开创持久和平局面的机会。

"如果你们不利用这个机会，机会在很长一段时间内都不会再来，"首席部长 Y. S. 拉贾塞卡拉·埃迪（Y. S. Rajasekhara Reddy）说。

首席部长召集他的幕僚开会，以更好地调整政府的策略。他要求这些官员表现出政府在最近 6 个月里为改善社会贫困和较为薄弱的产业所做出的努力。

在耕种土地和贫穷的农民中间进行土地分配以及结束世界银行规定的经济政策，是毛主义者提出供会谈讨论的 11 点议程中的两个重大问题。

据政府消息灵通人士指出，虽然这些叛乱分子表示为提出问题愿意"走更长的路"，但是，这显然是在宪法和法律框架之外不可能满足的要求。

举例来说，政府当局不会同意毛主义者在会谈期间携带武器，同时，也表示对像结束全球化政策和授予特伦甘纳（Telangana）地区邦的地位等

---

① 根据美国剧作家和小说家艾伯特·拉姆斯德尔·格尼（Albert Ramsdell Gurney Jr., 1930— ）的《爱情书简》（*Love Letters*，1989）改编而成的作品。

② People's War Group 的缩写。

问题无能为力。

率领毛主义游击队组织参加会谈的是人民武装组织的拉默克里希纳（Ramakrishna），他在20年里一直从事地下工作，星期一将第一次公开露面。

安得拉邦-奥里萨邦边界委员会（Andhra-Orissa Border Committee）秘书苏达卡尔（Sudhakar），化名巴拉克里希纳（Balakrishna），以及特伦甘纳北部特区（North Telangana Special Zone）委员会委员 G. 拉维（G. Ravi），化名加内什（Ganesh），也将参加会谈。

在人民力量方面，由人民力量领导人阿玛尔（Amar）和利亚兹（Riyaz）作为代表出席会谈。这些领导人在非同寻常的安全保护下，将在海得拉巴逗留最后3天。

政府工作小组由邦内政部长 K·亚娜·埃迪（K. Jana Reddy）以及其他邦政府部长和议会领导人作为代表出席会谈。

在最近的35年里，毛主义者暴乱在这个邦夺去了近6 000人的生命。

小标题

练习1

仔细阅读一个月的报纸，并找出3则使用小标题的新闻报道。注意小标题出现的位置以及小标题突出的新闻点。

练习2

在下列报道中，在每两个段落后写出小标题。

新闻报道1

斋浦尔（印度联合新闻社）：激进主义分子为争取他们的权利今天指出，拉贾斯坦邦8个地区的19 000多个部落，由于政府下达的与森林土地有关的命令而濒临无家可归的境地。

"土地权利运动"（Jungel Jameen Jan Andolan）① 会议召集人拉米什·

---

① 即 Land Rights Movement。

南德瓦纳（Ramesh Nandwana）指出，该地区部落提交了近19 000份与索赔有关的申请，然而，政府委员会迄今为止还没有对他们的居住场所进行考察。

部落和激进分子的代表与寻求干预此事的首席部长瓦孙达拉·拉杰（Vasundhara Raje）进行了会谈。他们还要在当天稍晚的时候会见森林部长拉什米纳拉扬·戴夫（Laxminarayan Dave）。

激进分子表示，部落一直在森林里居住了30多年，现在却被要求腾出这个地区。南德瓦纳说："他们拥有5～6公顷的土地，这就是他们全部的土地。"

他认为，大多数被驱逐的部落是从事农业生产的比尔人（Bhils）和盖拉人（Garasias）部落，他们在这里居住了几个世纪。

他说，如果部落的索赔得不到尽早解决的话，就会造成动荡不安的局面。

他指出，来自帕里（Pali）、乌代浦尔（Udaipur）、锡洛伊（Sirohi）、敦格浦尔（Dungarpur）、班斯瓦拉（Banswara）、巴伦（Baran）、奇托格尔（Chittorgarh）和拉贾曼德（Rajasmand）的部落，是已经接到森林部门要求离开通知的部落。

新闻报道2

钦奈（印度亚洲新闻社）：一只罕见的鲸鲨在钦奈海岸落入渔网，被渔民拖上岸，但是，它在被送往泰米尔纳德邦首府南部一个平静的海岸的途中死亡。

137　钦奈野生动物保护执行官 K. S. S. V. P. 埃迪（K. S. S. V. P. Reddy）说，鲸鲨是一种受到保护的物种，人们很少在盂加拉湾看到。

来自印度动物学研究所（Zoological Survey of India）、中央海洋渔业研究所（Central Marine Fisheries Research Institute）以及国家生物多样性局（National Biodiversity Authority）的科学家，星期二赶赴海岸挽救这只长4.5米、重约2吨的雄鲸鲨。但是，他们来得太晚了。

渔民设法将这只长着白色斑点的黑色鲨鱼拖上岸，但是，鲨鱼却在这个过程中死亡。随后，渔民忙着试图将鲨鱼鱼肉和鱼翅切成小块，这些鱼肉和鱼翅在市场上可以卖到一个好价钱。政府机构制止了他们的做法，挖掘了一个 10 英尺深的深坑，在吊车的帮助下，将这只深海动物掩埋，并安排了一名警卫把守，以防鲨鱼以后被挖掘出来。

海洋学家为这只鲨鱼的死亡感到悲伤，它受到 1972 年颁布的《野生动物保护法》（Wildlife Protection Act）附录 1 的保护，却被渔民杀死了。

国家生物多样性局局长 K. 文卡塔拉曼（K. Venkataraman）也来到了这个海岸，他指出，这些权威机构很难说服渔民，禁止他们像这样进行捕捞。

他说："我长期以来一直有个愿望，就是要看一看鲸鲨。我还从未在估计可以看到它们出没的安达曼群岛（Andaman Islands）水域中亲眼目睹鲸鲨。在钦奈海岸找到这类标本表明，这些生物还在这些水域中存活。"

这类鲸鲨并不是捕猎者和杀戮者，而是靠浮游生物为生的物种。

导航标题

练习

仔细阅读城市的重要报纸，收集报纸所使用的不同风格的导航标题。与你的老师讨论这些标题的优缺点。

第 6 章

特稿和杂志标题

□ 特稿标题

在报纸中，5 种最常见的写作形式是倒金字塔式、问答式、叙述式、描述式和分析式。倒金字塔式通常用来撰写严肃的新闻报道。这些报道提出事实，没有评论，不进行分析或推测。因此，这些新闻报道的标题是鲜明的功能性标题，围绕着名词和动词构建出来，并突出报道中的重要新闻点。

问答式使用比较少，一般限制为简短的采访，常常作为主要报道的补充。只有在主题非常重要以及人物碰巧是国家领导人或名人时，才会使用全文采访。否则，这些采访就会被改变表述方式，新闻报道建立在从采访得出的重要新闻点上面。标题从主题做出的最具冲突性和最具挑衅性的新闻点挑选出来。然后，这些标题用作直接引语（参见第 4 章）。

最需要创造性的标题是为叙述性、描述性或分析性报道撰写的标题，这些报道也被称为特稿报道。这些报道使用各种写作风格，可以关注一个主要新闻点，也可以关注多个新闻点。此外，它们还报道种类繁多的主题，可以划分为新闻、政治、商业、娱乐、人情味、体育、事态发展的特稿等。

分析性报道或政治性报道曾一度不在这种分类之列。相反的，特稿则局限于有关妇女、儿童、健康、教育、发展等非传统的报道。这些报道从广义上讲被认为是软新闻、特稿报道或人情味报道，并被用来增加报纸的多样性，而这些报纸的主要职责则是要提供硬新闻。

今天，传统报纸已经经历了一场显著的变革。导致这场变革的因素有 3
个：电视提出的挑战、新技术的出现以及读者不断变化的阅读愿望。报纸不
再将自己只局限于严肃新闻报道，除新闻外，报纸还挖掘新闻背后的信息、
分析新闻事件发展的含义、反映社会和经济发展的趋势以及提供读者生活中
触及的各类问题，即使这些问题碰巧是和园艺一样的寻常琐事，或者像火
箭科学一样的高科技，抑或如金融一样让人摸不着头脑也是如此。 *139*

报纸同样以不同的方式表现这些报道，从而使它们不至于与严肃新闻
混为一谈，严肃新闻是纯粹的新闻报道。在过去，这些报道也被称为星期
日周刊（Sunday Magazine）。然而，今天几乎所有主流的印度报纸都出版
周刊增刊或半月刊增刊，讨论与时尚、娱乐、艺术、科学、信息科技、健
康、妇女、法律、媒体、发展等相关的主题。

为了用叙述性或描述性形式报道城市发生的事件，有些报纸推出了城
市活页（pull-outs），而且，越来越多的报纸为了表现有深度的政治、社会
和经济特稿，正在增加论坛版（OpEd①）（正对社论版的版面）。这种趋势
并不局限于主流报纸。商业报纸还超出了新闻报道的范围，最大限度地推
出增刊，这类增刊以友好的用户界面，提供有关像金融、财政、投资、共
同基金、企业界、新产品和市场趋势等问题的信息。

这不仅改变了特稿报道的写作方式，也改变了特稿标题的写作与表现
方式。报纸使用两种风格来表现特稿。

传统格式

这种写作风格被用于表现新闻特稿——也就是说，撰写的特稿用来补
充突发性新闻。这些特稿刊登在新闻版上，并通过提供易于理解的解释、
背景信息或与新闻发展有关的报道来帮助读者。这些特稿的重要目的是要
揭示突发性新闻后面的人文因素，并为新闻报道增加多样性和深度。

新闻特稿使用一种叙述性、描述性或分析性的写作风格，并像新闻报
道一样表现出来。这些特稿的标题一般都具有创造性，并使用标准的新闻
格式。为了使标题在视觉上有所不同，标题作者做得最多的就是要使用细
长体或斜体。有趣的是，新闻特稿并没有特殊的排版处理。如果报纸风格

---

① 应为 Op Ed, opinion editorial 的缩写。

允许的话，标题作者可以使用肩题或副标题来为特稿标题添彩。

举例来说，当普拉卡什·卡拉特（Prakash Karat）先生当选为印度共产党（马克思主义）的总书记，他的妻子布林达·卡拉特（Brinda Karat）成为印度共产党（马克思主义）政治局成员时，《印度斯坦时报》给出了一个绝妙的标题（见图6—1）。这个标题使用字肩表示这则报道是一个新闻特稿——人物专访（profile）——并非一则严肃的新闻报道。

140

PROFILE | CPM's First Couple
Comrades at work and home

HT Political Bureau
New Delhi, April 11

PRAKASH KARAT took over as CPI(M) general secretary on Monday, succeeding veteran leader Harkishan Singh Surjeet who stepped down to make way for the younger generation. His wife, Brinda, became the first woman to enter the politburo.

Born to a lower middle class family, Karat lost his father when he was 13. His education from school onwards, even his MSc (Politics) at the

Prakash and Brinda Karat

ment, Surjeet, was among the select few who attended Prakash's hush-hush marriage to Brinda in 1975.

marriage vows. They also decided not to have children so that they could give all their time to the party.

CPI(M) workers say Karat has the ability to remain "extremely reserved without coming across as aloof." And like in all political parties, workers in the grassroots claim he's theirs — the Kerala crowd because Karat hails from Palaghat; the Tamil Nadu cadres because he studied at the Madras Christian College and the Delhi office because he has been the secretary of the Delhi unit of the CPI(M).

图6—1 《印度斯坦时报》头版为一篇新闻特稿所撰写的标题。这个标题是用与新闻标题相同的格式撰写的。

《印度斯坦时报》为另一则新闻特稿撰写了一个类似的、具有创造性的标题。下面的新闻特稿是中国总理温家宝抵达印度访问的引子（见图6—2）。报道的标题使用了受到人们喜爱的电影《卧虎藏龙》（*Crouching Tiger，Hidden Dragon*）的片名作为双关语，但却使用了撰写新闻标题所用的字体和字体风格。

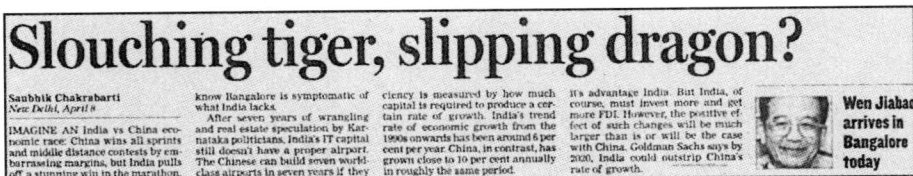

Slouching tiger, slipping dragon?

Saubhik Chakrabarti
New Delhi, April 8

IMAGINE AN India vs China economic race: China wins all sprints and middle distance contests by embarrassing margins, but India pulls off a stunning win in the marathon.

know Bangalore is symptomatic of what India lacks.

After seven years of wrangling and real estate speculation by Karnataka politicians, India's IT capital still doesn't have a proper airport. The Chinese can build seven world-class airports in seven years if they

ciency is measured by how much capital is required to produce a certain rate of growth. India's trend rate of economic growth from the 1990s onwards has been around 6 per cent per year. China, in contrast, has grown close to 10 per cent annually in roughly the same period.

It's advantage India. But India, of course, must invest more and get more FDI. However, the positive effect of such changes will be much larger than is or will be the case with China. Goldman Sachs says by 2020, India could outstrip China's rate of growth.

Wen Jiabao arrives in Bangalore today

图6—2 一则用于中国总理抵达印度访问前夕作为引子的特稿标题。

另一个优秀的特稿标题是为一则有关国民志愿团（RSS ①）尸体灾难的

---

① 亦译印度卫队（Rashtriya Swayamsevak Sangh，RSS；National Volunteers' Union），为印度教民族主义组织。

新闻分析而撰写的标题，国民志愿团俗称同盟家族（Sangh Parivar）[1]（见图 6—3）。这则分析性报道出现在新闻版上，并使用了典型的新闻格式。

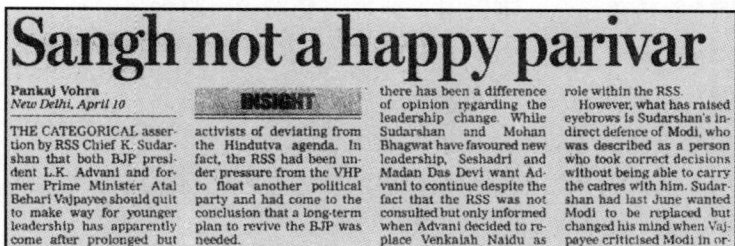

Sangh not a happy parivar

Pankaj Vohra
New Delhi, April 10

INSIGHT

THE CATEGORICAL assertion by RSS Chief K. Sudarshan that both BJP president L.K. Advani and former Prime Minister Atal Behari Vajpayee should quit to make way for younger leadership has apparently come after prolonged but activists of deviating from the Hindutva agenda. In fact, the RSS had been under pressure from the VHP to float another political party and had come to the conclusion that a long-term plan to revive the BJP was needed. there has been a difference of opinion regarding the leadership change. While Sudarshan and Mohan Bhagwat have favoured new leadership, Seshadri and Madan Das Devi want Advani to continue despite the fact that the RSS was not consulted but only informed when Advani decided to replace Venkaiah Naidu as role within the RSS.

However, what has raised eyebrows is Sudarshan's indirect defence of Modi, who was described as a person who took correct decisions without being able to carry the cadres with him. Sudarshan had last June wanted Modi to be replaced but changed his mind when Vajpayee criticised Modi in or-

图 6—3 一则《印度斯坦时报》新闻分析的标题。这个标题用了"同盟家族"字样，同盟家族是这则报道的主题。

类似地，当查尔斯王子（Prince Charles）与卡米拉·帕克·鲍尔斯 *141*（Camilla Parker Bowles）举行婚礼时，路透社转载了一篇关注英国皇室婚姻的新闻特稿。这篇特稿详细描述了伊丽莎白女王4个子女的婚姻，以及3人最终离异的事实。这是一篇非常简明易懂的特稿。但不幸的是，它使用了一个标签性标题。

最初的标题： 王室婚姻：成功和失败的故事

修改的标题： 4人结婚，3人离异；英国王室没有婚姻福祉

特排格式

特排格式用于刊登在特稿版和增刊上的特稿。这些特稿的标题大都用大点数字体撰写出来，并常常使用特殊字体。标题使用的文字比较少，并依赖于起支撑作用的副标题、字肩、介绍性词语、图片或图形来传播讯息。这种做法经常在一个较大事件计划下，将特稿标题处理为一个微不足道的因素。

然而，这种做法并不意味着通过设计把这些标题变得黯然失色。相反的，要把更多的想法融入撰写这些标题之中，因为作者撰写一个意味深远

---

[1] 同盟家族（United Family）为印度教民族主义组织，由人民党、国民志愿团、世界印度教大会（Vishwa Hindu Parishad, VHP）和由这3个组织所建立的工商组织、学生组织、青年组织、妇女组织等组成，在政治、经济和文化上都是一支力量强大的队伍。

的标题的空间非常小。这就是标题作者依赖双关语、明喻、头韵或巧妙的词语转换来撰写标题的原因。

撰写这些特稿标题，可以用 4 种不同的形式。附带说明的是，这些形式由美术编辑或富于想象力的人来决定，他们决定：

1. 撰写标题所使用的字体点数、字体风格和颜色。

2. 用来支持标题的图片、插图或图形。

3. 用来撰写副标题或介绍性词语的字体点数、字体风格和颜色。

4. 在版面上安排上述 3 种因素。

用来表现特稿标题的 4 种形式是：

使用不同字体

在这种表现形式中，字体的颜色和大小被用来使标题有别于这个版面上的其他标题。

一个使用排版对比来传递讯息的优秀标题，被用于一则有关增值税的报道。该特稿向读者介绍有关增值税的概念，并消除由商人给寻常百姓造成的疑虑，因为在增值税实施之前，商人举行了一次为期 3 天的罢工。这个标题十分简洁，却影响深远，多亏使用了黑体和黑色阴影细长体文字（见图 6—4）。主标题由一个反转副标题来支持。

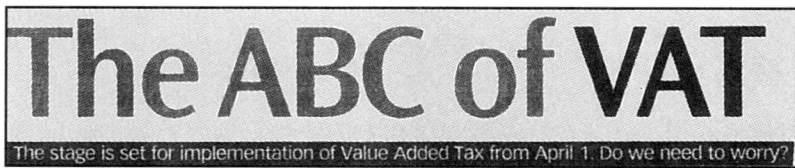

The ABC of VAT
The stage is set for implementation of Value Added Tax from April 1. Do we need to worry?

图 6—4　一个《新印度快报》星期日刊使用的标题。这个标题用排版来强化视觉影响。

使用照片作为支撑

在这种表现格式中，标题从照片得出意义。标题要么放在照片上方，要么排在照片旁边。有时，介绍性词语或副标题也可以用来传递额外的意义。

《新印度快报》星期日刊撰写的有关瑟里斯卡（Sariska）的老虎突然失踪的报道标题，就是这种标题写作风格的一个优秀事例。标题由一个词和一个感叹号组成：

被人吃掉了！

（Maneaten！）

假如标题没有一张看上去忧郁不快的老虎照片作为支撑的话，那么，这个标题就表达不出什么意义了。人们看一眼标题和照片，就足以理解标题作者试图表达的内容——正是人吃掉了这只老虎（见图6—5）。

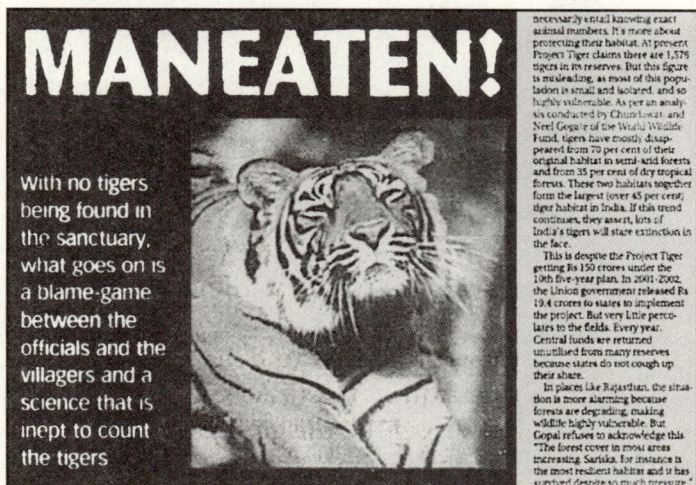

图6—5 《新印度快报》星期日刊使用的一个标题。标题使用一张老虎的照片来表达意义。

另一个相同形式的优秀特稿标题，是为一个健康专栏有关40～45岁男人支吾地讲述性欲而撰写的标题。这个标题不仅放在照片的上方，而且还具有煽动性和用意。

男人也必须歇息

（MEN too must PAUSE）

美术编辑通过将标题放置在一幅耐人寻味、惹人烦恼的照片上方，赋予标题价值。对比字体和副标题的使用，进一步强化了这个讯息（见图6—6）。

使用插图作为支撑

美术编辑有时用插图支撑新闻特稿，尤其是那些为论坛版或星期日刊撰写的标题。这种做法增加了版面的多样性。这类标题的一个优秀事例，是《经济时报》有关外商直接投资问题的标题。标题使用了一个"陷入进

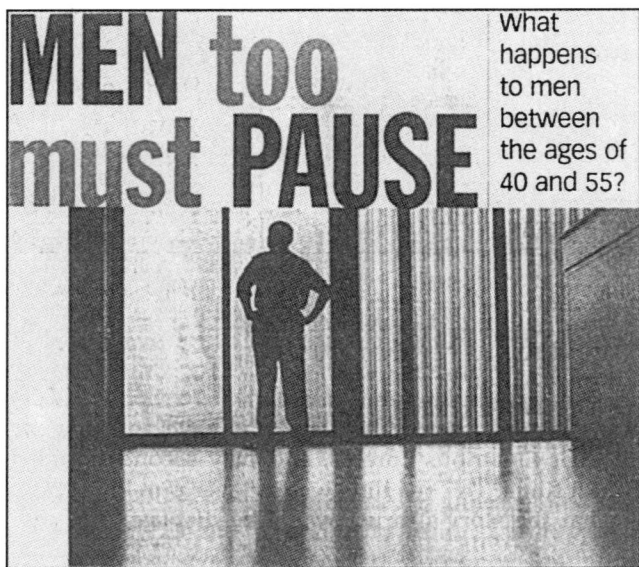

图 6—6 《新印度快报》星期日刊使用的一个标题。标题使用了一种文字处理来表达意图；对比的字体、照片和副标题被用来增加标题的意义。

退两难的处境"（caught in a cleft stick）的谚语，机智地表示辛格博士[1]的两难境地与左翼政党有关。

144 　　　陷入一个进退两难的处境

　　　　［Caught in a （c）left stick］

　　　然而，正是这个插图表明曼莫汉·辛格博士设法避免一种镰刀状的改弦易辙态度，从而为标题提供了相关的语境，使之完整起来（见图 6—7）。

使用图形作为支撑

　　　特稿标题在图形中起到了一个类似的辅助作用。一个优秀事例是有关电影明星儿子们的分析性报道，他们没有能够利用父母杰出名声的庇护，而是为宝莱坞超级巨星沙鲁克·汗（Shahrukh Khan）跑龙套。这个标题是一个巧妙的双关语，但是，为了理解报道的本质内容，它需要一个副标题。这种表现形式再次证明非常精彩（见图 6—8）。

---

　　　① 指印度总理曼莫汉·辛格（Manmohan Singh）。

图 6—7 《经济时报》使用一个插图来增加意义的标题。

主标题：这是儿子的招牌

副标题：无论明星的儿子们怎样努力，也无法摆脱沙鲁克·汗（SRK①）的影响

□ 10 个撰写特稿标题的技巧

所有的特稿标题都必须具有创造性，无论它们是否有视觉或排版支撑。下面是撰写特稿标题的 10 个技巧。

技巧 1：利用文字

为了撰写文字标题，标题作者首先需要找出报道的主题。举例来说，《电讯报》刊登了一篇健美特稿，这张对其具有创造性的标题非常自得的报纸，探讨了一所健美学校怎样使居民和路人的生活变得痛苦不快。这则报道指出，健美者向经过学校的年轻女子说淫秽不堪的话。标题作者为了提炼出标题的精华，在身体（body）一词上使用了双关语。在只有两个词语的标题中，标题作者捕捉到了报道的主语和主题：

　　下流的健美者

---

① 指沙鲁克·汗。

(Bawdy builders)

图 6—8　《经济时报》一个成为插图组成部分的特稿标题。

　　另一个来自相同报纸的非常优秀的标题，出现在一篇谈论经营赛马厩的体育版特稿中。作者详细讲述了马匹的洗刷、饮食习惯、日常训练、驯马者的工作强度等。这是一篇有关马匹的极具信息性和教育性的特稿，标题作者通过拟出下列标题，正确地使用了标题作者的技能：

　　赛马厩稳定的经营方式

　　(Stable manners)

　　类似地，一些有关 20 世纪 90 年代由 Ｈ·Ｄ·德韦·高达领导的联合阵线（United Front）政府报道的标题，绝对引人注目。那届政府是第一届由 13 个政党组成的联邦中央政府，人们总是担心这个联合政府会分崩离析。这个联合阵线被人们称为不和的阵线，这是因为它是由 13 个具有不同意识形态和政策方针的政党组成；它对种性的强调，引起了人们的轻蔑嘲讽，它还有一些人们闻所未闻的成员。下面是一些有关德韦·高达政府的论坛版特稿标题：

不和的阵线
(Disunited Front)

国民的轻蔑
(National Affront)

没有排除种性
(Caste no bar)

落后的阵线
(Backward Front)

下议院
(House of common's)

技巧 2：利用人名

几位名人的名字以其本身的完美，为标题作者撰写创造性标题提供了便利，在标题用作人物专访时，更是如此。举例来说，当富有传奇色彩的英国裁判迪基·伯德（Dickie Bird）退休时，标题作者用他的姓氏作为此次人物专访的标题。

像伯德（鸟儿）一样自由
(Free as a Bird)

一个类似的精彩标题，是用来表现湿婆军党领导人巴尔·萨克里（Bal Thackeray）先生在一个选举案件中被传唤到法院的报道标题。这则报道是一个报纸提供资讯的背景介绍，用来引导读者对案件正反方意见的思考。

巴尔在国家法院
(Bal in nation's court)

技巧 3：利用首字母缩略词

商业报纸喜欢使用首字母缩略词。出现这种现象的原因是大多数金融组织名称或金融术语过于冗长和难以处理。使它们适于标题的唯一方法是将其简化为首字母缩略词。这种标题的特征也在撰写商业特稿标题时反映出来。

当 2004 年 P. 奇丹巴拉姆（P Chidambaram）先生成为团结进步联盟（UPA①）政府的财政部长时，商业报纸感到尤为欢欣鼓舞。因为 PC 是个人计算机（personal computer）的首字母缩略词，大多数标题作者使用计算机术语来描写财政部长的活动，尤其是在回顾或评论这位财政部长举措的商业特稿中，更是大量使用这个首字母缩略词。

147　一个引人注目的标题，是一篇有关这位财政部长在 2004 年上任不久后会见印度实业巨头的分析性特稿标题。这个标题并没有给出人们所期望的这位财政部长与实业巨头会谈的内容。可是，它却由于利用了首字母缩略词的巧合而吸引了读者的眼球。

P. 奇丹巴拉姆插手印度公司

（PC logs on to India Inc）

另一个吸引了读者眼球的标题是与 P. 奇丹巴拉姆使用互联网确定自己工作人员的有关报道标题。这则报道是作为一篇新闻特稿撰写出来的，需要一个略微不同的标题。

P. 奇丹巴拉姆点击网络确定自己的工作人员

（PC hits net for personal staff）

有趣的是，在 20 世纪 90 年代 P. 奇丹巴拉姆担任劳工部长的时候，撰写与他有关的报道标题并没有使用计算机术语作为双关语或主动动词。这个原因其实很简单：那时，计算机或互联网在印度还没有广泛使用。从这个事例得出的原则说明，只有那些能够被普通读者易于理解的双关语标题，才应该用作特稿和新闻的标题。

双关语的使用并不局限于商业版上的人名。为了使商业特稿贴近生活，人们也经常将条约和金融术语用作双关语。GATT（关贸总协定）是 General Agreement on Tariffs and Trade（关税和贸易总协定）的首字母缩略词，由于这个首字母缩略词发音很像 got［get（获得）的过去式］，因此，产生了范围广泛的睿智性标题。

―――――――――

① United Progressive Alliance 的缩写。

把你得到的全部交出来

(Give it all you've GATT)

技巧4：利用书名

只要众所周知的书名符合报道的主题，都可以用作特稿的标题。查尔斯·狄更斯（Charles Dickens）所著的小说《双城记》（*A Tale of Two Cities*），已经在无数的场合用作与两座城市、两个人、两个国家、两条河流等有关的报道标题。

《新印度快报》使用这个书名的变体，作为有关两名南方主要印度政治家——喀拉拉邦的 K. 卡鲁纳卡兰（K. Karunakaran）和泰米尔纳德邦的 M. 卡鲁纳尼迪（M. Karunanidhi）——的报道标题（见图6—9）。

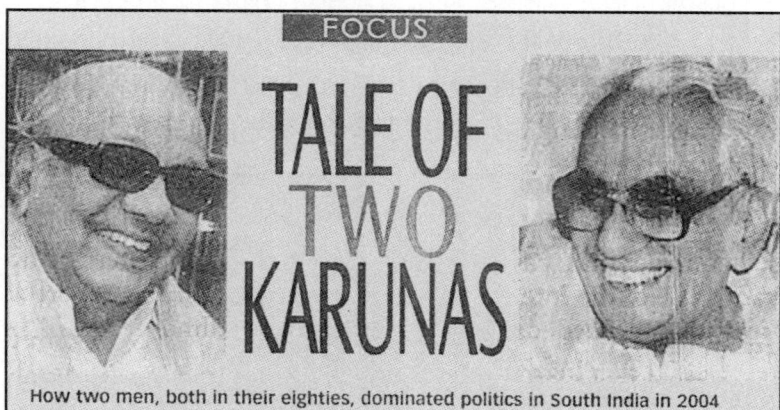

图6—9 《新印度快报》星期日刊一个利用《双城记》书名撰写的特稿标题。

书名不仅可用作特稿标题，也可用作社论标题。

战争与和平

(War and Peace)

印度母亲

(Mother India)

刀锋

(On razor's edge)

危险之旅

(Flight into danger)

喜马拉雅山失策

(A Himalayan Blunder)

148　　　标题作者必须避免过度使用相同书名用作标题，因为这样做的结果会把书名用滥。一个好的做法应该是巧妙运用文字，而不是在其最初的格式中直接套用。这会使标题在每次使用书名时都保持新鲜感。

技巧 5：利用电影名

用受到人们喜爱的电影名也可以创作出很好的标题。近年来，一部反复被人们用作标题的电影名就是《卧虎藏龙》。这个电影名被用作事件引子———一则新闻特稿的标题———在中国总理访问印度前夕撰写的报道标题（见图 6—2）。《新印度快报》杂志部分的一篇封面报道利用这个电影名为一篇电影行业虐待妇女的报道撰写了标题（见图 6—10）。这表明电影名的使用可以变化多样———电影名可以用来满足各种不同的主题和情绪。

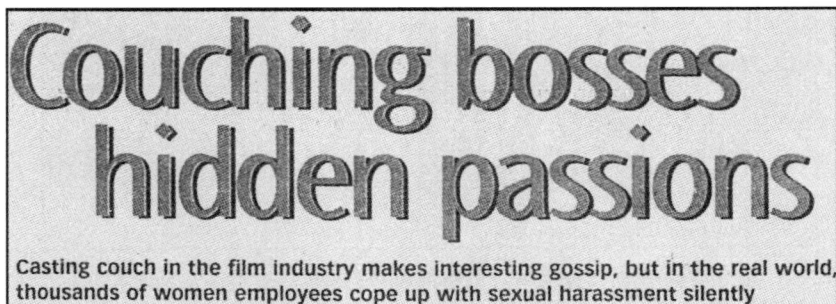

Couching bosses hidden passions

Casting couch in the film industry makes interesting gossip, but in the real world, thousands of women employees cope up with sexual harassment silently

图 6—10　一个利用《卧虎藏龙》电影名的事例。

149　　　当索妮亚·甘地（Sonia Gandhi）女士在 2004 年帮助国大党赢得权力时，《印度时报》利用电影名《金刚》写出了下面这个了不起的标题：

国大党女王

(Queen Cong①)

————————————

① Congress 的缩写。

技巧 6：利用广播和电视的广告词

要将在文字广告或广播与电视广告词中容易记住的奇文妙语，不断作为创造性标题的来源。像书名一样，广告词具有容易被记起的效果，并能够产生幽默感和创造性。

一个优秀事例是欧尼达彩电（Onida）① 的商业口号"邻居的羡慕，印度的骄傲"（Neighbour's envy, India's pride）被改写为下列有关孟加拉邦（West Bengal）印度板球队长索拉夫·甘古利的报道标题：

索拉夫是孟加拉邦的欢乐，印度的骄傲
（Saurav is Bengal's joy, India's pride）

技巧 7：利用语音

利用词语拼写可以产生优秀的标题。当印度曲棍球明星达尼拉贾·皮拉伊（Dhanraj Pillay）在 2004 年未能入选印度曲棍球队时，《印度时报》刊登了一个非常好的标题。按照官方的说法，皮拉伊已经落选。然而，没有什么人接受由另一位名人 K. P. S. 吉尔（K. P. S. Gill）领导的印度曲棍球联合会提出的这个观点。标题作者将印度曲棍球联合会会长的姓氏吉尔（Gill）改为吉尔提（Gill-ty）②，产生了极好的效果。

皮拉伊的支持者抵制印度曲棍球联合会的吉尔提
（Pillay supporters hold IHF Gill-ty）

一篇分析乌玛·巴拉蒂宣言影响的新闻特稿，以她在政治上采取苦行修道般的生活方式形成了另一个创造性标题。"特拉乌玛"（TraUma）是标题作者选择的词语，它表达了这位苦行修道者（sanyasin）宣言在政党内部产生的极度痛苦。名字 Uma（乌玛）构成词语 Trauma（创伤）的一部分，使读者一目了然地理解这种创伤的原因（见图 6—11）。

另一个通过语音产生同样强大效果的标题，是《亚洲世纪报》撰写的 *150* 有关香水特稿的标题（见图 6—12）。标题作者杜撰了"香水发展阶段"

---

① 为印度彩电品牌，约占印度彩电市场的 20%。
② 与达尼拉贾·皮拉伊（Dhanraj Pillay）的姓氏的最后一个字母相同，发音类似，故名。

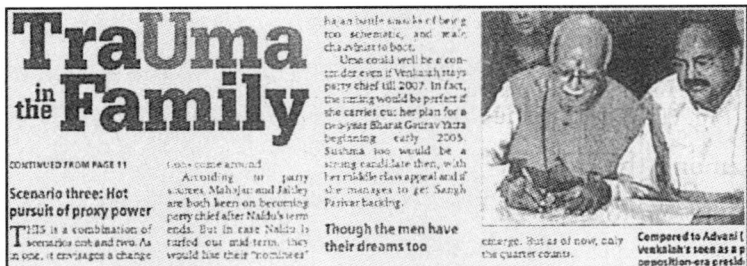

图 6—11　《新印度快报》在撰写一个有关乌玛·巴拉蒂的报道标题中很好地利用了语音。

（scenterstage）一词，用来强调香水现在正占据寻常印度人生活的重要位置。

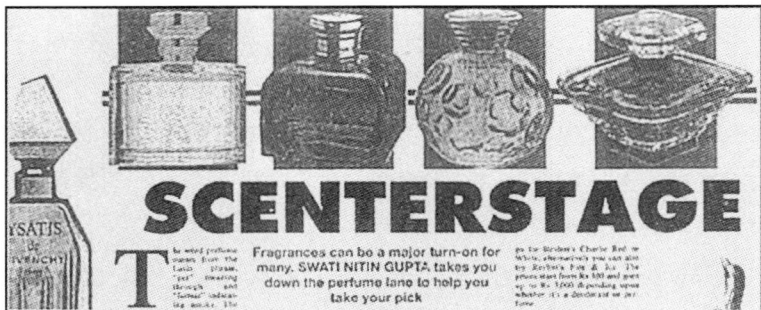

图 6—12　通过围绕香水杜撰的一个词语，创作了一个富于想象力的标题，这个标题是《亚洲世纪报》星期日刊的报道主题。

　　以语音为基础的标题并非总是由字母合成创作出来的。有时，通过创新用法改变文字含义，也可以创作出精品的标题。一个此类的杰出标题，是关于 2004 年钱德巴布·奈杜（Chandrababu Naidu）的泰卢固之乡党（Telugu Desam Party）在大选中彻底失败的报道标题。标题作者以下列用法揭示这次大选的惨败：

　　巴布领导的泰卢固之乡党彻底失败
　　（Land slides under Babu）

技巧 8：利用谚语和格言

　　像书名和电影名一样，谚语和格言同样成为具有创造性的主编选择标题的另一个来源。谚语和格言具有很高的被记起的价值，并有助于区分特稿标题和新闻标题。当标题作者使用人们熟知的谚语变体构成新闻点时，谚语的价值就会进一步提高。

当曼莫汉·辛格博士成为印度总理后，在第一次记者招待会上发言时，无所不知的德里新闻记者认为，这位从经济学家变为政治家的总理，会轻而易举地成为他们鱼钩上的食物。一位标题作者恰好捕捉到这种情绪（见图 6—13），仿照谚语"人为刀俎，我为鱼肉"写道：

> 我为刀俎，人为鱼肉

而辛格博士表现出一种优雅的风度，使新闻记者惴惴不安，则是另外一回事了。

151

图 6—13 《印度教徒报》一个很好地变换谚语"人为刀俎，我为鱼肉"的标题。

短语"变革之风"（winds of change）是用来修饰一篇泰米尔纳德邦的报道而撰写的妙语标题，这篇报道讲述了非政府组织创建一家营销公司后对农村妇女生活产生的变革。这家营销公司向深入森林采集具有药用价值植物的妇女支付很好的报酬。这篇特稿标题由一张照片和一个副标题作为支持，产生了极佳的效果（见图 6—14）。

《亚洲时代报》在为维拉潘在与警方遭遇战中被击毙的报道添加标题时，使用了类似的手法。

图6—14 《新印度快报》星期日刊基于短语"变革之风"所撰写的一个富于想象力的标题。

标题作者围绕渴望复仇的俗语"以眼还眼"撰写了下列标题：

以一眼还多眼

152 　　据说，维拉潘在其长达20年的恐怖活动中，杀死了150人和2 000头大象，这个标题再合适不过了：遭遇战后对维拉潘的尸体解剖检验发现，他的眼睛只剩下了一只。

技巧9：利用主题或图像

有时，可以用绰号、主题或形象来表示政治家。"干净先生"（Mr Clean）是博福斯防务公司（Bofors）给已故的拉吉夫·甘地（Rajiv Gandhi）起的绰号。在安得拉邦前任首席部长钱德巴布·奈杜先生一案中，一切事情均与计算机和互联网有关。安得拉邦首府逐渐被人们说成塞得拉巴（Cyderabad）①，而安得拉邦被人们视为网际邦（Cyber Pradesh）。

在钱德巴布·奈杜于2004年失去权力的时候，标题作者立刻用双关语表现他的网际形象就不足为奇了。记录这一事件的一些标题为：

————————————

① 安得拉邦首府为海得拉巴（Hyderabad），因此案与互联网有关，而cyber（网际）又与hyder只有一个字母之差，故名。

钱德巴布退场，国民代表大会重新登场
(Chandrababu exits，Congress to reboot)
国大党侵袭奈杜的网际大地
(Cong storms Naidu's cyberland)
系统出错：网际冠军足球经理游戏退出
(System failure：Cyber CM① logged out)

这种比喻并没有只局限于网际的动词和名词形式。此外，比喻还被扩展到奈杜先生的选举标志上———一辆自行车。

安得拉邦投票人泄气
(Andhra Pradesh voters puncture the bicycle)

技巧 10：创造性地使用动词

动词在从报道的主题得出和用作主动语态的时候，就会为标题增光添彩。当有人以印度三柱门防守队员帕尔蒂夫·巴特尔（Parthiv Patel）的名义在拉杰果德（Rajkot）登记注册了一次假冒婚姻时，帕尔蒂夫·巴特尔经历了一段痛苦的时期。标题作者使用了两个板球术语"使快球弹得很高"（bouncer）和"（以球触三柱门）使（击球手）出局"（stumps），撰写出一个富于想象力的标题（见图 6—15）。

事实上，体育编辑部使用动词一直最富想象力。它们已将几个名词转化为强有力的主动动词。 153

布勃卡撑出新生活
(Bubka vaults to new life)
卡尔·刘易斯全速跑进历史画卷
(Carl Lewis sprints into history books)
安吉②跳出她的人生
(Anju makes the leap of her life)
拉索雷射出拨云见日的局面

---

① Championship Manager 的缩写。
② 指安吉·乔治（Anju George，1977— ），印度女子跳远选手。2002 年釜山亚运会冠军，她在 2004 年雅典奥运会创造了 6.83 米的个人最好成绩。

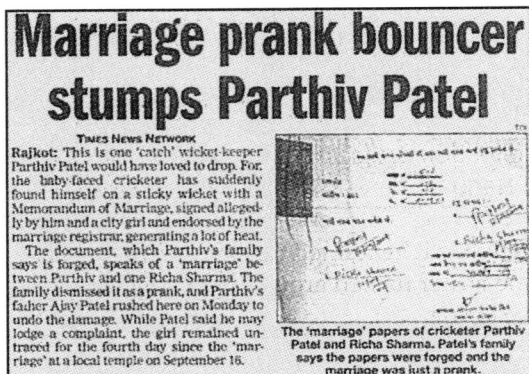

Marriage prank bouncer stumps Parthiv Patel

图6—15　《印度时报》在一个关于帕尔蒂夫·巴特尔的报道标题中，富于想象力地使用了动词"使出局"和"使快球弹得很高"。

(Rathore① shoots a silver lining on cloudy day)
俄罗斯篮球队投出替补美国篮球队的水平
(Russians basket second string Americans)

□ 杂志标题

　　习惯上，杂志标题一直有别于报纸标题。这是因为杂志并不像报纸一样使用倒金字塔式的报道风格。杂志的写作方式更加自由流畅，并基于事件的趋势评论、分析和解释。因此，杂志的标题需要反映文章的主题，而不是局限于一个主要的或支配性的新闻点。

　　杂志也刊登一版一篇或几版一篇的文章。这就允许杂志以不同的方式对待标题。杂志标题比较简短，大都被限制于仅2～3个词语——一种要求标题作者在一定程度上极富想象力和创造性的限制。这种结果已经成为修饰性标题的发展趋势——标题用双关语或利用词语来表达意义。

　　这种趋势已经持续到今天，虽然报纸在生活版或特稿版已经开始变得

──────────

　　① 指拉贾瓦丹·辛格·拉索雷（Rajyavardhan Singh Rathore，1970—　），印度射击选手，曾在2004年雅典奥运会上赢得双向飞碟射击银牌。标题中乌云（cloud）和银色的衬边（silver lining）都是比喻用法。苦难就像乌云，遮住了阳光，而希望就好比乌云尽头那层银色的衬边。silver也喻作他获得的奥运会银牌。

更加接近于杂志标题。然而，杂志还是设法在写作风格和设计上保持其特征。新闻类杂志尤其在标题写作上已经形成了自己的特征，这种特征要比时尚、电影、竞赛等生活类专业杂志更加一致。

下面是杂志撰写标题所使用的主要原则。

格式

大多数报纸喜欢3层格式标题，虽然严格地讲，第一层标题不能被视作标题的一部分。举例来说，杂志《今日印度》（*India Today*）（见图6—16）在其2004年各期中，将第一层标题用作表示页面标题（page head）和栏目标题（department head）。页面标题同样起到字肩或肩题的作用。如果是一则邦际报道，肩题就要列出邦名；如果是一则国际报道，肩题就要列出国名；如果是图书报道的一个引证，肩题就要说明报道是有关食品的报道，还是有关时尚的报道。

第二层标题是主标题。它用较大的字体来撰写。这个标题的位置不必在报道上方。根据设计的要求，主标题可以位于报道中间，可以左对齐，可以右对齐，抑或位于照片上方。主标题总是巧妙利用文字，局限于2～3个词语，很少出现多个词语的情况。

第三层标题由一个副标题组成。这是一个标题作者用来解释报道主要新闻点的额外手段。根据设计属性划分，3层标题可以表示为：

字肩/肩题： 安得拉邦

主标题： 不光彩的记录

副标题： 两名被授予2003年"总统勇敢警察"勋章的警察现在面临骗取奖项的质询。这暴露的问题只不过是冰山一角罢了。

《展望》杂志使用了一个类似的格式，只做了少许变化。该杂志在版面上方并没有栏目标题；而是在页面的下方用小点数字体表示出来。如果页面标题必须列出报道主题的字肩或刊头（flag），那么主标题就用大字体刊登在字肩的下方。这个标题的位置可以多样化，它可以位于页面的上方，可以左对齐，可以右对齐，抑或位于页面的中间。

在这个事例中（见图6—17），主标题刊登在页面比较靠下的地方，位于照片的下面。

图 6—16　《今日印度》撰写标题所使用的格式。

副标题以比较小的字体组成第三部分。在这个事例中，整个标题表示如下：

字肩/肩题： 纺织工

主标题： 纺织机的末日

副标题： 外来纺织品已使当地的纺织工变得悄无声息，迫使他们受穷挨饿并毁灭这门技术

我们有一个有趣的发现，两个杂志为标题的每个要素——字肩、主标题以及副标题使用了不同的字体和字体风格。显然，这两个新闻类杂志均把标题视为重要的设计工具。它们不时地改变标题的字体风格、位置甚至格式。

其他杂志同样重视标题格式。《印度周刊》（见图 6—18）也喜欢使用将主题文字作为字肩的 3 层格式。随后是一个巧妙利用有关文字和副标题

的主标题。

图6—17 《展望》杂志撰写标题所使用的格式。

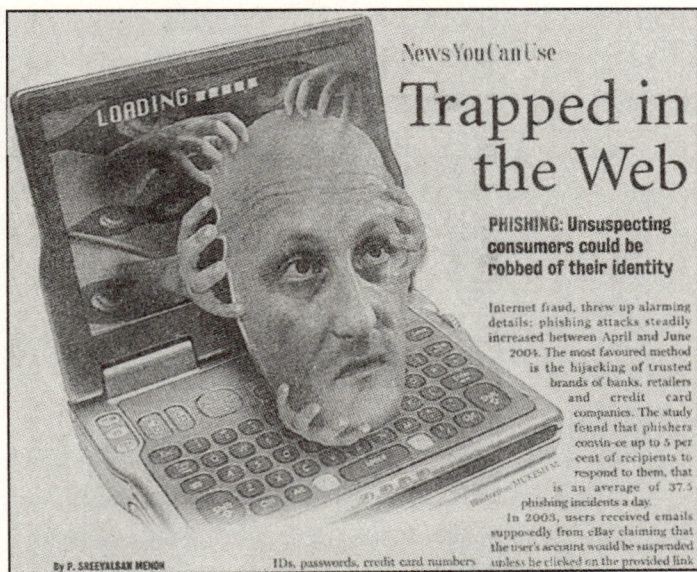

图6—18 《印度周刊》杂志所使用的标题格式。

比喻用法

杂志标题的第二个主要特征，是在主标题中使用双关语或头韵、明喻等手法。《展望》杂志在一则与旁遮普邦（Punjab）和哈里亚纳邦（Haryana）工科大学有关的报道中，赋予了莎士比亚名句"生存还是毁灭"（To be or not to be）新的生命（见图6—19）。

图6—19　《展望》杂志一个吸引眼球的标题。

157　　同样还是这本杂志，机智地使用了另一个书名做一个由板球选手格雷格·查贝尔撰写的专栏标题，格雷格·查贝尔概述了与2004年8月英格兰板球队命运有关的有利变化（见图6—20）。这个标题以双关语表示8月属

图6—20　《展望》杂志富于想象力地使用书名《英国八月》（*An English August*）。

于英格兰板球队这一事实，这恰巧也是一位印度人乌巴曼尤·查特伊
（Upamanyu Chatterjee）[①] 所著的一本著名图书的书名。

　　印度出口商使用一个名为"粮食流失"（The Grain Drain）标题，披
露经济弱势群体虚假的粮食销售——一个机智的"人才流失"（brain
drain）短语的双关语（见图6—21）。

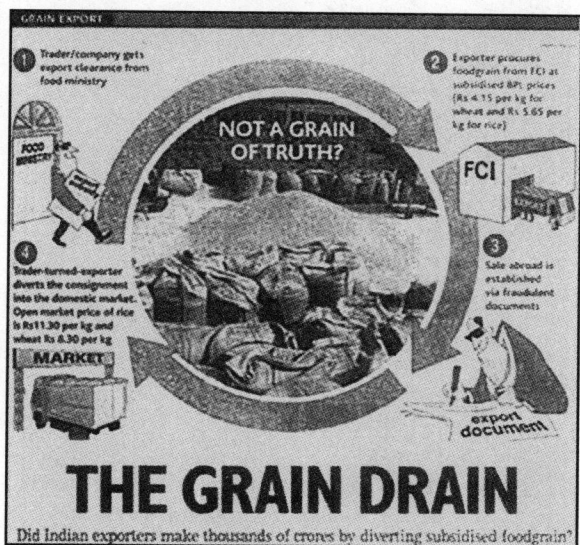

图6—21　《展望》杂志对短语"人才流失"恰
切的双关用法。

　　《今日印度》杂志以在标题中使用头韵著称，该杂志在谈论国大党的
社会活动时，使用了一个优秀的标题（见图6—22）。　　　　　　　　　*158*

　　该杂志在有关宗教人口普查报道上，还使用了一个优秀的双关语。人
口普查数字在2004年公布，并没有被看作有价值的统计数字，却成为每个
政党利用这个数字谋取自身利益、获得重要政治排名的中心。该杂志给这
则报道添加的适当标题为"数字游戏"（Numbers Game）（见图6—23）。

―――――――――――――――――

　　① 乌巴曼尤·查特伊（Upamanyu Chatterjee，1959—　 ），印度作家、小说家和行政官员，
生于比哈尔邦首府巴特那市。毕业于德里大学圣斯蒂芬学院。著有《英国八月：一个印度故事》
（*English，August：An Indian story*，1988）、《最后的担子》（*The Last Burden*，1993）、《福利国
家的乳汁》（*The Mammaries of the Welfare State*，2000）、《失重》（*Weight Loss*，2006）等作品。
1988年被任命为印度人力资源开发部语言官员。

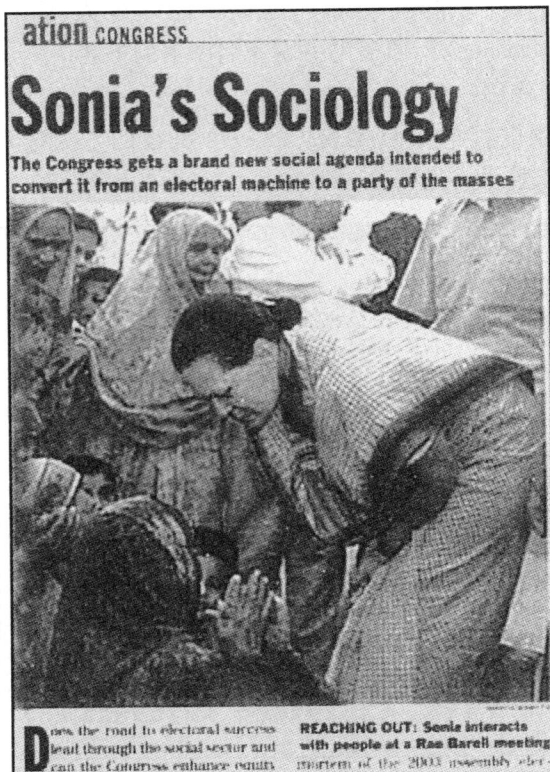

图6—22　《今日印度》杂志使用头韵的事例。

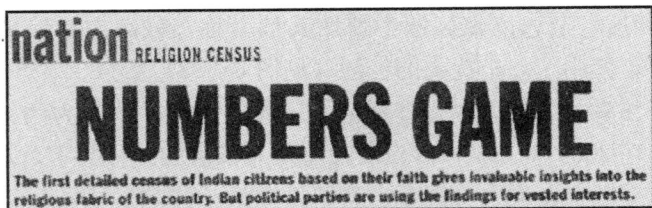

图6—23　一个适于宗教人口普查的优秀政治双关语。

159　描述

杂志认识到仅有巧妙的标题是不够的；因此，突出报道中最具争议或最有意义的观点就显得格外重要。有策略地被安排位于主标题下方的副标题起着重要的作用。副标题和标准标题有所不同。副标题通常是一个完整的句子，有时是两个句子，这样就可以突出包括评论和问题在内的一个或多个观点。

下列副标题是《展望》杂志为那格浦尔报道所使用的副标题，这则报道详细叙述了在一个法院中，一名罪犯被一群包括无数妇女在内的暴徒绞死的事件：

犯罪还是惩罚？对这些妇女而言，以一种特有的惩罚方式，结束一名暴君长达 14 年的恐怖统治，肯定是自作主张。

《印度周刊》在报道与医疗有关的旅游业报道中使用了一个副标题说明报道的本质（见图 6—24）。

这个国家成为一个医疗目的地，即使是西方患者，也乘坐飞机前来进行价格相对低廉的世界级治疗。

CoverFeature Medical Tourism

Get well soon... in India

The country becomes a medical destination as even patients in the west fly in for world class treatment that is cheaper

图 6—24　在杂志标题中，副标题是一种提供描述的有效方式。

设计工具

除了图片和图形，标题是杂志版面最为重要的设计要素。这就是杂志在决定标题的位置和表现方式方面想方设法、竭尽全力的原因所在。

新闻部分用黑体排印标题。生活方式、时尚、饮食或其他趋势的特稿报道，均要使用简洁和更为文雅的字体。类似地，特别关注类的杂志，诸如那些与电影、汽车等有关的杂志，也要使用最能表现其目标受众品位的字体。

我们在选择标题颜色时要格外小心。美术编辑坚持认为，标题颜色必须与报道的语气相匹配。为了增加版面的对比，标题经常要排印为反转或网状式。它们同样要放在图片上方或跨越两个页面出血，以产生比较大的视觉影响。

₁₆₀ ## 表明特征

标题的撰写和表现形式，在表明杂志的特征方面起着重要的作用。读者的眼光和看法会逐渐适应出版物所采取的标题风格。杂志同样要意识到这一点，不要过于频繁地改变标题的字体，因为这样做会使读者感到迷惑。

章节重点

特稿标题的种类

    1. 传统特稿标题。

    2. 特排特稿标题。

传统特稿标题

    1. 以一种新闻格式来撰写。

    2. 有时可以使用斜体/细长体。

    3. 可以由字肩或副标题来支持。

    4. 不使用视觉支撑。

    5. 不使用排版支撑。

    6. 美术设计团队不参与写作过程。

有关特排特稿标题的重点

    1. 取决于照片、图形或插图的视觉支撑。

    2. 美术设计团队积极地进行设计。

    3. 使用少量的文字。

    4. 为刊登在非新闻版面的特稿撰写标题。

    5. 可以使用各种字体和点数。

撰写特稿标题的技巧

    1. 利用文字。

2. 利用人名。

3. 利用首字母缩略词。

4. 利用书名。

5. 利用电影名。

6. 利用广播和电视广告词。

7. 利用语音。

8. 利用谚语和格言。

9. 利用主题或形象。

10. 创造性地使用动词。

杂志标题的特征

161

1. 通常杂志使用三层的格式。

2. 第一层由主题构成。

3. 第二层是主要标题，必然要利用文字。

4. 第三层总结报道的主要观点。

杂志标题的位置

1. 版面的上方。

2. 版面中部。

3. 左对齐/右对齐。

4. 放在照片的上方。

5. 跨越两个页面。

字体和字体风格的使用

1. 杂志主标题喜欢使用衬线字体，副标题喜欢使用非衬线字体。

2. 当标题位于照片上方时，字体应该看得见。

3. 根据报道的语气来选择颜色。

4. 表现方式应该保持一致。

5. 字体不应该过于频繁地改变。

特稿标题

练习 1

仔细阅读上个月的报纸，并为下列每种分类找出一个特稿标题：

1. 利用人名。
2. 利用首字母缩略词。
3. 利用双关语。
4. 利用书名。
5. 利用电影名。
6. 利用广播和电视广告词。
7. 利用语音。
8. 利用谚语和格言。
9. 利用主题或形象。
10. 创造性地使用动词。

练习 2

为下列 5 篇特稿撰写标题。标题不应该是简单的直接性标题，而应该是充分利用有关文字的标题。这里没有给出标题参数，你可以发挥想象选择栏宽和字号。或者，你也可以请老师规定标题参数。

特稿 1

坎达瓦（KHANDWA）（中央邦）（印度亚洲新闻社）：基舍尔·库马尔（Kishore Kumar）已经去世 13 年了，但是，他凭借着众多歌曲和无数敬慕者活在人们心中，中央邦政府却没能在他的家乡坎达瓦修缮或重新建造一个简单的纪念馆。

基舍尔·库马尔作为印度最著名的一名歌手，仍然用他充满活力的嗓音占据着电视和广播的频道与波段，每天都产生许多效仿者。相比之下，他在坎达瓦火化地点的纪念标志却是杂草丛生，一派荒芜景象。

自 1987 年 10 月 13 日，这位传奇歌手兼电影制片人死于孟买，在坎达瓦被火化以来，已经过去 13 年了，而由当地政府给他建造的纪念馆已经破败不堪。

杂草和灌木丛纪念馆的残垣断壁中滋生蔓延，一些瓦片也已经掉落下来。

虽然坎达瓦人民做出了各种努力，但也就是这种结果，由宝莱坞抒情诗人维塔尔·巴伊·帕特尔（Vitthal Bhai Patel）发起的每人捐献 1 卢比的活动，共募集到了 100 000 卢比。

帕特尔的举动招致了坎达瓦市市长、人民党人塔拉昌德·阿加瓦尔（Tarachand Agarwal）的愤慨。

"帕特尔所作所为是在羞辱坎达瓦市和它的市民。难道我们无法重建纪念馆吗？"阿加瓦尔愤怒地质问道。

帕特尔毫不畏惧地说，他将在一个月内开始进行修缮工作。他断言，这个地区的人民都会支持他。

"市政公司这些年一直不景气。可是，当有人承担这项修缮工作时，它却百般阻挠。我们认为，帕特尔能够完成这项修缮工作，"一位坎达瓦居民马尼什·贾殷（Manish Jain）说。

基舍尔·库马尔流畅甜美的歌喉，要比这座纪念馆更能经得起岁月的洗礼。

或许，在不远的将来，他的敬慕者们最终能找到一个合适的地点，向他表达敬意——就像埃尔维斯（Elvis）① 的孟菲斯歌迷或吉姆·莫里森

---

① 即猫王。全名埃尔维斯·普雷斯利（Elvis Presley，1935—1977），摇滚音乐家，生于美国密西西比州。1953 年为田纳西州孟菲斯太阳唱片公司录制唱片，引起企业家汤姆·帕克上校（Colonel Tom Parker）的注意，其演唱事业从此飞黄腾达。1956 年，他的专辑《伤心旅店》（Heartbreak Hotel）销量达几百万张。他因演唱时丰腴的嘴唇、挑逗的呻吟、扭动的臀部和狂野的音乐，成为 20 世纪 50 年代时髦青年的超级偶像。他录制的 45 张唱片销售量均达百万张，其中包括《猎犬》（Hound Dogs）、《温柔地爱我》（Love Me Tender）、《监狱摇滚》（Jailhouse Rock）等。后来在孟菲斯宅邸去世。他的故居现已成为许多歌迷的朝拜圣地。

(Jim Morrison)① 的巴黎拥护者那样。

163 **特稿2**

艾哈迈达巴德（印度亚洲新闻社）：古吉拉特邦完全成为了一个舞台，在被海报宣传为世界为期最长的舞蹈节上，全体或绝大多数古吉拉特人在星期四开始的纳夫拉提节（Navrati）上都成为了舞蹈演员。在9个夜晚里，他们欢呼雀跃，载歌载舞。

纳夫拉提节，按字面解释为9个夜晚，在古吉拉特历法的阿什温（Ashwin）月的最初9天举行。

专门用来祭奠杜尔加女神（Goddess Durga）的纳夫拉提节，将传统与现代天衣无缝地结合在一起，因为年轻人与老年人聚集在一起，跳配以老歌和流行唱片的"加巴舞"（garba）以及"拉阿斯舞"（raas）。

由于就寝时间推迟到了凌晨时分，因此，由当地俱乐部或专业活动经理组织的大型晚会在古吉拉特邦各地随处可见，舞蹈演员们整晚在空地上尽情表演。

近年来，商业组织者为了利用纳夫拉提节的声望赚钱而介入这个活动，他们以在大型舞台举行加巴舞节目为由，收取高额的入场费。

今年的商业盛会甚至在纳夫拉提节开幕前，就以本周较早时间由孟买的流行歌手法尔基尼·帕塔克（Falguni Pathak）举行的两场演出拉开了序幕。一场演出在艾哈迈达巴德举行，另一场在苏拉特（Surat）举行。

穿着打扮自然关系重大，人们可以直接到商店购买传统服装，商店为

---

① 吉姆·莫里森（Jim Morrison，1943—1971），摇滚音乐家，生于美国佛罗里达州。20岁时进入洛杉矶加州大学电影学院研究生班学习，毕业后与同学曼·扎雷克（Man Zarek）等一共4人组成"大门"（The Doors）乐队。1966年，他们与埃利克特拉（Elektra）唱片公司签约，发行专辑《大门》（*The Doors*），其中一首歌曲《点燃我的欲火》（*Light My Fire*）获排行榜之首，随后几年里，他们又发行了几张专辑如《奇怪的日子》（*Strange Days*）、《等待太阳》（*Waiting For Sun*）、《平静的游行》（*The Soft Parade*）等，均获得了较大的成功。"大门"乐队继承了以布鲁斯为基础的主流摇滚风格，其简洁的音乐、绝望的歌词和挑逗的演唱，对20世纪70年代末的朋克摇滚（Punk Rock）运动有着深刻的影响。1971年，莫里森推出他的最后一张专辑《洛杉矶女人》（*L. A. Woman*）后，移居巴黎，同年7月，人们发现他沉溺于吸毒而造成心脏麻痹，死于住所的浴缸里。4天后，他被安葬在巴黎著名的贝尔拉雪兹公墓（Cimetière du Père-Lachaise）。此后，每年有数以万计的年轻人到莫里森的墓前祭奠，他们献给他的，不仅有鲜花和泪水，还有诗歌、舞蹈、大麻和涂满周围墓碑的片言只语。

妇女准备了精工细作的刺绣和饰品，并为男人准备了色彩鲜艳的"克迪亚"（kedia）服装。

此外，在跳舞过程中擦出火花是最受年轻人欢迎的内容，他们为了9天的晚会，去瘦身诊所就医，去美容院美容。

商业活动的肆意蔓延以及纳夫拉提节声望的不断提高，使得相关问题随之产生。

并不是每个人都期望纳夫拉提节狂欢，而且，市民团体已经对彻夜高分贝的歌舞娱乐节目提出了反对意见。

艾哈迈达巴德警方在去年保证午夜安静的公共环境失败后，今年已经允许加巴舞节目持续到凌晨1点半。

苏拉特当局今年已经强制实施一项午夜结束活动的命令。

警方已经在节日期间增加警力，预防失控事件的发生，尤其是性骚扰事件的发生。

特稿3

兰契（RANCHI）（印度亚洲新闻社）：在过去的9年间，拉马斯汉克尔·普拉萨德（Ramashankar Prasad）在表演一个非同寻常的仪式中还从未失败过——在为期9天的纳夫拉提节上，他将装满水的大水罐放在胸膛上，而且不让一滴水掉出来。

这一次，普拉萨德选择加尔克汗邦（Jharkhand）丹巴德（Dhanbad）地区的拉克什米·纳拉延（Lakshmi Narayan）印度神庙作为他表演这个仪式的地点。

当很多人拥挤着前往观看他的表演时，这位比哈尔邦阿拉（Arrah）地区的居民正平躺着，吃得非常少，只是快乐地完成对杜尔加女神做出的许诺。

他声称："1996年，杜尔加女神出现在我面前，鼓励我用9年时间遵守这个仪式。在女神的保佑下，我始终能够坚持这种艰苦的练习。"

在9天时间里，他将大水罐放在胸前，靠蜂蜜、罗勒叶和一些印度教徒认为圣洁的恒河水维持生命。

这一次，他要把这个仪式坚持到10月22日。

他已经在比哈尔邦和加尔克汗邦的不同地方完成了8年的祈祷。这是

164

他的第 9 年祈祷。

"在女神的保佑下，我的生命毫无问题。我拥有一个人所需要的一切，"普拉萨德说。

在被问及他明年是否还会做这个仪式时，他说："在没有食言并完成我的诺言的情况下，我感到得到了解脱，我已经连续 9 年坚持这个仪式了。"

"我还没有决定明年做些什么。一切都要取决于女神的保佑和我的身体状况。"普拉萨德说。

特稿 4

钦奈（印度快报新闻社）：印度是一个正在变得越来越年轻的国家，据估计，目前约 55％的人口在 35 岁以下。因此，人们都希望拥有一件年轻化的物品，像时髦的服装、跑车和高科技小玩意儿。

但是，怎样才能解释像办公包这样的物品同样已经变得年轻化、趋于随意而且更加艳丽呢？据行业消息灵通人士指出，在这个国家，办公包大约占到 50 亿卢比箱包市场的 20％。

可以断定的是，主要都市和大型城市在创造价值方面占这个市场的大部分份额，主要是由于这些地方的消费处于一个较高的水平。

相比之下，包括非团购在内，奥里萨邦只占箱包市场 5 000 万卢比的份额。可是，一次随机调查显示，一座二级城市布巴内斯瓦尔（Bhubaneswar）的消费偏好，与这个国家的其他地方一同步入了较为年轻化的行列之中。

对于最初的箱包而言，无所不在的公文包曾一度是男人唯一认同的办公箱包，但它正在迅速淡出流通环节。据行业消息灵通人士指出，虽然 5 年前公文包约占箱包市场的 85％，但今天，公文包的销售量已经降到了 15％～20％，被软箱包所取代；软箱包不仅好看，提供了较大的灵活性，而且携带舒适，这主要是由于软箱包具有可以不用手提的特点。

与所有产品一样，便利也已经成为变革箱包市场余地的一个主要推动力，尽管这个箱包卖点并没有将等待时间较长的预购考虑在内。

箱包制造商似乎也觉察到了这种正在发生变化的偏好，虽然他们还没有放弃公文包的生产。皮包显然是销售热点，给人美感和时尚感。然而，有趣的是，正是尼龙改变了箱包的面貌，尼龙箱包具有300～1 800件单品销售量。虽然馈赠礼品的目标甚至还集中在皮包上面，但是，大量的尼龙箱包却在不久前业已登场亮相。

特稿5

特里苏尔（THRISSUR）（喀拉拉邦）（印度亚洲新闻社）：他是一名兽医、一名牙医、一名看象人和一名雕刻家，是集各种身份于一身的人——桑卡拉纳尔亚南（Sankaranarayanan）用软木材雕刻象牙时，需要使用上述每一项技能，只有这样，才能使人造象牙与大象严丝合缝。

一名专业看象人，在过去35年一直为印度南部著名的古鲁瓦约尔神庙（Guruvayoor temple）看护捕获的69只大象，桑卡拉纳尔亚南是在8年前开始从事这项特殊工作的。

165

"8年前，我才第一次决定为一头折断一只象牙的大象试着制作人造象牙，"这位63岁的老人说道。

这项工作花费了漫长的数周时间和大量的精力。

"我花了差不多3个月的时间用软木材制作象牙，最终还是做出了一只象牙。我把它安装在大象折断的象牙上，严丝合缝，"桑卡拉纳尔亚南告诉印度亚洲新闻社。

从那以后，他为10头大象制作了人造象牙，他自豪地说，这些人造象牙比天生的象牙还要好。

虽然一头大象天生的象牙重几乎50千克，但是，人造象牙却不到1千克。

在解释他如何设法安装这些象牙时，这位看象人牙医说："我将象牙安装在折断的象牙上或母象非常小的象牙上。

象牙的表面并不锋利。严丝合缝地安装象牙是一个简单的过程，要比给人安装义齿简单得多。"

他说，最为困难的工作，并不是制作象牙而是找寻合适的木材，制作象牙的工作可能只花一个月的时间。桑卡拉纳尔亚南从此地的特里斯尔（Trissur）森林得到这些珍贵的木材。

但是，的确有一个附加条件：这些象牙基本上只是装饰品。

"我将这些象牙只卖到5 000卢比，这些象牙不能用来干任何活。但当大象参加某所庙宇的庆典活动时，这些象牙却能够派上用场。它们为大象增添了庄严的外表。"他说。

杂志标题

练习 1

仔细阅读你所在城市任何两个主要的新闻杂志，比较这两个新闻杂志的标题风格。

练习 2

使用下列格式，为下列 4 篇文章撰写标题。

字肩

点数：12 点大写字体

字符数：16 个

标题组数：1 个

主标题

点数：30 点大写字体

字符数：12 个

标题组数：1 个

副标题

点数：14 点，大小写字体

字符数/标题组数：60 个字符占 3 个标题组

报道 1

新德里（印度亚洲新闻社）：世界上阅读量最大的杂志《读者文摘》（*Reader's Digest*）已经在印度发行了 50 年。

忠诚的读者通过这本广受欢迎的刊物，已经喜爱上他们每月一次的欢歌笑语、戏剧艺术、冒险历程以及道德启迪之旅，现在，读者们可以期待 50 周年纪念号的读者文摘精粹。

这一珍藏版准备在 12 月发行，外附一个金黄色轧花硬封套，并以

49.50 卢比的价格向非订阅户销售。

"珍藏版将汇集读者对《读者文摘》所期待的全部精粹——经典文章、文字魅力、诙谐幽默……"该出版物经理指出。他还补充说，这些内容均为精挑细选所得。

珍藏版大约印制 250 000 册。

这本杂志在全球 165 个国家的读者几乎达到 1 亿，并以 19 种文字出版发行，在印度有 45 万用户订阅。

这本杂志以其简洁朴素的风格著称，多数内容都是对人类情感和生活状况的真实记录。

报道 2

新德里（印度报业托拉斯）：全球化席卷了印度的大浅盘！道巴（Dal-bhat）① 和油炸小面包（parathas）迅速消失了，普通印度人开始喜欢上泰国和中国急火快烧的烹饪菜肴。而对于美食家来说，他们还是喜欢用各种方法制作出来的法国菜。印度人的口味正在变得全球化，餐饮专家预测，此地这种趋势还将继续。不再有太多的印度人倾向于有限的传统选择来满足他们的食欲，更多人喜欢上了国际化的菜肴。

受到世界旅行者风俗的影响，此地的饮食不仅更加注意国际餐饮趋势，也遵循毫无限制的"渴望无限"（dil mange more）② 的咒语。

"多亏那些常乘坐飞机出行的旅行者，国际烹饪方法才在印度迅速受到人们的欢迎。当这些出行者返回家园时，就会找寻他们曾在世界其他地方品尝过的相同食品，"此地一家五星级酒店厨师长阿米特·乔杜里（Amit Choudhary）说。

然而，食物偏好还是因人而异，一般印度人正在对中国和泰国烹饪着迷，而对于越来越多讲究味道的印度人来说，他们更喜欢法国菜或意大利菜。"中国菜是第一家进入印度新兴餐饮市场的菜肴，不过在 10 年间，泰国菜和墨西哥菜也已经接踵而至，"著名的旅行见闻讲演人和烹饪作家拉宾德拉·塞特（Rabindra Seth）指出。

---

① 由米饭、咖喱鸡块、蔬菜、玉米薄脆等做的盖浇饭。
② 百事可乐的广告词。

报道3

班加罗尔（印度快报新闻社）：汤姆·克鲁斯（Tom Cruise）在影片《壮志凌云》（*Top Gun*）中说："我感到了这种需求，对速度的需求。"孩子们似有同感。速度已经成为一切事物依赖的关键词。

167　　现在的孩子似乎对大多数事物都缺乏兴趣，只有为数不多的事物能够吸引他们的注意力，长久地使他们着迷上瘾。

《哈里·波特》（*Harry Potter*）、Pogo游戏、尼克国际儿童频道（Nickelodeon）以及卡通网（Cartoon Network）已经成为每个孩子在成长年龄中不可缺少的组成部分。但是，对这一代孩子而言，当与任天堂游戏（Nintendo）和PS游戏创造的超现实的意象相比时，这一切都可以作为轻度的上瘾而被略过。

在某种程度上，像《极品飞车》（*Need for Speed*）和《赛车竞速》（*Road Rash*）这类的游戏已经成为过去的事物。孩子们对视频游戏及其收藏的疯狂，在父母中间已经引起了非常多的抗议呼声。父母们努力"为孩子提供一切"，却在这个过程中忘却什么对孩子是最好的，这些游戏使父母们的口袋被压榨精光。

"在家里，看到我的孩子耗在计算机和电视前面，简直就是家常便饭。我们总是就这个问题发生争执，但却没有什么效果。似乎很难说服他们去读书或出去玩一玩"，一位在职专业人员莫汉·普拉萨德（Mohan Prasad）说。"即使他们与朋友进行交谈时，他们谈论的唯一内容也是怎样在视频游戏的分数上胜人一筹，或如何找到新技巧来战胜他们的对手，"他补充道。

帕德马（Padma）说："我12岁的儿子对视频游戏非常着迷，为增加他的收藏，每个月都会要一款新的游戏。当孩子们坚持玩游戏时，很难说服他们不要玩了，在他们不玩游戏时，你唯一希望的就是他们不再找你麻烦。"

但是，玩游戏值得吗？想一想你的孩子受影响的程度吧，每次在《真人快打》（*Mortal Kombat*）游戏前呆上长达6～7个小时，看着像刘康（Liu Kang）或约翰尼·凯奇（Johnny Cage）那样的英雄，他们只有不停地将雷登（Raiden）或斯科皮恩（Scorpion）踢死，才能取得胜利。

他形成了一种信念，只有施加更大的暴力，才能使他成为一位胜利者，尽管是游戏虚构的，但是，它也能够在你孩子的心灵深处留下非常深刻的印象。

然而，这并没有阻止此类游戏产品的生产。游戏产品不仅一个劲儿地在数量上不断提高，在市场上也可以轻而易举地得到，而且种类繁多。出现像《地震》（*Quake*）和《真人快打》这种对孩子产生负面影响的游戏就不足为怪了，我们每年都有新游戏问世。

《龙珠Z》（*Dragon Ball Z*）、《真人快打·诡计》（*Mortal Kombat Deception*）和《森林防火》（*Fire Fighters*）正是今年孩子们期待的一些游戏的名称。

报道4

班加罗尔（印度快报新闻社）：人们普遍认为，如果出现问题的话，最好的方法就是面对并加以解决。当10月28日在苏穆哈剧院（Gallery Sumukha）上演 A. R. 格尼（A. R. Gurney）的《爱情书简》（*Love Letters*）时，梦境剧团（Dreamscope）的演职人员看来就是采取这种方法处理问题的，因为在戏剧要上演之前，戏剧化的意外情况出现了。

停电后，演员们以临时准备的烛光照明，在不同寻常、昏暗的布景下，为重新组织起来的观众演出。

在没有麦克风的帮助下，面对一台发电机的背景噪声，演员们的演技丝毫没有降低，所以，他们应该得到赞扬，因为他们以清亮的嗓音，圆满地完成了演出。

《爱情书简》的情节围绕两个孩提时期的朋友安德鲁·梅克皮斯·拉德第三（Andrew Makepeace Ladd Ⅲ）和梅利莎·加德纳（Melissa Gardner）展开，他们一直通过书信方式联系，他们40年来有着各自不同的生活轨迹。当然，两人坠入了爱河，而且，书信中贯穿的他们之间的紧张关系，不时令人难以承受。

按照作者的说法，《爱情书简》不需要真实的舞台、不需要排练、不需要演员记住台词。人们发现，格尼在许多方面将布景降到最少限度，只由两张桌子和几把椅子组成，而演员们在舞台上简简单单地读他们的"信件"。

然而，这并不意味着不需要高超的演技，演出过程对两名演员的演技

168

要求非常苛刻，尤其在他们是唯一投入的演员却不能彼此互动的时候。

通过巧妙的写作，格尼完美地描写了人物的性格和情感。但是，同样重要的内容并没有在信件中描述出来，没有描写的情感则由演员表演出来。正是台词之间的话语推动着故事情节的发展，进而吸引观众的注意力。

虽然存在技术①困难，但是，花 3 个小时耐着性子看完对所有在感情上投入的演员异常困难的表演，仍然是一种快乐的享受。

---

① 指前文提到的停电状况。

第 7 章

可行与禁忌
——25 项基本原则

标题作者需要把他们的工作视为一项只有经过艰苦磨炼才可以掌握的技能。幸运的是，具有数十年丰富经验的编辑人员提出了标题写作的一些可行与禁忌事项，现在它们已经成为标题写作的不成文原则。下面是一代又一代标题作者总结、完善和传承的一整套 25 项标题写作基本原则。

□ 原则 1：使用简明和简短的词语

任何优秀标题的先决条件都是要使用简单的、易于普通读者理解的词语。当 50 多名学生在贡伯戈讷姆一所学校的火灾中被活活烧死的新闻披露出来时，举国上下无不感到震惊和恐怖。一张泰米尔纳德邦报纸的标题作者使用了词语 "conflagration"（大火灾）表示火灾的危害性以及造成的浩劫。但是，"conflagration"（大火灾）并不是一个常用的词语。一个比较简单和更为有力的词语是 "fire"（火灾）。同样地，动词 "丧生"（perish）可以由更为简短的词语 "死"（die）替代。

最初的标题： 50 名孩子在贡伯戈讷姆大火灾中丧生

（50 children perish in Kumbakonam conflagration）

修改后的标题： 50 名孩子在贡伯戈讷姆学校火灾中死亡

（50 children die in Kumbakonam school fire）

为了强调火灾的恐怖，标题作者还可以使用行为动词"被活活烧死"（burnt alive）代替中性词"死亡"（die）。

50名孩子在贡伯戈讷姆学校火灾中被活活烧死

（50 children burnt alive in Kumbakonam school fire）

□ 原则2：使用具体词语

标题作者必须避免使用概括性词语，而要选择特定和具体的词语。在一个有关4名班加罗尔工程师溺死湖中的悲剧报道标题中，使用特定词语可以带来不同凡响的效果。标题作者却在撰写这个标题时，掩盖了这4名工程师的身份。

最初的标题：4名专业人员溺死湖中

（Four professionals drown in lake）

修改后的标题：4名班加罗尔工程师溺死湖中

（4 Bangalore engineers drown in lake）

类似地，2004年，一位孟买的女演员在比哈尔邦的一家迈蒂利（Maithili）语电影公司工作时，控告电影导演和男演员对她进行性骚扰，引起了人们的震惊和愤怒。通讯社转载这则报道时给出了下列标题：

女演员大叫性骚扰

（Actress cries sexual harassment）

这个标题总结了报道的主要新闻点，但是，标题却给读者留下好奇，此事是在哪里发生的呢？新印度快报网的文字编辑修改了这个标题，添加了此事发生的邦名，还指明了这名女演员的身份，但没有说出她的名字。

孟买女演员在比哈尔邦遭性骚扰

（Mumbai actress sexually assaulted in Bihar）

毫无疑问，具体词语增加了标题的力度。考试为我们带来了有关学生作弊高招的各种报道。有些学生将答案写在纸条上，然后把纸条藏在衣服里面；有些学生为了答卷求助于监考人；有些学生把答题纸夹带到考场外；有些学生恐吓老师、愉快地进行作弊。我们经常可以听说一些人的兄弟或姐妹帮助他们不太有天赋的亲戚答卷，偶尔还有学校当局的帮助。

一旦"考试狂热"平静下来，这些报道就被刊登在报纸内页上了。但是，来自朱穆（Jummu）的一则报道却是一个令人吃惊的意外事件。这则报道讲述了一个父亲向一位代替他女儿参加医学入学考试的比哈尔女孩支付10万卢比的事情。不幸的是，这则报道的标题没有提到比哈尔女孩因替考而得到的报酬的数额，标题也没有提到考试的名称。因此，标题无法吸引读者的注意力。

最初的标题：父亲为女儿安排替考

（Father arranges test by proxy for daughter）

修改后的标题：父亲向一位代替女儿参加医学入学考试的女孩支付10万卢比

（Father pays Rs 1 lakh to girl to write medical entrance test for daughter）

□ 原则3：避免修饰成分

一个常见的错误观点是，形容词和副词可以增加标题的色彩。其实相反，它们会吞噬有价值标题的篇幅。

B. K. 查图维迪成为新任印度内阁部长

（B. K. Chaturvedi takes over as new cabinet secretary）

形容词"新任的"（new）本可以轻易地加以避免。它无法为标题增加任何新的内容。

一个因形容词画蛇添足的标题是与印巴会谈有关的报道标题（见图7—1）。每个印度人都知道，印巴之间的会谈是一种旷日持久的现象。有时，会谈会中断；有时，会谈的节奏会加快。但是，有一点却是肯定的：为了使会谈进行下去，双方做出的努力没有丝毫草率。因此，读到下列标题内容就会令人感到吃惊：

印巴继续举行严肃会谈

（India, Pak to continue serious talks）

当然，印巴之间的会谈本身也不是为了娱乐。

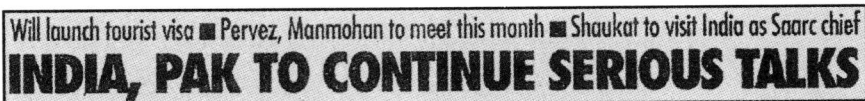

Will launch tourist visa ■ Pervez, Manmohan to meet this month ■ Shaukat to visit India as Saarc chief

INDIA, PAK TO CONTINUE SERIOUS TALKS

图7—1 《亚洲世纪报》在有关印巴会谈的报道标题中使用了一个没有必要的形容词——严肃的（serious）。

□ 原则4：仔细选择词语

标题的力度取决于标题作者选择的词语。如果使用了一个错误的词语或词语选择不当，优秀的标题就会遭到破坏。所有的标题作者都需要警惕下列4种错误。

不当的词语

最糟糕的标题是那些使用错误词语的标题。当玛雅瓦蒂政府掌握邦[①]政权时，勒克瑙标题作者为描述官僚主义者对邦政府的看法，选择了"狂热"（mania）一词。狂热是指着迷、愿望、短暂的时尚、一时的爱好或激情。当然，这些词语中没有一个词语可以反映出一个新当选政府上台时，官僚们产生的突如其来的不安感。一个比较合适的词语应该为"担忧"（fear）。

不当的词语： 接任狂热困扰着北方邦官员

（Transfer mania haunts UP officials）

合适的词语： 接任担忧困扰着北方邦官员

（Transfer fear haunts UP officials）

孟买黄道带服装公司（Zodiac Clothing Company of Mumbai）有理由在收购一家迪拜衬衫厂时欣喜若狂。然而，《经济时报》的标题作者由于选择了错误的动词，使标题丧失了部分力度（见图7—2）。

黄道带公司以25亿卢比

---

① 指北方邦。

夺取迪拜衬衫厂

(Zodiac seizes Dubai

shirt firm for Rs 25 cr)

Zodiac seizes Dubai shirt firm for Rs 25 cr
Textile Cos Scramble To Go Global Ahead Of Quota Expiry

图 7—2　一个《经济时报》标题使用了错误动词"夺取"（seizes）。正确的动词应该是"收购"（acquires）或"购买"（buys）。同样地，这个标题被错误地断开。第一个标题组会让人误以为黄道带公司占领了迪拜。

另一个出现类似问题的标题是有关两列火车事故的标题。两列火车本来是相撞，标题作者却使两列火车"撞毁"。

275 人在靠近萨哈兰浦尔的火车撞毁事件中死亡

(275 killed as trains crash near Saharanpur)

在另一个标题中，标题作者则走向极端，这个标题是关于一个威尔士男子在易趣网上拍卖他妻子的大脑。这则报道导语直截了当，切中要害。它显示如下：

伦敦：信不信由你！一位威尔士检察员在易趣网站上刊登拍卖广告，拍卖他活得好好的妻子的大脑。

记者希望通过使用短语"活得好好的"（very much alive），强调他的妻子还没有死的事实。这个短语在用法上没有任何错误。事实上，它使导语充满活力。然而，标题作者写出下列标题时，效果却不尽相同。

一名男子将活着的妻子的大脑进行拍卖

(Man puts alive wife's brain on sale)

上面这个标题使用了一个错误的词语，进而影响了这则优秀作品。正确的形容词应该是"活生生的"（living）。

一名男子将活生生的妻子的大脑进行拍卖

(Man puts living wife's brain on sale)

抑或更好的是，标题作者在撰写标题时应该坚持使用简单的名词和动词。这则报道无须任何修饰。故事本身古怪离奇，因此，在没有任何修饰的情况下就可以博人一笑。

直白的标题：一名威尔士男子将妻子的大脑进行拍卖

(Welshman puts wife's brain on sale)

173 词语误用

有时，标题作者因处于压力下会选择错误的词语，因为这些词语看上去很相像。这些混淆的词语会造成很大的尴尬，有时甚至会为新闻部带来一片欢闹的气氛。一个令人哭笑不得的标题是与斯坦斯谋杀案（Staines murder case）有关的标题。

在奥里萨邦法院对那些斯坦斯谋杀案罪犯宣判的前一天，奥里萨邦警方对紧张局势感到不安，不断增加教堂的安全措施。标题作者撰写的标题为：

警方提高奥里萨邦教堂的安全措施

(Security heightened for Orissa churches)

这个标题应该使用动词"加强"（tightened），而不是"提高"（heightened）。

排印错误

词语也许是正确的，但由于无法预料的排版失误，即通常所称排印错误，葬送了标题的意义。在一期勒克瑙报纸中，出现了几处让人窘迫的排印错误，此时，管理人员与城市版主编之间例行会议的标题就变成：

管理人员向城市版主编供应引起性欲的食物

(Governor provides erotic food to city editors)

食物是"异国风味的"（exotic），不是"引起性欲的"（erotic）。

混乱的句法结构

有时，标题结构本身就传达了一种错误的意义。一个需要重新改写的标题是用于一所俄罗斯学校发生的一起暴乱（storming）报道（见图 7—3）。《新印度快报》钦奈版使用的一个标题为：

叛乱者袭击学校

控制 400 多名人质

（Rebels storm school，

take over 400 hostage）

这个标题虽然没有错误，但是，读者却需要仔细阅读，才能理解标题作者所要表达的内容。阅读这个标题，第一反应会产生一种混乱之感，因为动词"挟持"（take）用在形容词"过多的"（over）旁边。它们会被人们读作一个词"接管"（takeover），那样意思就完全不同。

图 7—3 《新印度快报》刊登的一个意义扑朔迷离的标题。

□ 原则 5：避免词语重复

人们经常提到的一个问题是，标题的词语应该重复吗？答案是否定的。2004 年印度队与巴基斯坦队进行的一场国际板球系列赛，被称为一场具有历史意义的比赛，因为这场印巴两队板球系列赛是两队在相隔 15 年之后进行的一场比赛，印度队以 2：1 战胜巴基斯坦队的比赛结果更具有历史意义，因为这场板球比赛是印度队在巴基斯坦境内第一次击败巴基斯坦队。此外，印度队在阔别 11 年后在国外赢得国际板球系列赛胜利的结果，使得这个比赛结果更加甜美。

上述所有的第一次，必定会给标题作者施加很大的压力，标题作者在标题中两次选择使用了这个词语①，以强调具有历史意义的成分。

印度板球队在具有历史意义的板球系列赛中赢得具有历史意义的胜利
(Historic win by Team India in historic series)

但是，有必要两次使用词语"具有历史意义的"（historic）吗？难道这个词语使用一次不够吗？

印度板球队赢得具有历史意义板球系列赛的胜利
(Team India wins historic series)

另一个刻画印度板球队特点的标题也重复使用了一个词语（见图7—4）。这个标题是为讲述印度队的新闻报道而撰写的标题，印度板球队也被人们习惯称为"身穿蓝色队服的男人们"（men in blue）——由于他们在单日国际板球赛上身着统一蓝色队服——在国际板球理事会冠军杯赛上被击败。

身穿蓝色队服的男人们被打得满脸沮丧
(Knock-out blues for the Men in Blue)

图7—4　《印度斯坦时报》刊登的一则标题，它在没有增加标题价值的情况下重复了一个词语。

优秀的标题作者不会重复词语。然而，他们经常会重复前置词。只要基本的标题结构看上去不显得笨拙不堪，标题就没有什么错误。

---

① 指 historic 一词。

□ 原则 6：不要暗示意义

标题作者应该坚持事实。他们不应该推断结论或者传递可能产生误导的意义。一个造成很大不快的标题，是有关一名在飞机上死去的乘客的报道标题。这架飞机在乘客下了飞机后，滑行到孟买停机坪。然而，机舱乘务员没有注意到一名男子已经死亡。这当然是一次飞机乘务人员玩忽职守的事例，但是，标题作者却放大了标题的意义：

被遗弃在飞机中的尸体臭气熏天
(Body left to stink in aircraft)

上面这个标题暗示尸体是被有意遗弃在飞机上。它是一个耸人听闻的标题；但事实是这样吗？不是。这样的标题给报纸造成了很坏的名声，经常使报业公司陷入法律纠纷之中。

更加糟糕的标题是对读者造成误导。一个不可原谅的标题是撰写美国前总统乔治·布什（George Bush）对名为《奥萨马》（Osama）① 电影做出反应的报道标题。这个标题暗示布什正在称赞奥萨马·本·拉登（Osama bin Laden），奥萨马·本·拉登是在"9·11"恐怖袭击后美国最想捉拿的人，尽管布什指名称赞过这部电影。

布什盛赞《奥萨马》！
(Bush showers praise on 'Osama'！)

华盛顿（印度亚洲新闻国际集团）：想一想，美国总统乔治·W·布什曾经盛赞他的头号敌人——奥萨马·本·拉登吗？

是的。此事发生在星期一，他要求各州州长观看电影《奥萨马》。据《每日时报》（The Daily Times）的一则报道，总统向国家的州长指出，"你们应该看一看电影《奥萨马》。这是一部有趣的电影。它讲述了在塔利班时代阿富汗妇女的遭遇。"

---

① 《奥萨马》（Osama，2003），又译《少女奥萨马》。这部影片是塔利班政权垮台之后，由阿富汗导演塞迪赫·巴尔马克（Sedigh Barmak）执导的影片，也是第一部在阿富汗实地拍摄的剧情片。影片描述了阿富汗妇女在塔利班统治下所过的地狱般的生活。影片上映后备受好评，获得了颇多电影奖项。

175

另一个不可原谅的标题如下：

萨尔曼和艾西瓦娅进行一次约会

(Salman and Aishwarya have a date)

这个标题给人一种印象，即印地语电影业的两位主要明星准备进行一次和解约会的印象——他们发生重大口角后，在电影业引起了相当长时间的骚动。但是，事实并非如此。这次约会并不是由这两位明星提出和解的约会。相反的，词语"date"实际是指他们各自主演的电影《爱，就在身边》（*Kyon，Ho Gaya Na*）和《我们会再见》（*Phir Milenge*）上映的日期，电影《爱，就在身边》由艾西瓦娅·雷主演，而电影《我们会再见》由萨尔曼·汗主演。完全出于巧合，两部电影在同一天上映。一个比较合适的标题应该是：

萨尔曼、艾西瓦娅主演的电影在同一天上映

(Salman，Aishwarya starrers being released on the same date)

□ 原则 7：使用动词

在报纸术语中，没有动词的标题被称为标签性标题，标签性标题并没有错。但这类标题表达不出什么意义。看一看下面两个标题，一个标题有动词，另一个标题没有动词。

176

印度航空公司票价

(IA① fares)

印度航空公司提高票价

(IA hikes fares)

第一个标题是一个不完整的标题。它并没有告诉读者印度航空公司关于票价所采取的行动。读者需要仔细阅读报道，才能了解到印度航空公司已经宣布提高票价。对比而言，第二个标题则是一个完整的标题，因为动词"提高"（hike）告诉读者票价是如何变动的。

另一个由于缺少动词而变得平淡无奇的标题，是有关泰米尔纳德邦政

---

① Indian Airlines 的缩写。

府医院麻醉科设备得到改进的报道标题。标题作者撰写的标题为：

政府医院麻醉水平改进

（Anaesthesia upgrade at govt hospital）

比较而言，当词语"改进"（upgrade）用作动词时，这个标题会获得明确而准确的意义。

政府医院麻醉科水平正在得到改进

（Anaesthesia departments being upgraded in govt hospital）

□ 原则 8：正确使用动词

当动词使用不当时，标题就会失去韵律。一个经典的事例是使用词语"搜查"（raid）。这个词语既可以用作名词，也可以用作动词。两种都是标题作者经常使用的形式。但有一次，作者却在下列刊登于《新印度快报》钦奈版的标题上出了错：

中央调查局对玛雅①住宅的搜查

（CBI raids on Maya's houses）

这个标题建立在一个介词上。这并非一个很好的选择。它立刻削弱了标题的力度。如果词语"搜查"（raid）被用作动词，标题的力度就会得到增强。

正确的标题：中央调查局搜查玛雅的住宅

（CBI raids Maya's houses）

在同一天，《印度信徒报》将词语"搜查"（raid）用作名词。然而，这个标题却表达了更多的意义，因为它使用了动词"进行"（conducts）表示发生的事情。

《印度信徒报》的标题：中央调查局对玛雅瓦蒂的住宅进行了搜查

（CBI conducts raids on Mayawati's residences）

---

① 指社会民主党领袖苏什里·玛雅瓦蒂（Sushri Mayawati）。

□ 原则9：将动词置于名词前

在标题中，仅使用一个动词是不够的，还要确保动词跟在一个名词后面。在标题中，动词跟在一个名词后面也显得不那么突兀，正如我们从下列事例中看到的那样。

最初的标题：展示印度的成就

（Showcasing India's achievements）

修改后的标题：印度展示自己的成就

（India showcases its achievements）

最初的标题：阿加尔卡尔的经费免遭大幅削减：前运动员

（Axing of Agarkar[①] was avoidable：ex-players）

修改后的标题：阿加尔卡尔在经费上免遭大幅削减：前运动员

（Agarkar's axing was avoidable：ex-players）

□ 原则10：避免使用助动词

我们应该避免使用助动词（is/are）及其过去时态的形式。这是因为略去助动词可以节省空间——助动词可以间接地表达出来——反之，可以添加一个更为相关的词语。

在2004年洛克·萨巴阿（Lok Sabha）竞选活动期间，由于沙丽分发仪式异常拥挤，几名妇女在勒克瑙拥挤的人群中被挤死。反对党要求竞选委员会调查这起悲剧事件。由于勒克瑙正好是当时的总理阿塔尔·比哈里·瓦杰帕伊（Atal Behari Vajpayee）先生的选区，因此，人民党总书记[②]召开新闻发布会，化解了反对党的指责。

人民党总书记对反对党将拥挤事件政治化的声明，作为标题刊登在几家报纸上面。然而，标题不应使用助动词（is），因为实际上也没有这个必要。

---

① 指印度曲棍球运动员阿吉特·阿加尔卡尔（Ajit Agarkar）。

② 文凯赫·奈杜（Venkaiah Naidu）。

助动词（is）间接地表示：文凯赫指出，反对党
将拥挤事件政治化
（Opposition politicising
stampede，says Venkaiah[①]）

然而，这条原则有两个例外。一是，如果助动词有助于平衡标题组，就应该使用助动词。

第一层标题长度比较短[②]：

文凯赫指出，反对党
将拥挤事件政治化
（Opposition politicising
stampede，says Venkaiah）

两层标题长度相等：

文凯赫指出，反对党
将拥挤事件政治化
（Opposition is politicising
stampede，says Venkaiah）

二是，如果没有助动词，标题就变得不完整，那么，助动词就不应该被删掉。

"他们谈论的内容是索妮亚、印度世袭制度和母牛"
（'All they talk about is Sonia，caste，cows'）

在这个标题中，助动词"is"就是绝对必要的。

□ 原则 11：不要使用冠词

178

与助动词一样，冠词（a、an 和 the）的使用同样也可在标题中间接地表达出来。只有在标题缺少冠词显得不灵巧的极少情况下才使用冠词，如下面事例所示：

---

① 指人民党领袖文凯赫·奈杜（Venkaiah Naidu）。
② 指原文长度比较短。下同。

现在，阿塔尔称莫迪问题已成过去

(Now，Atal calls Modi issue a thing of past)

这项声明是前总理阿塔尔·比哈里·瓦杰帕伊先生于 2004 年在一次重大的人民党议会会议上，讨论当时的古吉拉特邦首席部长纳伦德拉·莫迪 (Narendra Modi) 先生的政治命运问题时做出的，瓦杰帕伊先生在他的评论中指出，莫迪的免职问题已成为"一件过去的事情"。

然而，标题作者却从这个短语中删掉了冠词"a"，使得标题看上去显得很笨拙。

现在，阿塔尔称莫迪问题已成过去

(Now，Atal calls Modi issue thing of past)

标题作者不应该从短语中删掉冠词，从而无意中导致在意义上出现变化。一个整个意义发生变化的标题，是有关印度板球队队长索拉夫·甘古利在印度著名快速投球手斯里纳思 (Srinath)① 退役后对其做出评论的报道标题。这个标题是根据转载印度报业托拉斯一则印巴板球系列赛报道最后一段出现的评论而做出的标题。

新德里（印度报业托拉斯）：印度板球队队长索拉夫·甘古利承认，在木尔坦 (Multan)② 举行的对阵巴基斯坦队的国际板球赛上，宣布他与沙西·坦德卡 (Sachin Tendulkar) 一同得到 194 分是个"错误"。

在被问及目前的板球队与以前的板球队有什么不同时，他说："我们拥有一些无与伦比的天才运动员，而且，我们已经设法使他们脱颖而出。这个责任要求很高，体育道德你们也能看到……替补团队在这种改进过程中已经起到了它的作用，因此，我必须说的是，（教练员）约翰·赖特 (John Wright) 一直发挥着杰出的作用。"

甘古利还指出，虽然他确实与目前已经退役的中场球员贾瓦格勒·斯里纳思出现了一些分歧，但是，这支板球队中的老运动员还是能够担当其责，使他的工作得心应手。

"老运动员使我的工作得心应手。我与斯里纳思有一些分歧。他在我

---

① 指印度前著名板球运动员贾瓦格勒·斯里纳思 (Javagal Srinath)。

② 位于巴基斯坦中东部的一座城市。

们具体打法方面有自己的主见，但是，当时他的意图总是使这支球队打得更好。相信我，老运动员始终是我的强大力量。"

标题作者挑选出这个敏感的新闻点，写道：

我与斯里纳思没有什么分歧：甘古利

(I had few problems with Srinath：Ganguly)

这个标题意味着甘古利与斯里纳思根本不存在分歧。然而，这位印度板球队长所讲述的内容是他与斯里纳思存在一些分歧，我们从下面修改的、带有冠词"a"的标题中一目了然。

我与斯里纳思有一些分歧：甘古利

(I had a few problems with Srinath：Ganguly)

□ 原则 12：谨慎使用缩略词

179

在撰写标题时，缩略词既是福禄，也是祸根。一方面，缩略词能够在标题中提供更多的信息，但另一方面，缩略词在不为人们熟知的情况下，会使意思格外模糊不清。我们在标题中使用缩略词时，需要牢记 4 点内容。

缩略词

有一些词语的缩略形式，已成为人们所接受的标题用法（headlinese）。因此，"administration"（管理）就变成了"admn"，"government"（政府）就缩写为"govt"，"secretary"（部长）就简写为"secy"。这些词语出现缩略形式是因为它们在标题中使用得很频繁，占有相当多的篇幅。今天，它们逐渐成为人们广泛接受的标题用法。

一个最近出现在标题用法行列的词语是"Finmin"（财政部）。商业报纸始终热衷于将"Finance Ministry"（财政部）一词用在标题之中，虽然大部分报道也确实需要用到此词。因此，这些商业报纸杜撰了自己的词语——一个正在变得比原来的词语更为流行的词语。

然而，类似的缩略词"mkt"（市场）就不那么流行了，但是，现在报纸已经开始将其用作"market"（市场）的缩略形式了，还有将"distt"用作"district"（地区）的缩略形式。不幸的是，印度标题作者非常喜欢这种趋势，因为他们发现缩略形式是规避乏味标题的一种简便方式。

目前，一种常见的缩略用法是以美国俚语"prez"代表"president"（总统）。大多数印度报纸发现，这种缩略形式是在标题中表示总统的一种简便方式。这种用法在不断使用后，甚至成为标题用法；但是，在今天，这种用法看上去却如同眼中钉一样，另外一种眼中钉是将词语"through"（通过）缩写为"thru"（见图 7—5）。

Chennai airport development thru jt venture route planned

图 7—5 《商业前线报》将词语 **through** 缩略为 "**thru**" 的标题。

在印度报纸中，另一种让人感到遗憾的发展是为满足标题的要求而出现城市和邦的缩写，于是，"Maharashtra"（马哈拉施特拉邦）就变成了"M'rashtra"，而"Hyderabad"（海德拉巴）就变为"H'bad"。一名优秀的标题作者必须在标题写作中避免出现缩略形式。

180 ## 可互换的缩略词

当缩略词是可互换的缩略词时，另一种困难就会出现。因此，"EC"既可以代表竞选委员会（election commission），也可以表示欧洲共同市场（European Community），WB 不仅表示孟加拉邦（West Bengal），也代表世界银行（World Bank）。对上述这类缩略词，应该要么加以避免，要么在意义清晰的语境下将其写出来。

过度使用缩略词

如果主编过多使用缩略词来表达意思，标题就会让人费解。

最高法院向印奥协、印举联发出警告

(SC issues notice to IOA①，WFI②)

缩略名字

主编同样应该对缩略名字加以小心。只有那些广为人知的名字才可以使用缩略形式。优秀的事例是 MGR③［M. G. 拉马昌德南（M. G. Ramachandran）］、NTR④［（N. T. 拉马·拉奥（N. T. Rama Rao）］、Big B［阿米特巴·巴赫卡安（Amitabh Bachchan）］⑤ 以及 Ash⑥（阿什）。

有些名字在大众中流行起来，是因为它们在媒体上频繁使用。当 R. 温卡塔拉曼（R. Venkataraman）当选总统时，标题作者使用缩略词 RV。相同情况也出现在 P·V·纳拉西玛·拉奥（P. V. Narasimha Rao）身上，在担任总理期间，他就被称为 PVN。然而，一旦这两位著名领导人离职，对他们的新闻报道在数量和频率上就会逐渐减少。RV 和 PVN 的回忆价值降低，因此，使用全名要比用缩略名字更有必要。

□ 原则 13：要小心称谓

媒体在称呼公众人物时，应该加以小心。当著名经济学家曼莫汉·辛格博士成为总理时，标题作者选择使用"博士"称谓。这是对曼莫汉·辛格博士拥有经济学博士学位这个事实的赞誉，并将其与多如牛毛的政治家截然区别开来。

相同的事情也发生在印度板球队队长索拉夫·甘古利身上。媒体用了专有名词"达达"（dada），这个词语被甘古利年轻的队友用作一种亲切的称谓（顺便提及的是，专有名词"达达"在甘古利的家乡孟加拉邦被用来

---

① Indian Olympic Association 的缩写，印度奥林匹克协会。
② Weightlifting Federation of Indian 的缩写，印度举重联盟。
③ 指 M. G. 拉马昌德南（Maruthur Gopalan Ramachandran, 1917—1987），印度电影演员、导演和政治家。曾担任泰米尔纳德邦首席部长（1977—1987）。
④ 指 N·T·拉马·拉奥（Nandamuri Taraka Rama Rao, 1923—1996），印度电影演员、导演、制片人和政治家。创立泰卢固之乡党，曾 3 次担任北方邦首席部长。
⑤ 指阿米特巴·巴赫卡安（Amitabh Bachchan, 1942—　　），印度电影演员。主要作品有《七个印度人》（*Saat Hindustani*, 1969）、《傲慢》（*Abhimaan*, 1973）、《墙》（*Deewaar*, 1975）等影片。因反对印度前总理英迪拉·甘地而赢得声望。
⑥ Aishwarya Rai 的缩写，印度家喻户晓的电影明星，有"印度宝莱坞女王"之称。

称呼长者）。

另一个以其绰号闻名的印度板球运动员是拉胡尔·德拉维德。这个绰号——城墙（The Wall）——被用作对拉胡尔·德拉维德完美的防守技术的赞誉。这个称谓现在已经成为新闻标题语的一部分。

"本恩吉"（Benhenji）是目前媒体对社会民主党领袖玛雅瓦蒂女士的另一种称谓。像达达一样，本恩吉在几个北印度邦中，也用作对年长的姐姐的尊称。

□ 原则 14：如何使用消息出处

优秀新闻的主要原则之一是要指出消息来源于具体的个人和组织。这使新闻报道具有一个可以识别的面孔，用于表示报道所做出的评论和声明真实有效。这个原则同样适用于标题。与那些没有指明消息出处的标题相比，所有指出报道来源于个人或组织的标题，都更易被读者接受。

然而，在所有标题中都指明消息出处不太可能。但是，对于有意义的消息出处而言，有必要让人们知道做出声明的个人、负责人或组织（又见第4章）。下列原则解释了在指明消息出处时需要牢记的观点。

当个人为人们熟知的时候

像电影演员、运动员、政治家等名人显贵，无须再进行介绍。可以直接指出消息由他们提供。举例来说，当人民党领导的国家民主联盟以撤销4名地方官员和出现"腐败的"部长为威胁，来抵制2004年议会的预算议程时，总理曼莫汉·辛格提出可以进行协商，和平解决所有问题。《印度信徒报》的报道题为：

> 所有的问题都可以协商：曼莫汉
>
> （All issues can be discussed：Manmohan）

这个消息出处也可以是总理或博士。然而，它不能是辛格，因为辛格是一个普通的姓氏。曼莫汉·辛格博士的内阁里就有好几位辛格；最有名的是阿尔俊·辛格[1]。假如使用姓氏辛格的话，读者就会因此搞不清楚是

---

[1] 阿尔俊·辛格（Arjun Singh），政治家。曾任印度人力资源开发部部长。

哪个辛格。

在有些情况中，某个人的名字和姓氏均为人们熟知。优秀的事例是阿塔尔·比哈里·瓦杰帕伊、乔治·费尔南德斯、乌玛·巴拉蒂。在这种情况下，主编就需要介入，并决定使用这个人姓名的哪个部分作为消息出处，从而确保用法的一致性。

当机构名称为人们更加了解的时候

一些新闻报道源于官员在执行职责过程中所做出的声明。举例来说，负责调查邮票纸张骗局的中央调查局官员召开了一次记者招待会，声明几个重要人物卷入了邮票纸张骗局之中，标题作者正确地将这个声明消息出处写为中央调查局，而不是这位官员的姓名，因为没有几个人会知道中央调查局官员的姓名。

几位高官卷入邮票纸张骗局：中央调查局官员
(Several VIPs involved in stamp paper scam：CBI① official)

当声明代表政党或政府部门做出的时候

182

所有的主要政党都让善于表达的领导人对他们各自组织所采取的立场发布记者招待会。类似地，一位外交部高级官员就各种问题印度政府所采取的立场发布记者招待会。由这些个人做出的声明，消息出处应为他们所代表的组织。

人民党指责团结进步联盟不合作
(BJP accuses UPA② of Confrontation)
印度不寻求以色列武器
(India not to seek Israeli arms)

在第一个标题中，使用了人民党的政党名称来代替发言人的姓名；类似地，在第二个标题中，声明指的是印度，而不是代表印度政府讲话的发言人。

---

① Central Bureau of Investigation 的缩写。
② United Progressive Alliance 的缩写。

当官员做出事实声明的时候

当标题做出事实声明时，就不再需要指明消息出处，这种事实声明与警察行动或公共事件有关。因此，没有必要说明是由政府机构上涨汽油价格1卢比或确定大学考试日期。这同样适用于政府做出的声明。

从12月1日起，马德拉斯大学进行考试

(Madras University exams from Dec 1)

汽油价格上涨1卢比

(Petrol prices go up by 1 rupee)

与巴基斯坦人的会谈成功举行

(Talks with Pak successful)

□ 原则 15：确保标题赏心悦目

优秀标题的第一个属性是要进行沟通；第二个属性是要使版面赏心悦目。标题作者必须确保所有标题组长度相等，如果难以做到标题组长度相等的话，那么，第一层标题组是最长的标题（参见第1章）。在任何多重标题中，第二层或第三层标题组长于第一层标题组，看上去都会很刺眼。

两个在视觉上赏心悦目的标题是：

泰米尔纳德邦首席部长为解决

水危机寻求总理的帮助

(TN① CM② seeks PM's help

to resolve water crisis)

纳萨尔派激进分子将

警察岗楼夷为平地

造成10人死亡

(10 killed as

———————————————

① Tamil Nadu 的缩写。

② Chief Minister 的缩写。

Naxals raze

police posts）

下列标题需要改写：

183

乘客费用

并没有上涨

（No hike in

Passenger fares）

瓦杰帕伊

在美国

会见穆沙拉夫

（Vajpayee

to meet Musharraf

in US）

另一个由这个规则引申出来的原则是标题必须占满整个宽度。标题两边的空白在新闻部不受推崇（见图 7—6）。

图 7—6 《印度信徒报》一个居中的标题，这个标题两边留有很多空白。

□ 原则 16：确保每个标题组作为一个工作单元

这是印度报纸很少遵循的一个原则。我们经常会遇到名称占据两行或一个介词短语标题跨越两个标题组。一些语言类报纸甚至将名称分开。这与美国和英国报纸标题的每个标题组被视为一个完整的单元形成了鲜明的对比。

标题作者也许认为，他们处于很大的压力下，且设法将每一行撰写为一个完整的单元是一个缓慢而复杂的过程。但是，一张优秀的报纸是要关注此类微小细节的。它不允许将卡伦·辛格（Karan Singh）的名字（见图7—7）或阿坎·D·艾米尔奖（Akan D Emil Award）的名称（见图7—8）割裂开来，分居于两行，正如《亚洲世纪报》班加罗尔版上所发生的那样。虽然这个标题没有错误，但缺少了完美感。只要稍稍做出一些努力，就会使标题更加优雅体面。

为了确保文字和想法完整地分开，标题作者需要留意下列3个方面。

动词短语

我们必须尽全力使动词短语居于相同的标题组之中。

图7—7　卡伦·辛格的名字在《亚洲世纪报》上占据了两个标题组。

图7—8　阿坎·D·艾米尔奖项名称在《亚洲世纪报》上被割裂开来。

最初的标题： 干涸的湖泊驱散鸟儿

（Drying of lake drives

away birds）

修改后的标题：鸟儿远离

干涸的湖泊

（Birds keep away

from dry lake）

形容词短语/副词短语

修饰成分作为形容词或副词的一部分，必须放在同一个的标题组中。修饰成分不应该与它们试图修饰的词语分开。有时，这种修饰作用还有助于排除断句糟糕所造成的含义模糊不清。

抗议汽油

价格上涨仍在继续

（Protests over petrol

price hike continue）

第一行文字表明抗议的是汽油，而事实上是抗议汽油价格上涨。标题应该修改为：

对汽油价格上涨

的抗议无休无止

（No let up in protests

over petrol price hike）

尽管可能是两个单词，由于用法缘故要将其读作一个整体，当它们被割裂开来时，这类断句就会显得格外难看。当班加罗尔城市公司下决心建造7座天桥时，《亚洲世纪报》刊登了下列标题（见图7—9）：

7座天

桥以

缓解

城市交通

（7 foot over

bridges to

combat

city traffic）

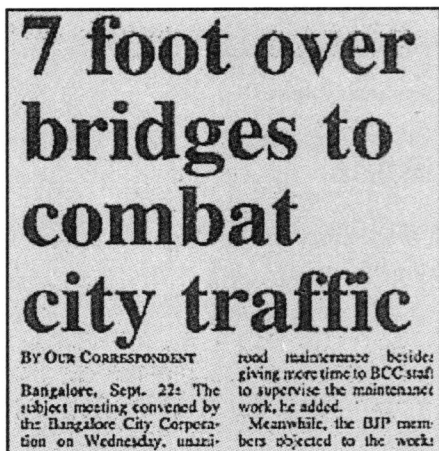

图7—9 《亚洲世纪报》刊登的一个有关班加罗尔建造7个天桥的别扭标题。

介词短语

介词短语最难处理，总是会造成最大的问题。因此，我们在撰写具有介词短语的标题时，需要加倍小心。

印度工业信贷投资银行吸

纳 400 亿卢比

（ICICI① mops

up Rs 400 cr）

与其在这个标题中使用一个占两行的介词短语，不如正确地使用一个动词。

印度工业信贷投资银行募集到

———————————————————

① Industrial Credit and Investment Corporation of India 的缩写。印度工业信贷投资银行为印度资产规模第二大的银行。

400 亿卢比

(ICICI raises

Rs 400 cr ore)

有时，介词短语断句方式太突兀，以致整个标题看上去很别扭。这种情况碰巧发生在《印度斯坦时报》刊登的下列一则有关萨特累季河（Sutlej）河岸的洪水警报中（见图 7—10）。

高度警报，萨特累季河沿岸

住户撤离

(High alert，evacuation

on along Sutlej banks)

186

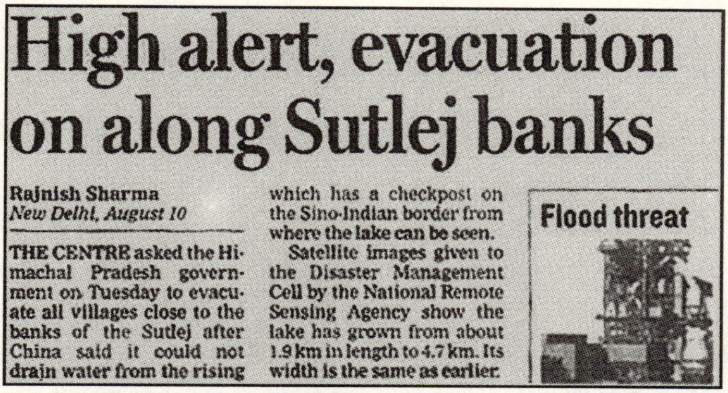

High alert, evacuation on along Sutlej banks

Rajnish Sharma
New Delhi, August 10

THE CENTRE asked the Himachal Pradesh government on Tuesday to evacuate all villages close to the banks of the Sutlej after China said it could not drain water from the rising which has a checkpost on the Sino-Indian border from where the lake can be seen.

Satellite images given to the Disaster Management Cell by the National Remote Sensing Agency show the lake has grown from about 1.9 km in length to 4.7 km. Its width is the same as earlier.

Flood threat

图 7—10 《印度斯坦时报》出现的一个介词短语糟糕断开的标题。

□ 原则 17：使用现在时态

新闻报道要用过去时撰写，因为它描述一个已经发生的事件。相反的，标题则要用一般现在时来撰写，因为这些标题向报纸传送即时性。这些标题还透露出新鲜之感，有助于节省篇幅，因为大多数动词的过去式要长于一般现在式。

一般现在时：

内政部长维护美国的提议

（Home Minister defends US offer）

过去时：

内政部长维护美国的提议

（Home Minister defended US offer）

一般现在时：

曼莫汉对反对派嗤之以鼻

（Manmohan heaps scorn on Opposition）

过去时：

曼莫汉对反对派嗤之以鼻

（Manmohan heaped scorn on Opposition）

显而易见，过去时使得标题没有新意，并使人感觉新闻报道在谈论很久以前发生的事件。

更为严重的是在标题中使用两个不同的时态。这种错误发生在有关达南乔伊·查特伊（Dhananjoy Chatterjee）的报道中，达南乔伊·查特伊是一名在印度总统面前提交宽恕请愿书的罪犯，与此同时，他还向最高法院提出上诉。然而，最高法院驳回了查特伊的请愿书——承认犯有强奸并谋杀一名14岁少女的罪行——声称总统已经审查了这个议题。下面的标题变得站不住脚，因为标题作者使用了动词的一般现在时和过去时。

最初的标题： 达南乔伊的命运悬而未决，因为最高法院驳回宽恕请愿书

（Dhananjoy's fate hangs as SC declined to entertain mercy petition）

修改后的标题： 达南乔伊的命运悬而未决，因为最高法院驳回宽恕请愿书

（Dhananjoy's fate hangs as SC declines to entertain mercy petition）

对于未来发生的事件，我们应该使用动词不定式。

有关艾滋病法案将于下个星期出台

（Bill on AIDS to be tabled next week）

政府很快就要提高汽油价格

（Govt. will hike petrol prices soon）

□ 原则 18：标点符号的使用

我们应该在标题中有节制地使用标点符号，因为顾名思义，标题是一个精简的句子。过多的标点符号会使标题含义模糊不清，正如《印度快报》使用下列生活报道标题（anchor headline）发生的情况那样（见图7—11）。

世界生育高峰现在呈现出地区性，表现为：印度、巴基斯坦

（World baby boom now regional，read：India，Pak）

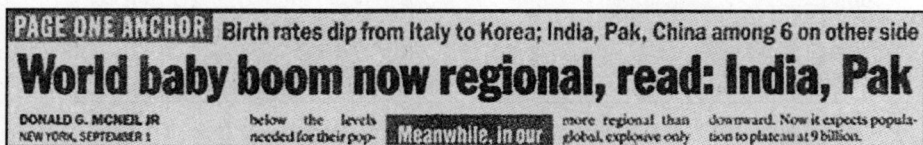

图 7—11　《印度快报》的一个标题在 3 个词间使用了两个逗号和一个冒号，使得含义混淆。

然而，不同的报纸关于标点符号遵循不同的文体原则。下面是一些广义上关于标点符号可行与禁忌的原则。

句点

句点必须尽量加以避免，绝对不应该用在标题的结尾。这是因为句点占用的篇幅相当于一个字符的位置。另外，过多的句点会降低版面的视觉吸引力。

然而，句点应该用于非常特殊的情况。一是当标题由两个句子构成，作为一种引用的时候。二是当报纸文体要求句点被用于首字母缩合词的时候（见图 7—12）。

188

一个使用句点的出色事例，是当第一辆汽车在斯利那加（Srina-gar）① —穆扎法拉巴德（Muzzaffarabad）② 线路行驶半个世纪后由《印度快报》撰写的一个报道标题。这是一个具有历史意义的时刻，《印度快报》在标题写作中开辟了一个新的篇章（见图7—13）。

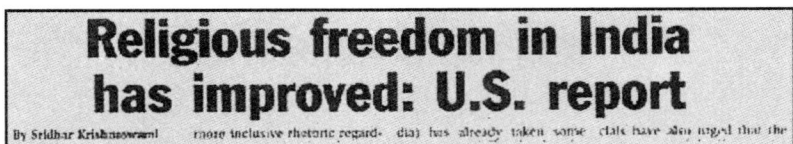

图7—12　《印度信徒报》将句点用于"美国"的缩写形式。

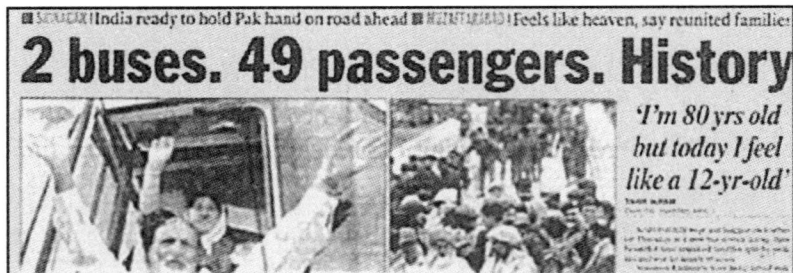

图7—13　一个有关具有历史意义的从斯利那加到穆扎法拉巴德公交车业务开通的出色标题。这个标题通过使用句点打破了传统限制。

逗号

逗号在标题中起着特殊的作用。由于逗号节省篇幅，经常被用来代替"和"（and）。

穆拉亚姆和阿德瓦尼到北方邦考察

（Mulayam③ and Advani④ to visit UP）

---

① 为印控克什米尔地区首府。

② 为巴控克什米尔地区首府。

③ 穆拉亚姆·辛格·亚达夫（Mulayam Singh Yadav），印度政治家和社会主义党创始人。曾任印度北方邦首席部长，1996年曾任国防部长。

④ 指拉尔·克里希纳·阿德瓦尼（Lal Krishna Advani），印度政治家。曾任印度人民党主席，2002—2004年任印度副总理和内政部长。

为使标题适合现有的空间，标题作者用逗号代替连接词（and），节省了相当于两个字符的空间。

穆拉亚姆和阿德瓦尼到北方邦考察
（Mulayam，Advani to visit UP）

然而，我们在使用逗号时必须小心谨慎。标错逗号的位置，可能使标题的含义出现混乱，就像缺少逗号一样。

高达支持人民党	高达支持人民党，	高达支持，人民党
痛斥印度共产党	痛斥印度共产党	痛斥印度共产党
（马克思主义）的理由	（马克思主义）的理由	（马克思主义）的理由
（Gowda favours BJP	（Gowda favours BJP，	（Gowda favours，
flays CPM call）	flays CPM call）	BJP flays CPM call）

第一个标题不带逗号，在语法上不正确；第二标题给人的印象是高达支持反对派人民党，并不支持联盟伙伴印度共产党（马克思主义），这实际上是错误的；第三个标题是一个正确的标题，其中，逗号避免了含义混淆。高达明确支持印度共产党（马克思主义）的理由，而人民党却抨击这个理由。

冒号

189

为了节省篇幅，冒号经常被用来代替修饰性动词。

最初的标题： 杰特里声称，联邦中央渴望控制10月份的选举

（Centre eager to hold polls in October，asserts Jaitley[①]）

修改后的标题： 杰特里：联邦中央渴望控制10月份的选举

（Centre eager to hold polls in October：Jaitley）

然而，冒号不应该用来引入主题。冒号使标题看上去显得难看笨拙。在可能的情况下，我们应该围绕一个本身完整的思想来拟标题。当标题作者使用冒号来引出标题——有关泰米尔纳德邦政府计划实施新的合作来对付维拉潘时，标题便失去了其本身的意义。相同情况也发生在反对派对有

---

① 阿伦·杰特里（Arun Jaitley），印度人民党政治家，曾任印度商工部长。

污点的部长掀起抗议运动的标题上。

> 维拉潘：泰米尔纳德邦开始新的合作
>
> (Veerappan：TN to launch new operations)
>
> 有污点的部长：反对派掀起抗议运动
>
> (Tainted ministers：Opposition moves protest motion)

同样地，我们不应该使用冒号来连接两个单独的从句。阿尔俊·辛格在成为议会领导的团结进步联盟政府的人力资源开发部部长时，修改了他的前任穆利·马诺哈尔·乔希（Murli Manohar Joshi）做出的几项决议。然而，阿尔俊·辛格却支持雇用乌尔都语教师的决议。顺便说明的是，这是前任总理阿塔尔·比哈里·瓦杰帕伊（Atal Behari Vajpayee）做出的一项承诺。标题作者需要提出这个有趣的方面。但不幸的是，标题作者选择用冒号连接两个从句。假如使用一个逗号和一个适合的动词，这个标题看上去就会更好一些。

最初的标题：阿尔俊实现瓦杰帕伊的承诺：12 万乌尔都语教师

（Arjun to fulfil Vajpayee promise：1. 20 lakh Urdu teachers）

修改后的标题：阿尔俊实现瓦杰帕伊的承诺，雇用 12 万乌尔都语教师

（Arjun to fulfil Vajpayee promise，hire 1. 20 lakh Urdu teachers）

分号

分号经常被用于标题。当区分两个相关的新闻点时，分号要比逗号实用。一个使用分号的优秀事例，是为联合内阁马克布勒·达尔（Maqbool Dar）就职和选举贝尼·普拉萨德（Beni Prasad）为内阁部长而撰写的报道标题。

> 达尔就任内政部长；
>
> 贝尼·普拉萨德获得内阁职位
>
> (Dar inducted as home minister；
>
> Beni Prassad gets cabinet rank)

长破折号/连字符

190

在大多数报纸中，一般避免使用长破折号，因为长破折号并不令人赏心悦目（见图 7—14）。

Granny's stolen purse returns——seven years on

70-year-old gets back 'Rs 200 and a pen' pilfered on train in 1997

图 7—14 《印度快报》在标题中使用的长破折号。

连字符必须用于形容词短语。

5 岁男孩掉入井里

(5-year-old boy falls in well)

我们不应该漏掉词语中间的连字符，连字符可赋予词语新的含义。当标题作者由于粗心漏掉连字符时，有关老虎吃人的报道就变为了一场闹剧。

吃人的人在凯里森林漫步

(Man eater roams Kheri forests)

感叹号

我们应该有节制地在标题中使用感叹号。只有当报道存在一种强烈的讽刺或意想不到的手法时，才使用感叹号。举例来说，没有读者会想到在电影中扮演蜘蛛侠（Spiderman）角色的演员说自己恐高。正是角色的特征，需要演员准备从高处跳下——当然，是以一种不会危及生命的高度跳下。因此，在下列蜘蛛侠报道的标题中使用感叹号就是比较适宜的。

蜘蛛侠恐高！

(Spiderman is scared of heights!)

华盛顿（印度亚洲新闻国际集团）：扮演"蜘蛛侠"的演员托比·马圭尔（Tobey Maguire）透露，他患有恐高症。据《明星》（*Star*）杂志报道，托比承认，他非常害怕站在建筑物的边缘往下看，但是，他并不在乎顺着绳索摇晃地走动。

感叹号同样可以用作幽默报道的标题。标题作者用下列有关一个奥里萨邦村庄两只联姻的牛伴侣的报道标题，赢得了一个满分。

哞！一对牛别具风格地结为伴侣

(Moo! Bovine couple tie nuptial knot in style)

191 引号

我们应该对部分和全部引语使用单引号。这个理由再次是为了节省篇幅，并在视觉上具有吸引力。然而，一张在重新设计之前，标题中既使用单引号也使用双引号的报纸，是《印度信徒报》（见图 7—15 和图 7—16）。而其他报纸则只偏好使用单引号。

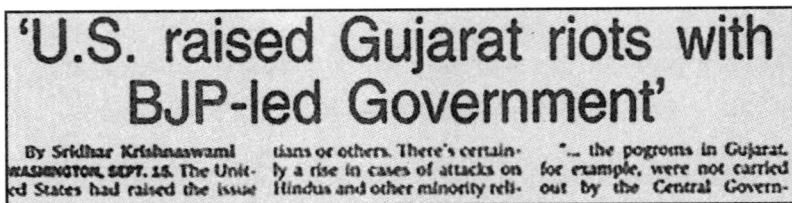

'U.S. raised Gujarat riots with BJP-led Government'

By Sridhar Krishnaswami
WASHINGTON, SEPT. 15. The United States had raised the issue

tians or others. There's certainly a rise in cases of attacks on Hindus and other minority reli-

"... the pogroms in Gujarat, for example, were not carried out by the Central Govern-

图 7—15　《印度信徒报》使用单引号的一个标题。

"NSSP: U.S., India interests in action"

By Matthew S. Borman

In the article entitled, 'India, U.S. & Trade in Technology'

* Removing the Indian Space Research Organisation (ISRO) headquarters from the Department of Commerce's Entity List.

ing the time and uncertainty of such requirements. The current high volume of such license applications (about 250) in local

the September 22 Federal Register notice. A second Federal Register notice was published on Wednesday, September 29.

图 7—16　《印度信徒报》使用双引号的另一个标题，显然，双引号占用了更多的篇幅，看上去也缺乏吸引力。

然而，我们要注意的是，不要在标题中使用太多的引号。引号会造成混乱。

□ 原则 19：撇号的使用

撇号的错误用法，可以导致标题中出现不必要的错误。最常见的错误出现在名词的单复数形式上。

缩略词的复数形式后不用加撇号，除非作者要将这个词变成所有格。这种错误的一个事例，出现于关于印度总统阿卜杜勒·卡拉姆（Abdul Kalam）先生在 2003 年下半年向国会议员发出呼吁的报道标题。标题作者将撇号放置在缩略语 MPs[①]（国会议员）的字母"s"前。结果，标题给人的印象是，这个呼吁是向一名国会议员发出的呼吁。

使用的标题：要求真实，卡拉姆向一名国会议员发出又一讯息

（Get real，Kalam's second message to MP's）

修改后的标题：要求真实，卡拉姆向国会议员发出又一讯息

（Get real，Kalam's second message to MPs）

当一个用作所有格的词语或首字母缩略词以字母"s"结尾时，就不需要在字母"s"后加撇号（见图 7—17）。这种强调可以理解，而且，标题作者也节省了篇幅。

192

BJP feels good at its CMs' meet

图 7—17　当一个词语用作所有格时，在字母 s 之后，不需要加撇号。

---

① Member of Parliament 的缩写。

比较可取的标题：人民党在与首席部长会谈中感觉良好

(BJP feels good at its CMs meet)

避免使用的标题：人民党在与首席部长的会谈中感觉良好

(BJP feels good at its CMs' meet)

□ 原则 20：避免负担过重

我们应该避免使用突出一个以上新闻点的标题。这样的标题使读者有丈二和尚摸不着头脑之感，因为标题作者使用了缩略词，并为了抓住更多的信息而随意使用语法。

当克什米尔处于交战状态时，从这种不平静状况披露出来的新闻报道，经常报道一个以上的叛乱事件。这使得标题作者的工作更加艰难；他们必须困难地选择要突出的新闻点。一个适用的案例，是既要努力详细给出一座清真寺烧毁的新闻报道，又要努力详细做出一名大学教员遭绑架的新闻报道。标题作者做出了勇敢的尝试，把这两个新闻点放在标题中，但是，却没有在任何一方面给出充分的信息。读者根本不知道哪座清真寺是军事攻击目标，也无法得知谁被绑架或从哪里被绑架。

> 发出烧毁
>
> 清真寺，
>
> 绑架教员
>
> 的命令
>
> （Bid to burn
>
> mosque，don
>
> abducted)

另一个遗留更多悬念的标题，是谈及大投资家哈沙德·梅赫塔（Harshad Mehta）纳税的报道标题，当时哈沙德·梅赫塔还活着。标题作者还是将所得税和财产税缩写了，尽管第二个缩略词被用作印度无票旅行者的首字母缩略词。

> 哈沙德继续成为
>
> 最大的所得税、财产税

拖欠者

（Harshad remains

top I-T①，W-T②

defaulter）

另一个由于负担过重而无法正常发挥作用的标题；是有关安得拉邦教 *193*
育官员捏造数据的报道标题。这种做法的目的，是要证明安得拉邦比喀拉
拉邦拥有更多的识字儿童，虽然它本身就不符合事实。标题作者决定将这
些新闻点放在标题上。结果标题并不是非常令人满意，意义含混不清，而
且也过于冗长。

使用的标题： 教育官员为超越喀拉拉邦捏造"记录"；隐瞒 200 万儿童
数据

（Education officials fudge 'records' to surpass
Kerala's；20 lakh children 'missing'）

正确的标题： 安得拉邦篡改记录；做出比喀拉拉邦拥有更多识字儿童
的声明

（AP officials tamper records；make state 'more literate'
than Kerala）

□ 原则 21：确保名词与动词在数上保持一致

询问任何标题作者，他们都会承认，标题中的动词在数上以一种令人
吃惊的方式不与名词保持一致。然而，人们很少遇到相同的主语既使用动
词的单数形式，又使用动词的复数形式的标题。

一个此类标题，用于在库拉卢姆浦尔（Kuala Lumpur）举行的一场亚
洲杯曲棍球比赛印度队击败韩国队精彩的半决赛报道中。这个错误由于太
过明显，因而是不可原谅的错误。

使用的标题： 印度队力克韩国队，闯入亚洲杯决赛

---

① income tax 的缩写。
② wealth tax 的缩写。

(India stun South Korea，enters Asia Cup final)

正确的标题：印度队力克韩国队，闯入亚洲杯决赛

(India stuns South Korea，enters Asia Cup final)

另一个成为相同错误牺牲品的标题，与澳大利亚板球队抵达印度有关。代替澳大利亚队长出席记者招待会的亚当·基尔克里斯特（Adam Gilchrist）拒绝向媒体发言，声称记者招待会安排在第二天。标题作者为了使标题更加吸引人，将两个新闻点合二为一。但是，这个过程却出现了失误。

澳大利亚队抵达印度，拒绝媒体采访

(Aussie team arrives in India，refuse to speak to media)

这个错误非常明显。动词的单数和复数形式根本不能同时用于相同的主语。因为球队是单数，两个动词都应是单数。

澳大利亚队抵达印度，拒绝媒体采访

(Aussie team arrives in India，refuses to speak to media)

□ 原则 22：使用印度术语

标题应该使用普通印度读者熟悉的术语。目前的一个主要问题是在标题中使用西方的衡量标准。数字总是以百万、十亿甚至万亿单位给出来。这些数字单位将一些印度人排除在外，大多数人艰难地将这些数字转换成更为熟悉的十万和千万。

一个类似的问题是大量使用美元为货币单位，受美国人的影响变得越来越明显。读者为了理解进口货物的销售价格，需要在脑子里将美元换算成印度的卢比。

举例来说，当易趣网宣布接管印度最优秀的在线拍卖公司巴吉网（Baazzee.com）公司时，报纸将这则报道的标题写为：

易趣网以 5 000 万美元买下巴吉网

(eBay buys out Baazzee for ＄50 million)

然而，这些报纸却没有停下来问自己，5 000 万美元折合多少印度的

卢比。这项工作留给了读者。这种做法对吗？

任何优秀标题的经验原则，都是要保持标题的简洁，并使每个读者易于理解。

□ 原则 23：新协定和新条约的原则

对标题作者来说，政府之间签署的双边和多边协议是一种重要的挑战。若使用协议全称，标题容纳的内容会过于冗长，而使用首字母缩略词对普通人们而言又过于陌生。

一个比较好的例子，是关于 2003 年总理阿塔尔·比哈里·瓦杰帕伊访问土耳其期间，印度与土耳其为了打击恐怖主义成立联合工作小组（Joint Working Group）的报道。标题作者还是将专有名词 Joint Working Group（联合工作小组）缩写为 JWG，虽然总理代表团之外的人无法理解 JWG 代表的内容。

像 JWG 这样的首字母缩略词还会遇到另外一个问题。当它们单独使用时，意思是不完整的。下列刊登在那天《新印度快报》钦奈版上的标题就产生了这种矛盾：

为打击恐怖主义
与土耳其成立联合工作小组
（JWG with Turkey to
combat terrorism）

标题作者应该意识到，印度和土耳其官员杜撰的这个专有名词联合工作小组，是指一支能够控制恐怖主义的小组。如果将专有名词 JWG 全部拼写出来，就能够澄清事实，消除误会，尽管缺少动词仍然削弱了标题的功能。同样地，一旦首字母缩略词 JWG 全部拼写出来，标题使用起来就会变得过于冗长。

为打击恐怖主义
与土耳其成立联合工作小组
（Joint Working Group with Turkey to
combat terrorism）

195   标题作者需要做的首要事情，是在标题中放入一个动词。这会使得标题清楚易懂。

> 为打击恐怖主义
> 印度与土耳其成立联合工作小组
> (India，Turkey to set up JWG
> to combat terrorism)

或者

> 为打击恐怖主义
> 印度与土耳其签署联合工作小组协定
> (India，Turkey ink JWG pact
> to combat terrorism)

假如标题作者随后设法回避首字母缩略词JWG，标题可改写为：

> 为打击恐怖主义
> 印度与土耳其签署协定
> (India，Turkey ink pact to
> combat terrorism)

或者

> 为打击恐怖主义
> 印度与土耳其成立小组
> (India，Turkey to set up group
> to combat terrorism)

那么，读者就能够理解主要的新闻点。

□ 原则 24：介词的使用

大量的标题失误均是由错误地使用介词造成的。这些标题失误可以明显地分为下列两类：

意义发生改变

美国演员汤姆·克鲁斯情急之下冲进马戏团的女洗手间一事，为标题作者提供了大量使用双关语的机会。

然而，一名标题作者通过下列错误的介词，放大了这种机会。

使用的标题：*汤姆"漫游"在女洗手间*

(Tom 'Cruises' in the ladies loo)

正确的标题：*汤姆"漫游"到女洗手间*

(Tom 'Cruises' to the ladies loo)

第一个标题暗示，汤姆·克鲁斯在女洗手间周围转来转去。这对于这位天才的演员太不公平。他所做的只是冲向最近的洗手间，使自己得以解脱。

使用错误的介词

很少有印度人能够自认了解英语习惯用法的微妙之处。介词短语永远都是令人讨厌的东西。介词短语使得标题作者感到困惑不解，"寻找"短语（in search of/for）中，正确的词是"of"还是"for"，"防止"（adverse to/against）犯错误，是"to"还是"against"，又如"遵循"（conform to/with）写作原则，是"to"还是"with"。在对介词短语拿不准时，最好的方法是查阅辞典。

□ 原则 25：事实和语法

196

两种不能原谅的标题错误是事实错误和语法错误。标题作者必须懂得，最优秀的标题即是准确的标题。他们根本承担不起让人脸红的名称和数字错误。

在意外事件中，受伤者不应该变为死亡者，反之亦然。类似地，英帕尔（Imphal）不应该变成阿加尔塔拉（Agartala），7 月不应该成为 8 月。标题作者无法掩饰报道中不正确的数字或名称。这种错误如果以 36 或 48 点字号刊登出来的话，那才真正难看呢。

语法错误甚至更让人脸红。这种错误反映出文字编辑上的糟糕技能。这种错误可以分为两类。

粗心

这种错误出现于标题作者不能完成好摆在面前的撰写标题的任务，而是写出浮现在脑海里的第一个标题。当大雨迫使特伦特桥国际板球赛（Trentbridge Test）上印度队对英格兰队的比赛取消时，标题作者为努力使标题符合 3 栏的要求，选择删掉前置词"to"。

> 阵雨迫使裁判取消比赛
>
> （Shower forces umpires call of① play）

另一个让人发笑的标题，是与任命部长职务有关的标题。这个标题使得阿吉特·辛格（Ajit Singh）成为食品（food），而不是印度食品部部长。这种错误再次发生，是因为标题作者没有篇幅容纳部长一词。

> 辛迪亚成为人力资源开发部
>
> 部长，阿吉特成为食品
>
> （Scindia made HRD②
>
> Minister，Ajit Food）

无知

每个人都知道，在上帝保佑（for heaven's sake）的用法中，上帝（heavens）一词有一个撇号。那么，《亚洲世纪报》又是怎样表现这种错误标题的呢？（见图 7—18）

最初的标题：一部有关拉鲁的电影：但为什么要上帝保佑呢？

（A film on Lalu：but for heavens sake why?）

修改后的标题：一部有关拉鲁的电影：但为什么要上帝保佑呢？

（A film on Lalu：but for heaven's sake why?）

---

① 应为 off，原文如此。

② Human Resources Development 的缩写。

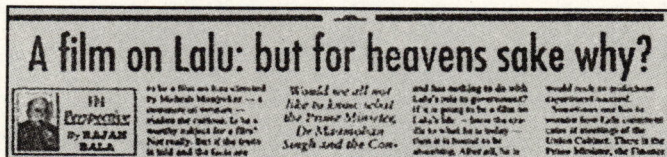

图 7—18　《亚洲世纪报》在标题上的一个错误用法。

第 8 章

互联网标题

在互联网上，要是标题稍逊一筹，就会存在着优秀报道无人阅读的风险，这种现象屡见不鲜。互联网读者具有广泛的选择，只要点击一下鼠标，就可以从一个站点转到另一个站点。事实上，他们需要为在线的每个瞬间付费，这就使他们对想要阅读的报道更加挑剔。

他们只有一条路径来接近新闻报道，这就是标题。这与报纸形成鲜明的对比，在报纸上，新闻报道刊登在标题下方。即使标题平淡无奇，读者也会浏览报道。这并不是说，印刷媒体具有撰写乏味标题的特权，只不过，即使标题糟糕，新闻报道也有可能被浏览。

□ 功能

互联网标题的主要功能是鼓励读者打开新闻报道。优秀的标题能够引发读者的兴趣，鼓励他们点击标题链接，而乏味的标题或单调的标题会使读者感到厌烦，退避三舍。这就是互联网标题被称为有效途径的原因。

有些网站为了强化标题，使用了引题段落（teaser paragraphs）。这并不是一种糟糕的策略，因为读者可以使用额外信息做出决策。但是，引题段落占有篇幅，从而减少了屏幕上可以显示的报道数量。

因此，大多数新闻网站比较喜欢刊登当天最为重要报道的引题段落。其余标题则不提供任何支持性文字（见图8—1）。

在计算机屏幕上，互联网标题也被用作提供对比。但是，这种作用功

Chhattisgarh worries over lack of raw material
RAIPUR: Until about a year ago, Chhattisgarh was concerned about how to woo investors in steel. A new worry is now plaguing the...Full Story

Tourist season yet to pick up in Himachal
SHIMLA: The long weekend and rising temperatures have failed to get tourists to the cool resorts of Himachal Pradesh....Full Story

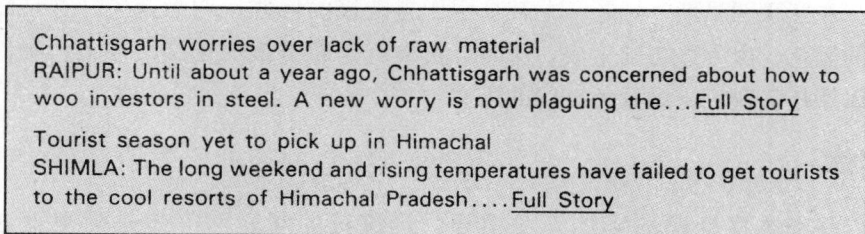

图 8—1　在新印度快报网上，用作补充信息的引题段落。

效有限，因为提供对比的唯一方法是用颜色表示标题。使用大量特排字体或黑体以及装饰字体，就会减少版面的视觉吸引力。

重要的是，要注意到互联网标题并不是被用来创建报道的新闻价值，这是印刷版标题的一个主要功能。这是因为在主页上为了显示所有的标题，要使用统一的点数。读者不存在根据不同字号来创建标题重要性的视觉标准。

类似地，所有互联网标题均占据统一的宽度。用户也不具备根据标题宽度或栏目数量判断报道新闻价值的优势——就像印刷版标题的情况。

□ 特征

以下是互联网标题最重要的属性。

点数

互联网标题要用小点数撰写。通常，互联网标题点数要比正文点数多一两点。有时，互联网标题也使用与正文相同的点数。但是，互联网标题却不使用特排字体或大号字体以及装饰字体。这里存在两个原因。其一，特排字体太大，相对于固定的计算机屏幕大小会比较刺眼；其二，小点数允许网络编辑使用更多的词语来撰写标题。这具有很大的优势，因为主编可以在标题中压缩更多的信息，从而使标题更加有意义。

颜色

大多数媒体站点使用黑色字体来撰写标题，因为黑色在白色背景的衬托下比较突出。黑色比较刻板，适于严肃新闻报道。

在互联网早期，标题，尤其是用作超链接的标题，均为蓝色。这是默认的颜色，由程序自动生成，这时，正文就是超链接的正文。今天，我们可以用任何颜色来设置超链接的正文。

199 字体

仔细选择标题的字体至关重要。最流行的互联网字体是阿里亚尔（Arial）字体。阿里亚尔字体是一种无衬线字体，无衬线字体的字母具有比小写字母 x 高的特点。这使得字体能在计算机屏幕上清晰地显示出来。另外两种媒体网站经常使用的字体，是泰晤士报新罗马字体和沃尔达纳字体（Verdana）。

新闻网站选择上述 3 种字体之外的字体会冒很大的风险。这是因为这 3 种字体是经常使用的字体，而其他字体在用户系统中可能有，也可能没有。如果没有，用户在计算机屏幕上看到的就会是乱码。

□ 标题种类

媒体站点在主页上使用以下两种标题：

超链接标题

超链接标题是那些在标题文本中设置超链接码（hyperlink code）的标题。用户可以点击这些标题以下载新闻报道（见图 8—2）。

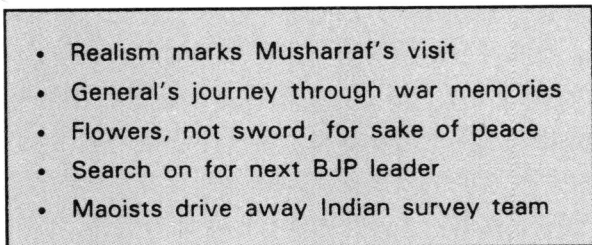

- Realism marks Musharraf's visit
- General's journey through war memories
- Flowers, not sword, for sake of peace
- Search on for next BJP leader
- Maoists drive away Indian survey team

图 8—2 新印度快报网的主页使用的标题没有加下划线。用户不知道文本是否被超链接，除非将鼠标箭头移动到文本上方。

有些网站在超链接标题下加下划线（见图 8—3）。加下划线是一种有

用的工具，因为读者可以意识到这个标题是一个链接标题。而其他网站为
了主页看上去干净整洁，则避免使用下划线。在这种情况下，用户必须将
鼠标箭头移动到文本上方，才会知道标题是否为一个链接标题。

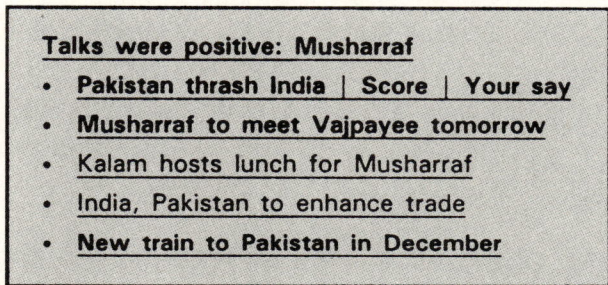

Talks were positive: Musharraf
- **Pakistan thrash India | Score | Your say**
- **Musharraf to meet Vajpayee tomorrow**
- Kalam hosts lunch for Musharraf
- India, Pakistan to enhance trade
- **New train to Pakistan in December**

图 8—3　Rediff 网（Rediff. com）在标题下加下划线，这样，读者
立刻就会知道文本是否为一个链接标题。同样地，Rediff 网使用黑体以
突出报道。

纯文本

200

有些媒体站点比较喜欢将标题刊登为纯文本，也就是没有超链接。在
这类情况下，标题需要由一个可以带有超链接的引题段落来支持。

在报道版面，我们不使用超链接。标题在这里只作为版面上方的题
目。根据媒体网站采用的风格，标题既可以水平放在左侧，也可以居中
设置。

□ 撰写互联网标题

最佳互联网标题是那些有效突出重要新闻点的标题。这些标题不会过
度缩减信息，而是充分利用事实，用更多的文字撰写。

从下列 2005 年再现具有历史意义的丹地进军（Dandi march）① 的报
道标题中，我们就可以看出额外信息的重要性。

---

① 丹地位于古吉拉特邦海岸线上，以一座盐场闻名。原著提到的丹地进军，源自 1930 年圣
雄甘地不顾英国殖民者的阻挠，发起了著名的非暴力不合作运动，率领一支长达 200 英里的游行
队伍，向丹地进军，抗议英国对盐场的垄断。

印刷版标题：单调的再现

互联网标题：丹地进军的再现未能激发印度人民的热情

第一个标题是为印刷版撰写的标题，而第二个标题则是为互联网撰写的标题。显然，第二个标题具有更多的信息，也是新闻报道主旨的一个比较好的指示器。

另一个在互联网上给出更多信息的标题，是关于查尔斯王子与卡米拉·帕克·鲍尔斯婚礼的报道标题。

印刷版标题：查尔斯与卡米拉终成眷属

互联网标题：查尔斯与卡米拉经过 35 年漫长恋爱终成眷属

互联网标题通常不使用字肩或副标题来表达信息。同样地，互联网标题也无须妙语连珠。下列标题原本可以在印刷版中机智地表现出来：

3 种对民主政治的嘲弄	侵蚀、无视和享乐
真实的谎言	下流的健美者
永久的习惯	赞成票的谎言
唯勇者行	无益的多样性

然而，这些标题却不应该用于互联网上。就报道主题而言，这些标题使读者感到迷惑不解。读者十有八九不会点击这类标题。

但是，撰写互联网标题，或多或少与撰写印刷版标题有相同之处（参见第 2 章），我们必须把可行与禁忌原则牢记在心。

201 这些原则包括使用简单和具体的词语、围绕主动动词来构建标题、避免使用冠词和助动词、确保大部分标题承载适当的消息出处、有节制地使用缩略词以及准确地反映报道的语气和主旨。

章节重点

互联网标题功能

1. 起到概括新闻报道的作用。
2. 引起读者的兴趣。
3. 有时用颜色来提供对比。

重要特征

1. 以小点数字体撰写。
2. 设定普遍可以提供的字体。
3. 大多数情况下设置为黑色，有时也设置为彩色。
4. 具有描述性。
5. 提供重要的信息。

标题的种类

1. 超级链接的标题
2. 无链接的标题

印刷版标题和互联网标题：比较

印刷版标题	互联网标题
1. 使用很少的文字。	使用比较多的文字，并提供比较多的信息。
2. 使用特排字体。	设置为小点数字体。
3. 可以具有多重标题组。	一个标题组。
4. 写在报道的上方。	也具有与报道创建链接的作用。
5. 创建报道的新闻价值。	没有这种作用。
6. 在版面上，用作提供对比。	可以被用作提供对比。
7. 使用字肩、副标题。	避免使用字肩、副标题。

标题练习

练习 1

仔细阅读一家媒体网站，并找出 10 个网络主编在标题中使用描述来提供额外信息的标题。

练习 2

按照下列给出的标题参数，写出 5 则新闻报道的互联网标题。

点数：12 点
字形：大小写字体
字符数：56 个
标题组数：1 个

新闻报道 1

蒂鲁内尔维利（TIRUNELVELI）（印度快报新闻社）：在蒂鲁内尔维利地区靠近布利扬古蒂（Puliyangudi）的苏布拉曼尼亚普拉姆（Subramaniapuram），一名 6 岁女孩在学校不小心掉入盛有热咖喱的器皿里，身体严重烫伤。

在瓦苏德瓦纳勒尔（Vasudevanallur）的街区发展官员（BDO①）达马拉杰（Dharmaraj）向布利扬古蒂警方提出抱怨声明后，这一发生在星期三的事件，直到星期五才真相大白。

警方说，一位名叫伊萨基亚姆马尔（Isakiammal）的二年级学生，她是苏布拉曼尼亚普拉姆的穆鲁甘（Murugan）之女，在排队取午饭时滑倒，掉入盛有热咖喱的器皿中。她被严重烫伤，被送往滕卡斯政府医院（Tenkasi GH②）。警方登记了与此案有关的 3 个人——午饭管理人德瓦多斯（Devadoss）、厨师切拉姆马尔（Chellammal）和助手拉克什米（Lakshmi）。

新闻报道 2

高知（KOCHI）（印度快报新闻社）：女权主义者有理由欢呼雀跃，因为她们的角色事实上已经颠倒过来了，那些被迁就纵容的男性目前正在为娶到新娘而筹集聘礼。

由于保姆出国务工薪水不菲，刺激了汇票经济的增长，加之社区女性人数不断减少，这促使了喀纳纳亚基督徒家庭（Knanaya Christian）在嫁妆方面发生了一个 180°的大转弯。

喀纳纳亚社区是一个天主教派社区，现在面临着一个独特的人口问题：女性人口急剧减少。因此，在这个社区，单身汉的数量与日俱增，

---

① block development officer 的缩写。
② government hospital 的缩写。

该社区未婚男性的平均年龄为 33 岁。结果导致新郎家庭拼命向新娘家庭提供聘礼。

　　教堂方面的消息指出，在 20～45 岁年龄段的人群中，90% 以上的社区女性在世界各地从事护理工作或在医疗领域工作，而且，她们正在大量赚取美元。

　　这些女性家庭收入水平增长产生的附带结果已经显现出来，现在，这些女性家庭已经提高了聘礼的费用，并寻求与富裕家庭或能够移民到女儿工作国家的人联姻。因此，从事低收入工作的男子正在受到冲击，无法找到终身伴侣。

新闻报道 3

　　班加罗尔（印度快报新闻社）：列出一个长长的家庭用品清单，它们能够从附近的超市买到吗？还是多拿一会儿吧，这可能是徒劳的做法，因为欢迎你的是空空如也的货架。

　　超市经理们说，制造公司现在仍然受到增值税的困扰，还没有推出新近的库存商品。

　　在布里加德（Brigade）、杰雅纳格尔（Jayanagar）以及格姆曼哈利（Kammanhalli），包括瑟达希沃纳格尔（Sadashivnagar）、桑杰纳格尔（Sanjaynagar）和尼尔吉里斯（Nilgiris）在内的几家商店的货架上，都存在供货不足的现象。

　　"我们的货架已经减少。大多数制造公司没有推出新鲜的货物和新的价目表，"瓦萨特纳格尔（Vasantnagar）一家超市老板说。

　　"即使是快销日用产品，像剃须刀、饼干、饮料、能量饮品，从过去一个星期就开始脱销了，"一个名叫瓦纳贾（Vanaja）的一家超市经理说。

　　她说："我看到顾客从一家商店到另一家商店，找寻这些商品。"

　　一位顾客补充道："公司和政府当局应当采取措施，结束这种危机。"

　　据悉，其中一家超市给这些公司打电话，被告知，由于按照增值税实施办法，产品定价混乱，库存商品被控制下来。

　　然而，这些公司还是保证在下个星期推出新近的库存商品。

203

新闻报道 4

蒂鲁帕提（TIRUPATI）（印度联合新闻社）：在停播 8 年后，蒂鲁帕提全印广播电台（All India Radio，AIR）在星期六播放了《苏帕巴萨姆》（*Suprabatham*）——第一首在蒂鲁马拉（Tirumala）的斯里文卡特斯瓦拉（Sri Venkateswara）神庙咏诵的赞美诗——在欢庆泰卢固新年（Telugu New Year）时刻，"乌加蒂"（Ugadi），从 3：00 到 3：30 播放。

包括蒂鲁帕提文卡特斯瓦拉神庙管理委员会执行官 A. P. V. N. 萨马（A. P. V. N Sarma）和专员 A. V. 达尔马·埃迪（A. V. Dharma Reddy）在内的新任广播电台管理者，从星期六开始致力于广播宗教节目。在蒂鲁帕提方圆超过 150 千米的地方，都能收听到这个广播节目。

除了早间播放节目《苏帕巴萨姆》和《韦达帕拉亚纳姆》（*Vedaparayanam*）以及晚间播放节目《萨哈斯拉迪-帕兰卡拉》（*Sahasradee-palankara*）外，全印广播电台还播放有关由像安纳马卡尔亚（Annamacharya）[①] 那样的圣诗诗人所作歌颂文卡特斯瓦拉神的特色歌曲。

据印度联合新闻社的报道，蒂鲁帕提文卡特斯瓦拉神庙管理委员会一天播放 6 个小时的节目。

蒂鲁帕提全印广播电台向这个广播每小时收取 500 卢比，而按惯例每小时要收取 5 000 卢比。

新闻报道 5

204

马哈布博纳格尔/卡努尔（MAHBOOBNAGAR/KURNOOL）（印度快报新闻社）：在毛主义者于星期四夜间徒劳无益地袭击了纳拉贡达（Nalgonda）地区的丁迪（Dindi）警察局后，精英反纳萨尔派的灰狗人员（Grey Hounds personnel）加强了对纳尔拉玛拉（Nallamala）森林的搜索。

鉴于纳拉贡达和马哈布博纳格尔地区的毛主义者发出罢工的号召，以抗议上个星期在一次遭遇战中，他们的领袖 G. 西萨伊拉姆（G Srisailam）

---

① 指塔拉帕卡·安纳马卡尔亚（Sri Tallapaka Annamacharya，1408—1503），印度 15 世纪神秘主义圣徒作曲家。他一生成功创作有 32 000 多首被称为"三克尔塔娜"（sankeertanas）（一种卡郎提克音乐）的歌曲，是最早歌颂文卡特斯瓦拉神的南印度著名作曲家，被公认为泰卢固朴素诗歌的先驱。

及其妻子文卡塔姆玛（Venkatamma）被击毙，纳尔拉玛拉森林附近的所有警察局都已增加警力。

当然，罢工平静地在纳萨尔影响的地区发生了，包括商店在内的许多商家都停业了。安得拉邦公路运输公司（APSRTC①）担心遭到极端主义分子的袭击，暂缓了对内部地区的业务。

据报道，一名印度共产党（毛主义）间谍在星期五透露了一条私人新闻线索，灰狗人员根据线索进入森林地区，包括政党最高书记拉马克里希纳（Ramakrishna）在内的高级毛主义领袖正在召开会议。

然而，警方否认了包围拉马克里希纳躲藏处的报道。"它是一种例行合作，没有什么，"普拉卡萨姆（Prakasam）地区警司马赫什·钱德拉·拉达（Mahesh Chandra Ladda）从翁戈尔（Ongole）告诉本报。

然而，印度共产党（毛主义）前任使者瓦拉·瓦拉·拉奥（Vara Vara Rao）和卡利亚纳·拉奥（Kalyana Rao）要求立即停止寻求这种合作。此外，巴拉蒂尔·加达尔（Balladeer Gaddar）还给邦地方长官 S. K. 辛迪（S K Shinde）发传真，寻求他的干预，以停止寻求这种合作。

据一项来自印度快报新闻社卡努尔的报道，警方与亚纳·沙克提（Jana Shakti）的纳萨尔派分子于星期五早晨在阿赫比拉姆（Ahobilam）附近的乌特（Utla）村交火大约半小时。此次事件中没有人员伤亡，警方找到 38 个旅行包，这表明一些高层领袖与他们的干部召开了一次会议。

---

① Andhra Pradesh State Road Transport Corporation 的缩写。

词汇表

Anchor　生活报道

一种放在头版底部的软报道。这类报道的标题有别于用于硬新闻报道的标题。生活报道更具有创造性和吸引眼球的作用。

Banner　通栏标题

报纸版面上方一个横跨全部 8 栏的标题。通栏标题用于重大事件，并用大号和黑体字排印。通栏标题在美国也被称为通栏大字标题（streamer）。

Bold typeface　黑体

一种被排印为显著的粗黑风格的字体。

Box headline　加框标题

一种置于主要报道内部的新闻报道标题。这个术语因相关报道被放置在一个分格的框内得名。

Bumped headline　凸状标题

凸状标题是一个美国术语，用来表示在一个版面上并排刊登的两个点数和宽度相同的标题。凸状标题在英国等同于大幅广告标题（tombstone）。

Deck　标题组

占据一行的标题字体。

Display type　特排字体

一个用来表示以比正文字号大得多的点数排印的字体的一般术语。

Downstyle　第一个单词和专有名词首字母大写

第一个单词和专有名词首字母大写是一个大写体系，其中，标题的第一个字母和专有名词首字母被设置为大写字母。

em　西文铅字全身

一种在热金属时代用来测量一行字体长度的术语。在技术上，西文铅字全身是一个字母面积所占的区域。因为大写字母 M 在任何字体中宽度基本上与高度相同，故名 em。

en　西文铅字半身

西文铅字半身是另一个在热金属时代所使用的测量术语。一个西文铅字半身等于西文铅字全身的一半，因为字母 en 的面积是字母 em 的面积的一半。然而，西文铅字全身和西文铅字半身今天已经废止使用，排版工人更喜欢用派卡来表示字母的长度。

Font　字体

字体是一整套可供选择的具有特殊字重或某种字类风格的字符或字母。它包括所有大小写的字母、数字和标点符号。

Headline　新闻标题

为了吸引读者的注意力，用特排字体刊登的新闻报道名称。标题总结了新闻报道中最重要的新闻点。

Headline width　标题宽度

刊登标题所横跨的栏数。

Headline weight　标题字重

字重取决于字体的黑度。标题越黑，字重越大。

Italics　斜体

斜体是稍微倾斜的有衬线和无衬线字母。斜体的线条有粗细之分或者一致，但是，它们的典型特征仍在于其字母的倾斜。报纸用斜体表示轻松或非严肃报道的标题。研制斜体字体的荣誉，要归功于阿尔达斯·马努蒂尔乌斯。

Kern　字距

206

表示构成单词的字符之间疏密间隔的术语。字距也可以定义为正文的水平缩放比。

Kicker　肩题

写在主标题上方的标题。字肩以小于主标题使用的字体点数来排印。

它最初用来表示新闻报道的主题，但现在用来突出主标题没有涉及的新闻点。肩题是一个美国术语，在印度报纸上正逐步代替英国术语字肩。

Leading　行距

这个术语用来表示两个排版行之间的距离。行距是另一个源自热金属时代的术语，它源于曾经用来隔开铅字行的铅字窄条。

Multiple Decks　多重标题组

当标题跨越两三行或更多行时，我们就称之为多重标题组。

Pica　派卡，西文 12 点活字

派卡是一个用来测量字母长度的单位。1 派卡由 12 点构成，在公制单位中，1 派卡等于 1 英寸的 1/6 或 0.1666 英寸。今天，派卡用于测量字母长度。

Useful pica metrics　实用的派卡公制

12 点（磅因）＝1 派卡或 1/16 英寸（0.166 英寸）；6 派卡＝1 英寸（或 0.996 英寸）。

Point　点制

点制是一个用来表示字体大小的测量单位。点制是由皮埃尔·富尼埃于 1837 年设计的，经过稍加修改，沿用至今。1 点（磅因）等于 1 英寸的 1/72 或 0.0138 英寸。

Point size　点数

字体的高度。

Reverse　反转

一种字母为白色、背景为灰色或黑色的排版风格。我们目前能够以各种颜色排版字母；背景颜色同样也可以改变，以使字体突出。

Reverse shoulder　反转字肩

写在主标题下方的标题。它以小于主标题的点数来撰写，一般用来强调一个新闻点。它同样能够强化主标题。在一些印度报纸中，反转字肩正被副标题这一术语所取代。

Roman　罗马字体

罗马字体是线条有粗细之分，具有被称为衬线的细小的装饰笔画的直立字体。研制罗马字体的荣誉要归功于法国人尼古拉斯·让桑，他于 15 世

纪在意大利工作时研制了罗马字体。

Shoulder　字肩

写在主标题上方的标题。字肩以小于主标题的点数排印。字肩最初用于表示新闻报道的主题，但现在用来突出主标题没有涉及的新闻点。在一些印度报纸中，字肩正被术语肩题所取代。

Standing heads　固定标题

每天没有变化的标题。固定标题习惯用作像天气、城市日记等信息条目的标题，也被称为保留标题。

Strapline　副标题

在主标题下方出现的标题。它用小于主标题的点数来撰写，一般用来强调一个新闻点。副标题同样能够强化主标题。它是一个美国术语，在一些印度报纸中，正被英国术语反转字肩所取代。

Streamer　通栏大字标题

刊登在报纸版面上方、横跨全部 8 栏的标题。通栏大字标题用于重大事件，并被排印为大号和黑体字体。通栏大字标题也是一个美国术语，而且，在印度，越来越比通栏标题流行。

Subhead　小标题

207

为打破固定栏目字体的单调性而安插在段落前面的一两个字的标题。它也用作像城市简讯那样串联起来的信息条目的标题。小标题一般与正文点数相同，用黑体表示。

Tombstone　大幅广告标题

点数相同、宽度相同的两个标题，并排刊登在一个版面上。大幅广告标题在美国新闻界也被称为凸状标题。

Sans Serifs　无衬线字体

一种笔画宽度相同、不以细小的装饰性线条收笔的字体。无衬线字体刻板和单调的特征使它们最适于表示标题。

Serifs　衬线字体

为了使字形更加优美而在主要笔画上使用装饰性、华美线条收尾的字体。

索引

（所注页码为英文原书页码，即本书边码）

209

译后记

　　本书是印度媒体管理人、学者苏内尔·萨克塞纳撰写的一部新闻学实务教科书。由英国塞奇出版公司于 2006 年出版（第一次印刷）。本书作者有着 28 年印刷媒体和网络媒体的从业经验以及 2 年的教学经历。

　　正如印度玛诺拉玛新闻学院院长 K.T. 奥曼在本书序言中评论的那样，作者"用一部关于标题写作最实用的著作，填补了上述空白"。译者似有同感，专门讲述如何撰写标题的作品确实凤毛麟角。翻开这部印度人苏内尔·萨克塞纳著述的作品，让人有焕然一新、眼前一亮之感。

　　《标题写作》一书易读不易译。这是一本新闻写作实务的教科书。本书以记者的观察和经验、教师的视野和思考、学者的智慧和严谨、作家的敏感和笔触，将标题写作视为经过学习可以掌握的一种技能，在分析标题构成要素、种类及其优劣的基础上，不仅阐述了撰写吸引读者的标题的最佳途径，也重点论述了标题的作用、撰写标题的方法、标题种类以及撰写标题的可行与禁忌原则。

　　这又是一部新闻事例随处可见的作品。本书选取的新闻事例均来自印度新闻媒体，而且，新闻事例丰富多彩、新鲜翔实、风格迥异。印度读者也许对这些新闻事例耳熟能详，而译者却只有耳目一新之感了。这就需要译者了解大量有关印度政治、文化、历史、地理等方面的知识，对原文有着透辟的理解，并充分把握新闻作品风格。本书在新闻报道语言的表现形式上，既有英语、印地语、北印度语、乌尔都语、梵语等语言，也充斥着大量的缩略语，要重现这些内容，准确地表达成相应的中文，颇费踌躇，也并非易事。我在这些方面均做了一些努力，希望能够在一定程度上体现原著的这些特点。

　　正是由于耳目一新，也正是因为颇费踌躇，在我搁笔的一刻，从内心渴望去印度独自游走，去游览本书新闻报道谈到的名胜，去感受印度教的神秘，去驻足提及的地名，去观看各色人等以及印度女人的眼神……

说起印度女人的眼神，我有过两次印象深刻的直视经历。一次是全家乘坐"处女星号"（Star Cruises）游轮时看到的一位印度女人的眼神。一个清晨，在观览电梯里，一位身材纤弱的印度中年女人和我相互问好后，关切地问我："你昨晚睡得好吗？夜里暴风雨很大，船有点颠簸。"美丽而深邃的眼睛，充满着睿智、善良和忧郁。

另一次看到的一位印度女人的眼神则完全不同。那是在新加坡小印度一所房屋前的廊子里，当时大雨倾盆，一位身材高挑的印度年轻女子要冒雨跑过路口到下一个廊子。我赶忙冲她说："我们一起走过去吧。"同时，我把雨伞伸了过去。她侧过头，感激地对我说："谢谢！"秀美而纯净的眼睛，流露着感激、兴奋和意外的神态。

女人的眼神就好似作品的标题。女人的眼神有善良、有邪恶、有美丽、有丑陋……之分，作品的标题也有好坏之别。然而，不管是哪一种眼神，不论是哪一种标题，最重要的是，标题要令人拍案叫绝，才能吸引读者去阅读。

需要指出的是，为弥补人名、地名、报刊名、作品名、机构名、标题等在汉译时可能出现的缺陷，也为体例的统一，译者在其后附有原文（英文或其他文种）。为便于读者理解，译者在本书各种专业术语、专有名词后也附带原文，并对一些内容加有脚注。

由于译者知识和水平有限，加之翻译时间较短，译作难免会出现这样或那样的错误，恳请读者批评指正。

最后，在完成这部译作之际，我要向策划编辑司马兰女士、李学伟先生，责任编辑骆骁小姐和终审王爱玲女士表达诚挚的谢意，感谢他们给予我的鼓励与帮助，也感谢他们为本书所付出的辛苦！另外，我还要向中国人民大学出版社对本书出版的支持表示感谢！

谨以此书送给我的妻子冯华和儿子皮皮。

译者

2008 年 11 月初稿于北京

2010 年初春终稿于北京

Headline Writing by Sunil Saxena

English language edition published by Sage Publications of New Delhi, London, Los Angeles, and Singapore, © Sunil Saxena, 2006.

Simplified Chinese version © 2009 by China Renmin University Press.

图书在版编目（CIP）数据

标题写作：从入门到精通/（印度）萨克塞纳著；周黎明译.
北京：中国人民大学出版社，2010
（国外新闻人实用操作教程）
ISBN 978-7-300-11762-1

Ⅰ．①标…
Ⅱ．①萨…②周…
Ⅲ．①新闻写作-标题（文献）-教材
Ⅳ．①G212.2

中国版本图书馆 CIP 数据核字（2010）第 032552 号

国外新闻人实用操作教程
标题写作：从入门到精通
[印度] 苏内尔·萨克塞纳（Sunil Saxena）　　著
周黎明　译
Biaoti Xiezuo：cong Rumen dao Jingtong

出版发行	中国人民大学出版社		
社　　址	北京中关村大街 31 号	**邮政编码**	100080
电　　话	010 - 62511242（总编室）	010 - 62511398（质管部）	
	010 - 82501766（邮购部）	010 - 62514148（门市部）	
	010 - 62515195（发行公司）	010 - 62515275（盗版举报）	
网　　址	http://www.crup.com.cn		
	http://www.ttrnet.com（人大教研网）		
经　　销	新华书店		
印　　刷	北京山润国际印务有限公司		
规　　格	160 mm×230 mm　16 开本	**版　　次**	2010 年 3 月第 1 版
印　　张	17 插页 2	**印　　次**	2010 年 3 月第 1 次印刷
字　　数	239 000	**定　　价**	35.00 元